Kohlhammer
Urban-
Taschenbücher

Band 19

W. Thome 01/90

Günther Bornkamm

Jesus von Nazareth

Vierzehnte Auflage

Verlag W. Kohlhammer
Stuttgart Berlin Köln Mainz

1. Auflage: November 1956
2. Auflage: Juni 1957
3. Auflage: März 1959
4./5. Auflage: November 1960
6. Auflage: Oktober 1963
7. Auflage: November 1965
8. Auflage: Mai 1968
9. Auflage: Juni 1971
10., neubearbeitete und ergänzte Auflage: April 1975
11. Auflage: Mai 1977
12. Auflage: Juni 1980
13. Auflage: November 1983
14. Auflage: Februar 1988

Übersetzungen liegen vor in englischer, holländischer, japanischer, dänischer, italienischer, französischer, portugiesischer, spanischer und tschechischer Sprache, ferner in Afrikaans.

Umschlagbild: Von einem Delphin getragenes Kreuz (Kalkstein, 26×34 cm); 4./5. Jh. Koptischer Friedhof von Armant, Ägypten.
(Paris, Museé du Louvre.)

CIP-Titelaufnahme der Deutschen Bibliothek

Bornkamm, Günther:
Jesus von Nazareth/Günther Bornkamm. – 14. Aufl. –
Stuttgart; Berlin; Köln; Mainz: Kohlhammer, 1988
(Urban-Taschenbücher; Bd. 19)
ISBN 3-17-010105-6
NE: GT

Vierzehnte Auflage 1988

Stuttgart Berlin Köln Mainz
Verlagsort: Stuttgart
Umschlag: hace
Gesamtherstellung:
W. Kohlhammer Druckerei GmbH + Co. Stuttgart
Printed in Germany

Inhalt

Vorwort

Wissenschaftliche Darstellungen der Geschichte und Botschaft Jesu von Nazareth haben – mindestens in Deutschland – durch viele Jahrzehnte fast ganz gefehlt. An ihre Stelle traten zahlreiche Versuche dichtender Theologen und theologisierender Dichter. Sie sollen hier nicht kritisiert werden. Doch barg dieser Wechsel auf einem so bedeutsamen Arbeitsfeld keine geringe Gefahr, und es wäre ein Verhängnis, wenn die wissenschaftliche Arbeit hier, wo ihr eine unabweisbare, zwar mühevolle, aber auch sehr verheißungsvolle Aufgabe gestellt ist, das Feld räumte oder auch nur sich in einen Bereich zurückzöge, zu dem Fachleute allein Zugang haben.
Viele sind der Meinung, der Weg der historisch-kritischen Forschung habe sich vor diesem Gegenstand als Irrweg erwiesen und sollte endgültig aufgegeben werden. Ich teile diese Meinung nicht und kann schon gar nicht einsehen, daß er notwendig ein Weg des Unglaubens sei und der Glaube auf ihn verzichten müsse, ja auch nur verzichten könne. Wie sollte gerade der Glaube sich mit bloßer Überlieferung zufriedengeben können, und wäre es die in den Evangelien niedergeschriebene? Er muß sie durchbrechen und hinter sie zurückfragen, um der Sache selbst ansichtig zu werden und vielleicht von ihr her auch die Überlieferung neu zu verstehen und wiederzugewinnen. In dieser Bemühung trifft er mit jedem zusammen, dem es zunächst nur einfach und ernsthaft um geschichtliche Erkenntnis geht. Gewiß kann und soll sich der Glaube nicht von Wandel und Unsicherheit historischer Forschung abhängig machen – das von ihm zu fordern, wäre vermessen und töricht –, aber niemand sollte die Hilfe der historischen Forschung zur Aufhellung der Wahrheit verachten, an der jedem von uns gelegen sein muß.
Freilich sind die Schwierigkeiten, zu einer einigermaßen gesicherten historischen Erkenntnis zu gelangen, auf dem Gebiet der Überlieferung von Jesus immer größer geworden. Das liegt an dem Charakter der Quellen, mit dem sich gleich das erste Kapitel dieses Buches genauer beschäftigen wird. Ihre Erforschung hat zwar unsere Erkenntnis sehr bereichert, aber zugleich unser Wissen über den historischen Jesus immer unsicherer gemacht und gleichsam das Schiff der Forschung so weit in eine andere Richtung abgetrieben, daß auf der einst so sicher gezeichneten Karte der eigentlichen Geschichte Jesu nach Meinung vieler heute ehrlicherweise nur noch ein weißer Fleck angegeben werden sollte. Auch dieses Ausmaß der Skepsis kann ich nicht teilen, so wenig ich mir die besagten Schwierigkeiten und die Grenzen

unseres Wissens verhehle und so sehr ein beträchtlich großer Spielraum verschiedener Urteile und Meinungen offenbleiben muß.
An diesen Fragen, Unsicherheiten und Erkenntnissen der historischen Forschung sollen in diesem Buche nicht nur die »Fachtheologen«, sondern auch Laien beteiligt werden, die – soweit irgend möglich – zu einem geschichtlichen Verständnis der Überlieferung von Jesus gelangen wollen und sich nicht mit erbaulichen und dichterischen Darstellungen begnügen. Wer dazu Atem und Geduld nicht aufbringt, sollte dieses Buch lieber nicht lesen. Zumal bei dem heutigen Stand der Forschung müssen dem Leser nicht selten ungewohnte Überlegungen und Gedanken zugemutet werden. Vielleicht daß mancher schon durch das erste Kapitel sich nur schwer hindurchfindet und entmutigt wird; er sollte es getrost überschlagen und vielleicht später lesen. Immerhin steht es mit Bedacht am Anfang, weil es für das, was die folgenden Kapitel bieten, den Blick freimachen soll.
Der Gegenstand dieses Buches ist in vieler Hinsicht ein besonderer. Nicht zuletzt darum, weil wir alle aus christlicher Tradition mit ihm vertraut sind und doch zugleich gerade diese Tradition vielen fremd und unverständlich geworden ist. Soll der Weg in dieses weithin vernebelte Land gelingen, so erfordert das als erstes die Bereitschaft zu freiem und offenem Fragen und den Verzicht auf eine Haltung, die nur die eigenen, aus gläubiger oder ungläubiger Tradition mitgebrachten Urteile bestätigt finden will. Das Buch hätte nicht ohne die bestimmte Hoffnung geschrieben werden können, daß es an seinem Teil auch dem kirchlicher Überlieferung entfremdeten Leser zu einer neuen, ursprünglichen Begegnung mit Jesu Gestalt und Botschaft verhelfen möchte. Die Erfahrung, daß die Größe des Gegenstandes und die Begrenztheit des eigenen Vermögens in keinem Verhältnis zueinander stehen, wird, hoffe ich, Leser und Verfasser miteinander verbinden. Das braucht im folgenden nicht immer neu ausgesprochen zu werden. Auch darf ich annehmen, daß nur der Unverständige »Erbaulichkeit« und persönliche Bekenntnisse vermissen wird und die Sachlichkeit, zu der eine wissenschaftliche Darstellung verpflichtet, mit einer Gleichgültigkeit verwechselt, die für die Erfahrung der Emmausjünger verschlossen ist: »Brannte nicht unser Herz in uns, da er auf dem Wege mit uns redete?«
Die Bibelstellen sind absichtlich nicht nach dem uns gewohnten Luthertext zitiert. Der Leser wird sie am besten nach einer modernen Übersetzung (z.B. Zürcher Bibel oder U. Wilckens [1970]) verfolgen. Worte, die sich an mehreren Stellen der Evangelien finden, sind meist nur nach einer angegeben, also ohne Vermerk der Parallelen, die in einer griechischen oder deutschen »Synopse« sich rasch übersehen lassen, aber auch in unseren Bibeln in der Regel jeweils vermerkt sind.

Da ich mir die Lektüre dieses Buches nicht ohne die aufgeschlagenen Evangelien vorstellen kann, habe ich oft auf ausgedruckte Zitate verzichtet und statt dessen den Inhalt der Stelle so umschrieben, daß sich bei den meisten Lesern sofort die Erinnerung an bekannte Geschichten und Worte einstellen wird. Auch habe ich hier und da in der Umschreibung sichtbar werden lassen, was mir für das Verständnis eines Wortes wesentlich zu sein scheint.

Die Auswahl der Texte setzt allermeist überlieferungsgeschichtliche Überlegungen voraus. Doch sei ausdrücklich vermerkt, daß ich nicht nur die zitierten Texte für »echt« halte. Ebenso aber, daß manches Zitat darunter ist, bei dem ich die Möglichkeit späterer Bildung zugebe oder sogar für wahrscheinlich halte. Es ist jedoch nicht einzusehen, warum nicht auch ein Wort oder eine Geschichte, die ihre Formung erst der Gemeinde verdanken, in der Sache historisch Echtes bewahrt haben sollen.

Die Anordnung der Anmerkungen am Schluß des Buches entspricht den Gepflogenheiten dieser Buchreihe. Sie erschwert in gewisser Hinsicht die Lektüre. Doch hat sie – zumal hier – auch ihren guten Sinn, denn sie ermöglicht dem Leser, sich zunächst einen übersichtlichen Zusammenhang zu vergegenwärtigen, um dann erst für das einzelne die Begründungen nachzuprüfen und spezielle Fragen weiter zu verfolgen. Vieles in den Anmerkungen und Exkursen Gesagte ist für die Theologenzunft bestimmt, der Nichttheologe braucht sich nicht damit zu beschweren. Erfreulicherweise liegen ja aber die Grenzen zwischen beiden nicht fest, und auch manchem Laien wird es nicht unwichtig sein, wenigstens einen Einblick in die theologische Arbeit zu tun.

Die Literaturverweise mußten schon aus Raumgründen beschränkt werden. Auch nötigte die Weite des Gegenstandes zu einer Auswahl der behandelten Fragen, soweit sie nicht einfach durch die Grenzen des eigenen Wissens bedingt ist.

Heidelberg, Juni 1956 *Günther Bornkamm*

Vorwort zur zehnten Auflage

Der Neubearbeitung dieser Auflage waren Grenzen gesetzt. Auf keinen Fall konnte und wollte ich mich durch die kaum zu übersehende wissenschaftliche Literatur der letzten Jahrzehnte von der im ersten Vorwort und Kapitel dargelegten Aufgabe einer auch für Laien verständlichen Gesamtdarstellung der Gestalt und Geschichte Jesu abdrängen lassen und sie durch gelehrte Einzelstudien ersetzen. Die über Erwarten freundliche Aufnahme und Wirkung meines Buches weit über Deutschland hinaus und die inzwischen geführte Diskussion haben mich darin bestätigt. Aber ebensowenig wollte ich selbst dazu beitragen, daß es vorzeitig auf einen überholten Platz der Forschungs- und Auslegungsgeschichte zurücksinkt und damit sein Mitspracherecht verliert. Ich habe darum, gefordert und gefördert vor allem durch Arbeit und Kritik anderer, einzelnen Abschnitten eine neue Fassung gegeben, Anmerkungen und Exkurse überarbeitet und ergänzt, die Bibliographie auf den heutigen Stand gebracht und übersichtlicher geordnet und die grundsätzlichen und methodischen Einsichten, die mich in der Darstellung geleitet haben, in dem angefügten Nachwort schärfer zu formulieren mich bemüht. Daß ich bei alledem unter Verzicht auf Vollständigkeit auswählen mußte, wird der Leser mir nachsehen. Für freundliche Hilfe habe ich meinem Kollegen H. W. Kuhn zu danken.

Traunkirchen, Ostern 1975 *G. B.*

Glaube und Geschichte in den Evangelien

Niemand ist mehr in der Lage, ein Leben Jesu zu schreiben. Dies ist das heute kaum noch bestrittene, überraschende Ergebnis einer Forschung, die fast 200 Jahre lang eine außerordentliche und keineswegs fruchtlose Mühe darauf verwandte, das Leben des historischen Jesus, befreit von aller »Übermalung« durch Dogma und Lehre, wiederzugewinnen und darzustellen. Am Ende dieser Leben-Jesu-Forschung steht die Erkenntnis ihres eigenen Scheiterns. Albert Schweitzer hat ihr in seinem klassischen Werk »Die Geschichte der Leben-Jesu-Forschung« (6. Aufl. 1951) ein Denkmal gesetzt, aber zugleich die Grabrede gehalten.

Warum sind diese Versuche gescheitert? Etwa nur darum, weil an ihnen warnend und abschreckend sichtbar wurde, wie sehr unwillkürlich jeder Autor den Geist der eigenen Zeit in seiner Schilderung der Gestalt Jesu zur Darstellung brachte? In der Tat sind die wechselnden Bilder der zahllosen »Leben Jesu« nicht eben ermutigend, denn aus ihnen schaut uns bald der aufklärerische Lehrer von Gott, Tugend und Unsterblichkeit, bald das religiöse Genie der Romantik, bald der Ethiker im Sinne Kants und bald der Vorkämpfer sozialer Ideen an. Aber das könnte einer echten Geschichtsforschung ja nur Anlaß sein, erneut, mit schärferer Kritik auch gegenüber den eigenen zeitgebundenen Voraussetzungen und Idealen, an die alte Aufgabe zu gehen und es künftighin besser zu machen. Ist also der Forschung nur der Atem ausgegangen und ihr in neuester Zeit ein »kongenialer« Darsteller versagt geblieben? Dann hätten wir Grund, hier nur von einer wissenschaftlichen Ermüdungserscheinung zu reden, in die die Forschung vielleicht gar als ein Opfer ihrer eigenen Hyperkritik geraten ist. In Wahrheit hat dieser Sachverhalt tiefere Ursachen und nötigt uns, eine Erneuerung dieser Leben-Jesu-Versuche nicht nur für die Gegenwart, sondern auch für die Zukunft als ein vergebliches Unterfangen zu bezeichnen.

Dieses Urteil gründet sich auf die besondere Art und den Charakter der Quellen, denen wir fast ausschließlich unser geschichtliches Wissen über Jesus verdanken. Es sind die Evangelien des Neuen Testaments, vorab die ersten drei (Markus, Matthäus, Lukas). Wir nennen sie gemeinhin wegen ihrer Verwandtschaft und Abhängigkeit, die bei einer »Zusammenschau« ihrer Berichte sofort sichtbar werden, die synoptischen Evangelien (vgl. Exkurs I). Das Johannes-Evangelium hat den ersten drei gegenüber einen so anderen Charakter und ist in solchem Maße das Werk einer gestaltenden theologischen Reflexion, daß es nur als sekundäre Quelle für uns in Betracht kommt. Freilich, auch die synoptischen Evangelien sind nicht einfach Geschichtsquellen, die der Historiker, nach Jesus von Nazareth als einer Gestalt der Vergangenheit fragend, unbesehen und unkritisch verwenden könnte. Ihr Verhältnis zur Historie ist zwar ein anderes als das des Johannes, gleichwohl sind auch sie in einer merkwürdig intensiven Verbindung Bericht von Jesus und zugleich Bekenntnis zu ihm, Zeugnis der an ihn glaubenden Gemeinde und Erzählung seiner Geschichte.

Beides will im Verständnis der Evangelien und bei jedem einzelnen Stück ihrer Tradition ständig unterschieden sein und ist doch so dicht ineinander gewoben, daß es oft überaus schwer ist zu sagen, wo das eine endet und das andere beginnt. Eine mathematische Sicherheit in der Freilegung einer von keinerlei Gläubigkeit »übermalten« bloßen Historie Jesu gibt es nicht, so sehr die kritische Unterscheidung älterer und jüngerer Überlieferungsschichten zur Aufgabe der Forschung gehört. Wir besitzen keinen einzigen Jesusspruch und keine einzige Jesusgeschichte, die nicht – und seien sie noch so unanfechtbar echt – zugleich das Bekenntnis der glaubenden Gemeinde enthalten oder mindestens darin eingebettet sind. Das macht die Suche nach den bloßen Fakten der Geschichte schwierig und weithin aussichtslos.

Wer darum, wie es auch in diesem Buche geschehen soll, eine geschichtliche Darstellung Jesu und seiner Botschaft geben will, sieht sich seinen Lesern gegenüber in einer Verlegenheit. Der Leser will verständlicherweise wissen, wie es denn nun wirklich gewesen ist, was damals und dort geschah und damals und dort gesagt wurde. Keinesfalls werden diese Fragen außer Betracht bleiben dürfen. Und doch müssen wir lernen, sie zurückzuhalten, und dürfen ihnen nicht die Vordringlichkeit einräumen, die man ihnen gemeinhin gibt. Unter ihrem Druck sind wir schon allzusehr in eine schier ausweglose Lage geraten und sollten doch merken, daß wir mit der stürmischen Frage, was »passiert« ist, durchaus nicht mit Sicherheit an die Sache herankommen, sondern sie uns gerade verstellen können. Soviel ist jedenfalls klar: Würden wir unkritisch alles Überlieferte im üblichen Sinn als historischen Bericht hinnehmen, so würden wir die Evangelien einer ihnen fremden Betrachtung unterwerfen und ihnen ein Verständnis der Geschichte Jesu aufzwingen, das ihnen gerade nicht eignet. Aber auch das andere gilt: Würden wir die Überlieferung auf das reduzieren wollen, was mit keinerlei historischen Gründen sich mehr bezweifeln läßt, wir behielten am Ende nur einen Torso zurück, der wieder mit der in den Evangelien bezeugten Geschichte kaum noch etwas gemein hat. Beide Wege sind im Verlaufe der Forschung zur Genüge beschritten. Jeder von ihnen rief jedesmal eine Gegenbewegung hervor. Gegenüber einer blindlings und unkritisch verfahrenden Betrachtung trat mit Recht die historische Kritik auf den Plan und zerstörte das vermeintlich so sichere Fundament, auf das jene sich verließ. Aber auch der Kritik antworteten immer erneut die Bemühungen der historischen und theologischen Restauratoren, die mit mehr oder weniger Glück jenem Torso wieder einzelne seiner Glieder anstücken wollten, bis eine noch schärfere Kritik auch die ihm bislang noch gelassenen Glieder abschlug. So ergab sich in der Geschichte der Forschung ein qualvoll wechselndes Hin und Her kritischer und restaurativer Tendenzen, notvoll für den, der wissenschaftlich fragend bei ihr Belehrung sucht, erst recht aber notvoll für den, der als Glaubender nach Jesu Geschichte fragt.

Niemand wird meinen dürfen, den hier genannten Schwierigkeiten mit einer Gewaltlösung, gleichsam mit einem Schlag auf den gordischen Knoten, entrinnen zu können. Ohne den Prozeß der Kritik und Gegenkritik gibt es auch auf diesem Felde keine Erkenntnis geschichtlicher Wahrheit; er lehrt uns schärfer zu prüfen, bessere Gründe zu finden, in bloßer Tradition nicht zu verharren, aber auch einer zügellosen Kritik nicht zu erliegen. Seit die Forschung gelernt hat, in Freiheit sich um die Geschichte zu bemühen und nicht mehr nur an Dogma und Lehre der Kirche sich genügen zu lassen, bleibt dieses Fragen der Forschung aufgegeben. Echter Glaube ist gewiß nicht von ihrem Fortgang abhängig. Wer aber auf ihre Fragen sich eingelassen hat, weil ihm am Verständnis der Geschichte gelegen ist, der wird schwerlich ein gutes Gewissen haben können, wenn er mit einem oft versuchten Salto mortale aus den Problemen der Forschung und ihren vielfach gegensätzlichen Ergebnissen in das vermeintlich sichere Gehege kirchlicher Überlieferungen sich hinüberrettet.

Gleichwohl wird uns alles daran liegen müssen, aus diesem Dilemma herauszukommen. Wir werden darum gut daran tun, *vor* den historischen Fragen nach der Rekonstruktion eines so und nicht anders geschehenen Geschichtsablaufes die Frage nach dem Verständnis der Geschichte und Gestalt Jesu zu klären, das sich in den Evangelien bekundet. Es ist von Grund auf anders als das modernem Denken geläufige. Denn Jesus ist für die urchristliche Überlieferung nicht zuerst eine Gestalt von einst, sondern der erhöhte Herr, gegenwärtig mit seinem Willen, seiner Kraft, seinem Wort. Jesus Christus – kein anderer als der Rabbi von Nazareth, dessen irdische Geschichte in Galiläa begann und am Kreuz in Jerusalem endete, und doch zugleich der Auferstandene, der Bringer des Heils und die Erfüllung göttlicher Ratschlüsse. Das Interesse der Gemeinde und ihrer Überlieferung haftet also nicht am Einst, sondern am Heute, und dieses Heute hat nicht den Sinn eines bloßen Kalenderdatums, sondern einer von Gott bestimmten Gegenwart und damit zugleich einer von Gott erschlossenen Zukunft. Im Lichte dieses von Gott heraufgeführten und bestimmten Jetzt und Dann, eröffnet durch die Kreuzigung und Auferstehung Jesu, versteht sie auch das Einst der Geschichte Jesu vor Karfreitag und Ostern und bezieht sie in ihre Verkündigung ein, immer aber als eine Geschichte, die die Gegenwart angeht und die Zukunft eröffnet (vgl. z. B. Apg 10, 37-43). So ist dieses Verständnis der Geschichte Jesu ein Verständnis vom Ende her und auf das Ende hin. Von ihm ist alle in den Evangelien zusammengefaßte Überlieferung geprägt.

Das zeigen bereits die älteren kurzen Predigt- und Glaubensformeln, in denen wir die Urgestalt des Evangeliums vor uns haben, längst ehe es schriftlich fixierte Evangelien gab (Apg 3, 13ff.; 4, 10ff.; 5, 30ff.; vgl. vor allem auch 1. Kor. 15, 3ff. u. a.). Sie alle reden mit äußerster Konzentration einzig von Tod und Auferweckung Jesu Christi und verkünden damit das Ende dieses alten Äon und den Anbruch der neuen Welt Gottes zu Heil und Gericht. Von dieser den Horizont alles innerweltlichen Geschehens sprengenden, Äonen wendenden Geschichte lebt die älteste urchristliche Verkündigung so ausschließlich, daß sie dabei in einem für uns heute erstaunlichen Maße der Kenntnis des vorösterlichen Lebens und Wirkens Jesu entraten konnte (2. Kor 5, 16). Kein Zweifel, daß Paulus und die Verfasser anderer neutestamentlicher Schriften überaus wenig von dem Detail dessen gewußt haben, was uns aus den Evangelien bekannt ist.

Aber auch die Evangelien, die erstmals die vorösterliche Geschichte Jesu zum Gegenstand ihrer Darstellung machen, unterscheiden sich in ihrem Verständnis dieser Geschichte nicht wesentlich von den älteren Formulierungen der Heilsbotschaft (Euangelion, Kerygma). Auch sie erwachsen aus der Verkündigung und stehen in ihrem Dienst. Darum nimmt z. B. die Schilderung der wenigen Passionstage in ihnen einen so unverhältnismäßig breiten Raum ein, daß man diese Bücher mit gewissem Recht als »Passionsgeschichten mit ausführlicher Einleitung« bezeichnen konnte [1]. Was auch immer in diesem Stück ihrer Überlieferung an zuverlässigen historischen Erinnerungen aufbewahrt sein mag (s. u. S. 135ff.), sicher ist, daß die Evangelien bei ihrer Darstellung nicht ein chronistisches Interesse verfolgten, sondern entfalten wollten, was der Auferstandene zu den Emmausjüngern sagt: »Mußte nicht der Christus dies leiden, um einzugehen in seine Herrlichkeit?« (Lk 24, 26). Im Erzählen der Geschichte von einst verkünden sie, wer er ist, nicht wer er war. Was die Passionsgeschichten zeigen, gilt auch für die Evangelien im ganzen: immer will das Einst

der Geschichte Jesu auf seine Bedeutung für die Gegenwart heute und das Dereinst der Zukunft Gottes befragt und verstanden sein.
Weil der irdische Jesus für die Gemeinde zugleich der Auferstandene ist, nimmt auch sein Wort in der Überlieferung die Züge der Gegenwart an. Von daher erklären sich zwei scheinbar widersprüchliche Merkmale der Tradition, die fast jede Seite der Synopse erkennen läßt: eine unbestreitbare Treue und Bindung an Jesu Wort und doch zugleich ein erstaunliches Maß von Freiheit gegenüber dem »historischen« Wortlaut. Jesu Wort wird bewahrt und doch nicht mit archivarischer Pietät gehütet, auch nicht in der Art der Aussprüche berühmter Rabbinen weitergegeben und mit Auslegungen versehen. Ja, man darf geradezu formulieren: Die Überlieferung gibt nicht eigentlich sein einst gesprochenes Wort wieder und weiter, sondern sie *ist* sein Wort heute[2]. Nur von hier aus begreifen sich die vielfachen Abwandlungen seines Wortes in der Tradition. Sie sind nur unzureichend mit dem Hinweis darauf erklärt, daß volkstümliche, mündliche Überlieferung erfahrungsgemäß immer nicht nur bewahrt, sondern auch verändert, ausschmückt und wegläßt, so sehr solche Gesetze volkstümlicher Tradition und die festen Formen, deren sie sich bedient, fraglos auch an den Evangelien zu studieren sind.
Zur Verdeutlichung dieses Gegenwartscharakters des Wortes Jesu sei hier auf ein einziges augenfälliges Beispiel verwiesen, dem sich viele andere an die Seite stellen ließen. Vergleicht man die verschiedenen Fassungen des Gleichnisses Jesu vom großen Abendmahl (Matth 22, 1ff.; Lk 14, 16ff.), so sieht man, daß Lukas anders erzählt als Matthäus und zunächst den älteren Text bietet: ein Reicher lädt seine Bekannten zum Mahl, aber die Geladenen schlagen mit plausiblen und doch nichtigen Entschuldigungen die Einladung aus. Bei Matthäus ist diese bei Lukas ganz im natürlichen Vorstellungsrahmen eines Gleichnisses bleibende Erzählung durch grelle Züge verstärkt: der vornehme Mann ist zum König geworden, das Mahl zur Hochzeitsfeier für seinen Sohn, die Knechte (nicht mehr nur einer) werden mißhandelt und umgebracht. Weiter lesen wir bei Matthäus von einer Aussendung der Heere durch den erzürnten König gegen die undankbaren und mörderischen Geladenen und von der Einäscherung ihrer Stadt. Man sieht sofort, das ist kein einfaches Gleichnis mehr. Zug um Zug will hier gedeutet und verstanden sein: der König ist stehendes Bild für Gott, der Königssohn der Messias, die Hochzeit Bild für die messianische Freudenzeit, im Schicksal der Knechte erkennen wir das Martyrium der Gottesboten, im Kriegszug den jüdischen Krieg und in der Vernichtung der Stadt die Katastrophe des Jahres 70. Das alte rebellisch gewordene Gottesvolk wird verworfen, und ein neues wird berufen. Aber auch dieses ist noch eine Schar von Guten und Bösen,

die dem Gericht und der endgültigen Ausscheidung der Unwürdigen erst entgegengeht (nur bei Matthäus endet das Gleichnis mit der Verwerfung dessen, der ohne Festkleid zur Hochzeit kam). Deutlich ist hier in der Matthäusfassung in das Gleichnis Jesu seine eigene Geschichte, Israels Bild und das Bild der ersten Kirche hineingezeichnet. Jesu Wort von einst ist zum Wort von heute geworden. Lukas hat zwar im Anfang den ursprünglichen Charakter des einfachen Gleichnisses besser bewahrt, aber auch er läßt die Tendenz der Vergegenwärtigung des Jesuswortes erkennen. Denn er läßt den Knecht des Herrn nicht nur zweimal, sondern dreimal hinausgehen: nach der ersten Abweisung zu den Armen, Lahmen und Krüppeln *in* der Stadt und darnach noch einmal zu denen an den Zäunen *vor* der Stadt. Es kann kein Zweifel sein, daß der Evangelist damit den Fortschritt der Mission von Israel zur Heidenwelt darstellen wollte.

Man lernt an dem Modell eines solchen Textes, wie stark die Überlieferung, die in den Evangelien gesammelt ist, von dem gläubigen Verstehen der Geschichte und Gestalt Jesu geprägt ist, und man begreift, wie das Verständnis des Einst der Geschichte Jesu in ihrer Bedeutung für das Heute seiner Herrschaft in der Gemeinde und für die letzte Zukunft Gottes, gemessen an unsern Begriffen, zu einer Relativierung, oft sogar zu einer Aufhebung der historischen Grenzen zwischen vorösterlicher und nachösterlicher Zeit führen konnte. So zeigt denn auch die Überlieferungsgeschichte, daß häufig nicht nur Worte des irdischen Jesus (wie in dem eben erwähnten Gleichnis) bald eine nachösterliche Gestalt annahmen, sondern auch Worte des Erhöhten zu Worten des irdischen Jesus wurden. Im Prinzip ist das kein anderer Vorgang. Wir haben mit ihm überall da zu rechnen, wo Verhältnisse und Fragen der späteren Gemeinde in einem überlieferten Wort vorausgesetzt sind. Beispiele werden uns im Verlauf dieses Buches des öfteren begegnen. Solche Worte werden ursprünglich an die Gemeinde durch den Mund ihrer geisterfüllten Propheten und Prediger ergangen sein, wie es die Offenbarung Johannes in ihren Sendschreiben zeigt (Offb 2 und 3). Wie sehr Glaube und Theologie der Gemeinde auch die Überlieferung der Geschichte Jesu mitgeformt haben, zeigen am deutlichsten die Legenden und die von einem Evangelisten zum andern zunehmenden legendären Ausschmückungen eines Berichtes, vor allem in den Vorgeschichten bei Matthäus und Lukas und den Ostergeschichten aller vier Evangelisten, vielfach ins Phantastische gesteigert in den späteren nichtkanonischen Evangelien, die in Fragmenten in beträchtlicher Zahl noch erhalten sind.

Die historische Sorglosigkeit der Überlieferung spricht sich auch in ihrem Erzählungsstil aus. Die dem modernen Historiker so wichtigen Fragen nach Wo und Wann einer Begebenheit, nach Ursachen und

Wirkungen eines Geschehens, nach der inneren Entwicklung und dem Profil der Gestalten bekommen kaum eine Antwort. In der Regel dienen historisch-pragmatische Notizen nur zur Rahmung der Einzelszenen und ihrer Verknüpfung, beschränken sich auf formelhafte Zeitangaben (darauf, an diesem Abend, wenige Tage darnach usw.) und ebenso stereotype Ortsangaben (Haus, Weg, Feld, See usw.) und werden in den Evangelien oft sehr verschieden verwandt. Jeder Leser braucht nur die romanhaften Ausschmückungen gerade dieser äußeren Züge der Geschichte Jesu in vielen Predigten, Kinderstunden und in der Leben-Jesu-Literatur und die nicht selten respektlos sentimentalen Erörterungen über das, was in Jesu Seele vorging, mit dem zu vergleichen, was der Text selbst hergibt. Wir sollten daraus lernen, daß wir gut daran tun, der »Lückenhaftigkeit« des Textes hier gerade nicht um der vermeintlichen Plastik der Erzählung willen aufzuhelfen, um so bei der Sache zu bleiben, die der Text wirklich im Auge hat[3].

Charakter und Formen der Überlieferung sind erst in neuerer Zeit Gegenstand genauerer Untersuchung geworden, eine Arbeit, die vor allem die sogenannte formgeschichtliche Forschung geleistet hat[4]. Sie zeigte damit Überlieferungsgesetze auf, die aus der vorliterarischen, mündlichen Tradition stammen, aber in den ersten drei Evangelien sich noch unverändert erhalten haben. Ihre Beobachtung ist eine ausgezeichnete erste Hilfe für die Unterscheidung von Wesentlichem und Unwesentlichem in einem Text. Aber die Ergebnisse reichen weiter. Sie beweisen die Besonderheit der Evangelien gegenüber allen Arten und Gattungen antiker Geschichtsschreibung und Literatur. Vor allem aber lehren diese Traditionsgesetze uns nach dem Zusammenhang fragen, in dem die gesamte Jesus-Überlieferung mit dem Glauben und Leben der Gemeinde steht, aus der sie stammt und für die sie bestimmt ist. Wie groß der Anteil der Gemeinde an ihrer Gestaltung ist, braucht hier nicht im einzelnen ausgemacht zu werden. Wichtiger ist die Erkenntnis, daß er überhaupt vorhanden ist. Der kritische Exeget und Historiker ist dadurch genötigt, in Fragen der Überlieferungsgeschichte oft von »echten« und »unechten« Jesusworten zu sprechen und also Worte des historischen Jesus von »Gemeindebildungen« zu unterscheiden. Er setzt sich noch heute vor Theologen und Laien in der Kirche damit meist dem entsetzten Vorwurf bloßer Destruktion aus. Und doch sollte grundsätzlich diese kritische Arbeit als ein Hinweis auf einen höchst positiven Sachverhalt verstanden werden: eben jenes Verständnis der Geschichte Jesu von seiner Auferstehung und von der Erfahrung seiner Gegenwart her. Wir sollten darum nicht das, was die Überlieferungskritik in ihrer Sprache etwa »unecht« oder »Gemeindebildung« zu nennen pflegt, von vornherein unter das Verdikt bloßer Dichtung und Erdichtung stellen. Eine solche irrige Vorstellung taucht häufig bei Verfechtern und Bestreitern der Kritik auf. Während die einen jedoch erklären, man dürfe auf keinen Fall der Gemeinde ein solches Maß schöpferischer Phantasie zutrauen, halten die anderen das für geboten. Indessen sollte man sich fragen, ob die hier verwendete Kategorie der Sache entspricht. So wenig der Anteil subjektiven Erlebens und dichtender Phantasie bestritten werden soll, so ist doch ihrem Grund und Ursprung nach die erst aus dem Glauben der Gemeinde erwachsene Überlieferung nicht bloßes Phantasieprodukt, sondern Antwort auf Jesu Gestalt und Sendung im ganzen. Sie weist damit über sich selbst auf den, der der Gemeinde in irdischer Gestalt begegnet ist und als Auferstandener und Erhöhter sich ihr gegenwärtig erweist. So ist die Überlieferung in jeder Schicht und jedem einzelnen Stück Bezeugung der Wirklichkeit seiner Geschichte und der Wirklichkeit seiner Auferstehung. *Im* Kerygma der Evangelien die Geschichte, aber auch in dieser Geschichte das Kerygma zu suchen, ist darum die uns gestellte Aufgabe. Ist die Unterscheidung von beiden geboten, so doch nur darum, um die Zuordnung beider und ihre wechselseitige Durchdringung um so deutlicher zu machen.

Eine lange Tradition, deren Bann wir uns nicht so leicht entziehen, hat uns diesem Verständnis der Geschichte Jesu entfremdet und uns einzig oder mindestens vordringlich die Fragen nach dem historisch Passierten wesentlich gemacht. Dies gilt von denen, die an der Überlieferung festhalten und heimlich oder offen historisch-kritische Arbeit als einen Angriff auf die Fundamente des christlichen Glaubens ansehen, wie auch von denen, die aus Geschichtswissenschaft und Kritik sich ihre Waffen zur Bestreitung der christlichen Botschaft überhaupt besorgen. Wir mußten darum hier so ausführlich, wenn auch keineswegs erschöpfend, von dem Geschichtsverständnis der Evangelien-Überlieferung und ihrem Gegensatz zu unserer Denkart sprechen. Angesichts der Lage, in der wir heute sind, waren alle diese methodischen Überlegungen unerläßlich, auch wenn sie vielleicht die Geduld des Lesers auf eine harte Probe gestellt haben. Leider bringen wir diese Geduld und Freiheit oft genug zu wenig auf, die einen, weil sie eben jene Arbeit der historisch-kritischen Theologie nur für ein Zerstörungswerk halten, und ihre Verfechter, weil sie sich den theologischen Fragen, die in dieser Arbeit aufbrechen, nicht gestellt haben. Die Folge war, daß historische Forschung und Glaube weithin hoffnungslos auseinandergebrochen sind und eine nicht nur mühevolle, sondern auch verheißungsvolle Aufgabe, die zum besten gehört, was uns aufgetragen ist, unerledigt liegengeblieben ist. So aber wird uns die Erkenntnis der Wahrheit vernebelt und unmöglich gemacht. Diese Wahrheit liegt nicht so selbstverständlich und offen vor uns, wie wir vielleicht meinen. Mögen darum andere Zeiten glücklicher daran gewesen sein – *uns* ist der Weg gerade auch durch den Engpaß solcher grundsätzlichen und methodischen Überlegungen, wie wir sie angestellt haben, aufgegeben.

Das bisher Gesagte darf uns auf keinen Fall den Mut nehmen, die Frage nach dem historischen Jesus überhaupt noch zu stellen. Zwar will es scheinen, als ob Wissenschaft und Glaube, wenn auch von entgegengesetzten Enden her, sie als eine unmögliche Frage erledigen wollten. Vertreter der kritischen Bibelwissenschaft, weil sie das Geflecht von Bekenntnis und Bericht, Historie und Glauben in den Evangelien für so unauflöslich dicht halten, daß jede Bemühung um den historischen Jesus ihnen als aussichtslos erscheint, und die Verfechter gläubiger Tradition, weil sie von vornherein die Angemessenheit der kritischen Geschichtswissenschaft für diesen Gegenstand bestreiten und die rückhaltlose Anerkennung der Überlieferung in ihrer vorgegebenen Gestalt als das erste Erfordernis des Glaubens überhaupt bezeichnen. Beides wären jedoch unsinnige Gewaltlösungen. Es bedarf keiner langen Erörterungen – sie wären gegenüber dogmatischen Vorurteilen ja ohnehin fruchtlos –, daß die kritische Forschung sich hier nicht das Feld verbieten lassen kann. War das, was wir über den Charakter der Evangelien gesagt haben, richtig, so ist klar, daß hiermit der Forschung eine Fülle von Fragen und Aufgaben gestellt ist. Der Strom ist nicht aufzuhalten, auch wenn noch soviel seines Wassers in die Irre gegangen ist. Dann gilt es eben stärkere Dämme zu bauen, bis diese Wasser versiegen und das feste Land wieder sichtbar wird. Aber es kann ja auch ernstlich keine Rede davon sein, daß die Evangelien und ihre Überlieferung uns die Frage nach dem historischen Jesus verbieten. Sie erlauben nicht nur, sie fordern diese Bemühung. Denn wie immer das Urteil des Historikers im einzelnen ausfällt, niemand kann bestreiten, daß der evangelischen Überlieferung selbst nun doch sehr erheblich an der vorösterlichen Geschichte Jesu gelegen ist, auch wenn das Interesse, das sie dabei leitet, ein anderes ist als das der modernen Geschichtswissenschaft. Der österliche Aspekt, in dem Jesu Geschichte für die Urgemeinde steht, darf gewiß keinen Augenblick vergessen werden, nicht minder aber die Tatsache, daß nun eben die Geschichte Jesu *vor* Karfreitag und Ostern in diesem Lichte liegt. Wäre es anders, so hätte die Gemeinde sich an einen zeitlosen Mythos verloren, auch wenn sie aus irgendwelchen gleichgültigen Gründen den Träger dieses Mythos mit dem Namen Jesus belegt hätte. Die Evangelien sind die *Absage an den Mythos* und geben ihm, soweit seinen Vorstellungen im Denken des urchristlichen Glaubens noch oder wieder Eingang gewährt wird, ein für allemal die Funktion, die Geschichte Jesu als die Geschichte Gottes mit der Welt,

neutestamentlich gesprochen: ihr »Einmal« als das dem Glauben gewiß gewordene göttliche »Ein-für-allemal« auszulegen.
Es wäre darum nichts verkehrter, als die Entstehung der Evangelien und der in ihnen gesammelten Überlieferungen auf ein – man mag sagen: fragwürdiges oder gesundes – historisches Interesse *abseits* des Glaubens zurückzuführen. Vielmehr spricht sich darin nur das Bekenntnis: Jesus-Christus, die Einheit des Irdischen und des Geglaubten aus. Die Evangelien bekunden damit, daß der Glaube nicht mit sich selbst anfängt, sondern von einer vorgegebenen Geschichte lebt, von der gerade um der Gegenwart willen, in der der Glaube steht, nun eben doch, wie es in allen Evangelien geschieht, nur im Tempus der Vergangenheit geredet werden darf.
Aber noch in einer anderen Hinsicht muß das Interesse des Glaubens gerade an der vorösterlichen Geschichte verdeutlicht werden. Man könnte an sich ja die Frage stellen, ob die nachösterliche Gemeinde, die in der Gewißheit der Gegenwart des Auferstandenen und in der Hoffnung seiner baldigen Wiederkunft lebte, nicht einem seltsamen »Anachronismus« verfiel, wenn sie sich selbst gleichsam zu Zeitgenossen ihres irdischen Herrn vor Ostern machte und also zu Zeitgenossen der Pharisäer und Hohenpriester von einst, der ersten Hörer Jesu, die seine Botschaft vom Kommen des Gottesreiches vernahmen, der Jünger, die in seine Nachfolge traten, der Kranken, die er heilte, und der Zöllner und Sünder, mit denen er zu Tisch saß. Allein, was hier als Anachronismus erscheinen mag, entspricht genau dem Verständnis, das die Gemeinde von sich selbst und ihrer Lage hatte. Sie stellte sich damit in die Solidarität derer, die nicht schon vom Glauben leben, sondern zu Gehorsam und Glauben durch das Wort Jesu allererst gerufen sind. Sie bekannte damit zugleich, daß auch ihr Glaube nichts anderes sein kann als die Nachfolge des irdischen Meisters, der Kreuz und Auferstehung erst entgegengeht. Die Evangelien sind darum zugleich die *Absage an eine eschatologische Schwärmerei*, die unter Preisgabe der Zeitlichkeit die Herrlichkeit der Welt Gottes schon als ihre eigene Gegenwart proklamiert.
Wie aber steht es mit der anderen von der Wissenschaft gestellten Frage, ob denn eine Darstellung der Geschichte und Botschaft Jesu in Anbetracht unserer Quellen noch sinnvoll und durchführbar sei? Sollen wir rückfällig werden und doch wieder den Ablauf seines Lebens im einzelnen biographisch und psychologisch zu beschreiben versuchen? Gewiß nicht. Alle solche Versuche, so oft sie unternommen werden, sind zum Scheitern verurteilt und nur mit dem Kapital einer alles historisierenden Kritiklosigkeit zu bestreiten und mit dem Aufwand einer nicht minder kritiklosen Phantasie, die willkürlich Lücken stopft und Verbindungen herstellt, wo die Evangelien gerade

sich versagen. Sie täuschen nur darüber hinweg, wie brüchig und lückenhaft unser Wissen im einzelnen ist, und vernebeln die Grenze zwischen historisch Gesichertem und Ungesichertem. Es kann darum auch nicht unsere vordringlichste Aufgabe sein, die historische Möglichkeit oder Wahrscheinlichkeit dieser oder jener Wundergeschichte wieder zu behaupten, die die Kritik als Legende bezeichnet, und dieses oder jenes Wort für den historischen Jesus zu retten, das mit guten Gründen erst aus dem Glauben der späteren Gemeinde erklärt wird. Solche Manöver, selbst wenn sie hier und da geboten sind, können auch an der Lage im ganzen nichts ändern.

Und doch geben uns die Evangelien kein Recht zu Resignation und Skepsis. Vielmehr lassen sie, wenn auch in völlig anderer Art als Chroniken und Geschichtsdarstellungen sonst, die geschichtliche Gestalt Jesu in unmittelbarer Mächtigkeit vor uns sichtbar werden. Zu deutlich ist, was die Evangelien über Jesu Botschaft, seine Taten und seine Geschichte berichten, noch immer gekennzeichnet durch eine Echtheit, eine Frische und eine auch vom Osterglauben der Gemeinde nicht bewältigte Besonderheit, die unmittelbar auf die irdische Gestalt Jesu zurückweisen.

Recht verstanden hat gerade die historische Kritik uns den Weg zu dieser Geschichte neu erschlossen, indem sie alle jene Versuche, sich ihrer biographisch-psychologisch zu bemächtigen, zerschlug. Wir sehen jetzt deutlicher: reden die Evangelien von der Geschichte Jesu auch nicht im Sinne eines nachzuzeichnenden Lebensablaufes mit seinen Schicksalen und Stadien, seiner äußeren und inneren Entwicklung, so reden sie doch von Geschichte als Geschehen und Ereignis. Von ihr geben die Evangelien überreichlich Kunde. Dieses Urteil darf kühnlich gewagt werden trotz der historischen Anfechtbarkeit noch so vieler Erzählungen und Worte im einzelnen, trotz der Tendenzen, die unverkennbar in der Überlieferung wirksam sind, und trotz der Unmöglichkeit, aus einem Mehr oder Weniger gesicherter Einzelheiten am Ende ein mehr oder weniger gesichertes Ganzes, das wir Leben Jesu nennen könnten, zu gewinnen.

Die Evangelien erzählen, wie jeder weiß, Jesu Geschichte in »Perikopen«, kurzen anekdotischen Szenen, die nicht erst zusammengefügt seine Geschichte ergeben, sondern jede für sich Jesu Gestalt und Geschichte gleichsam im ganzen enthalten. Keine bedarf einer Erklärung aus Geschehnissen, die vorangehen, keine zielt auf spätere Ereignisse, in denen sich Früheres erst entfaltet. Immer werden wir in dem Lichtkegel dieser und nur dieser Szene festgehalten. Immer ist der Lichtkreis scharf umgrenzt, die Charakteristik der Gestalten, die in ihm erscheinen, auf das nötigste beschränkt und die Begegnung Jesu mit bestimmten Menschen, die durch sein Wort und seine Tat zu einem Geschehen von höchster Spannung und Bedeutung wird, hell und scharf beleuchtet. Diese Art, seine Geschichte zu erzählen, hat ihre genaue Entsprechung auch in der Überlieferung seiner Worte. Wieder steht auch hier jedes Wort auf sich selbst, erschöpfend in sich, nicht erst durch einen Zusammenhang sinnvoll und eines Kommentars bedürftig, den erst ein anderes ihm geben müßte. Auch die sogenannten Reden der Evangelien – die Bergpredigt, die Aussendungsrede, die Gleichnisreden usw. – sind in Wahrheit ja keine »Reden«, sondern nur Sammlungen solcher Sprüche.

Was spricht sich in diesem Stil der Jesus-Überlieferung aus? Sind das alles nicht Merkmale volkstümlicher, unhistorischer Tradition und Spuren und Zeichen dafür, daß die Evangelien-Überlieferung nach ihrem Ursprung und Zweck auf den praktischen Gebrauch der glaubenden Gemeinde angelegt ist, der die bloße Historie als solche herzlich wenig bedeutet? Nötigen sie nicht gerade den Historiker zur Kritik dieser Überlieferung, die oft genug schweigt, wo er Antwort sucht, naiv typisiert, wo er nach dem Jeweilig-Individuellen fragt, und nicht selten die Grenze zwischen Geschichte und Deutung verwischt? Diese Fragen bestehen zu Recht. Und doch darf man sich den Blick nicht dafür trüben lassen, daß in, mit und unter gerade dieser Art zu überliefern und zu erzählen, Jesu Gestalt und Wirken in ihrer unverwechselbaren Einmaligkeit und Besonderheit hier in einer Ursprünglichkeit sichtbar werden, die auch alles gläubige Verstehen und Deuten immer wieder weit überholt und entwaffnet. So verstanden ist die urchristliche Jesus-Überlieferung randgefüllt von Geschichte.

II. Kapitel

Zeit und Umwelt

Jesu Geschichte ist weder in römischen Staatsakten und Annalen noch in einem jüdischen Geschichtswerk verzeichnet. Die große Weltgeschichte hat kaum von ihm Notiz genommen. Man hat die wenigen außerchristlichen Quellen, die ihn überhaupt erwähnen, schnell aufgezählt[1]. Der moderne Mensch pflegt ihnen ja besondere Bedeutung zuzumessen, weil sie ihm als unbefangen gelten. Die wichtigste ist eine Notiz in den Annalen des römischen Historikers Tacitus (Anfang des 2. Jahrh.), die sich auf die erste Verfolgung der Christen unter Nero (64 n. Chr.) bezieht. Eine mächtige Feuersbrunst hatte den größten Teil Roms in Asche gelegt. Der verhaßte Kaiser selbst wurde beschuldigt, den Brand angelegt zu haben. Darum wälzte er den Verdacht auf die Christen, die »als Feinde des Menschengeschlechtes« galten, und ließ bei grausamen Schauspielen viele von ihnen sterben. In diesem Zusammenhang gibt Tacitus folgende Erklärung des Namens der Christen: »Dieser Name stammt von Christus, den der Procurator Pontius Pilatus unter der Herrschaft des Tiberius zum Tode verurteilt hatte. Dieser abscheuliche Aberglaube, der eine Weile verdrängt worden war, verbreitete sich von neuem nicht nur in Judäa, wo das Übel begonnen hatte, sondern auch in Rom, wo alles, was es auf der Welt Schreckliches und Schändliches gibt, zusammenströmt und zahlreiche Anhänger findet« (Ann 15, 4). Dieses ist eigentlich die einzige brauchbare Notiz aus römischer Literatur, denn schon die nächste in der Vita des Kaisers Claudius (c. 25, 4) aus der Feder des Kaiserbiographen Sueton (2. Jahrh.) ist, wenn sie überhaupt mit Christus und Christentum zusammengebracht werden darf, als völlig fehlerhaft zu bezeichnen. »Claudius verjagte«, heißt es, »die Juden aus Rom, die auf Anstiften von Chrestos nicht aufhörten, Unruhen zu stiften.« Vielleicht enthält diese Stelle eine unklare Erinnerung an Unruhen, die das Eindringen des Christentums in der römischen Judenschaft hervorrief, und der römische Historiker hätte dann aus Christus einen jüdischen Agitator gemacht. Für die Geschichte der Christen im anfangenden 2. Jahrhundert ist endlich noch ihre Schilderung in einem berühmten Brief des kleinasiatischen Statthalters Plinius d. J. an den Kaiser Trajan wichtig (110 n. Chr.). Auch er nennt sie die Vertreter eines groben Aberglaubens und berichtet unter anderem von ihnen, daß sie an einem bestimmten Tage sich versammeln und »eine Hymne zu Ehren Christi wie zu Ehren eines Gottes singen« (Ep 10, 96). Man

sieht sofort, daß dies keine selbständige Quelle ist; ihr Inhalt geht auf die Befragung der Christen selbst zurück.
Bessere Auskunft erwartet man von dem jüdischen Historiker Josephus, dessen weitschweifig erzähltes Werk »Jüdische Altertümer« um 90 n. Chr. erschien. Josephus, um 40 als Sohn einer priesterlichen Familie in Palästina geboren, vorübergehend sogar ein Anhänger der Pharisäer, war selbst für kurze Zeit in den jüdischen Freiheitskrieg verwickelt, bis er sich auf die Seite der Römer schlug und dort als Hofhistoriograph des Domitian zu fragwürdigen Ehren gelangte. Aber wir finden bei ihm zwar wichtige Nachrichten über die Juden, auch über die Essener und Johannes den Täufer. Jesus nennt er jedoch nur in einer beiläufigen Notiz, bei Erwähnung von Prozeß und Steinigung des »Jakobus, des Bruders Jesu, der Christus genannt wird« (XX, 9, 1)[2].
Historisch kaum ergiebiger sind die wenigen, meist polemischen Aussagen im Talmud. Sie beruhen auf christlicher, vereinzelt auch jüdischer Überlieferung und besagen zusammengefaßt: als uneheliches Kind eines römischen Soldaten mit Namen Panthera (wahrscheinlich Spottform für griech. parthenou, d. h. Jungfrau) geboren, trieb »Jeschu« Zauberei, verspottete die Sprüche der Weisen, wiegelte das Volk auf, sammelte fünf (!) Jünger um sich und wurde am Vorabend des Passa gehenkt[3].
Wichtig sind diese heidnischen und jüdischen Quellen nur insofern, als sie die auch sonst offenkundige Tatsache bestätigen, daß es im Altertum auch dem grimmigsten Gegner des Christentums nicht einfiel, die Geschichtlichkeit Jesu überhaupt zu bezweifeln. Das blieb erst einer hemmungslosen, tendenziösen Kritik der Neuzeit vorbehalten, auf die einzugehen sich hier nicht verlohnt. Für unsere Kenntnis der Geschichte Jesu tragen die genannten Stellen jedoch so gut wie nichts bei. Wir ersehen daraus, daß die zeitgenössische Geschichtsschreibung Jesu Auftreten, soweit sie überhaupt von ihm wußte, für alles andere als ein epochemachendes Ereignis hielt[4].
Keineswegs wollen aber auch die ersten christlichen Quellen diesem Eindruck abhelfen und in dem besagten Sinn Jesu weltgeschichtliche Größe und Bedeutung dartun. Weder schildern sie ihn als Verkünder eines politischen Programms und als Führer einer Volksbewegung im Kampf gegen die römische Fremdherrschaft noch gar als Gegengestalt des Kaisers in Rom[5]. Es ist darum auch nicht zufällig, daß wir aus den Evangelien überaus wenig über die Geschichte des jüdischen Volkes, über das römische Imperium und die großen Fragen der Weltpolitik erfahren. Es geschieht, wenn überhaupt, nur am Rande und beweist nur dies, daß Jesu Gestalt und Geschichte einer bestimmten Zeit zugehören und sein Wort wie das seiner Gemeinde sich an

eine bestimmte geschichtliche Umwelt richtet. Dies freilich ist wichtig genug. Wir fragen darum zuerst nach dem Bild dieser Umwelt.

1. Das jüdische Volk

Klein, unbedeutend, zur staatlichen Ohnmacht verurteilt, in einem abgelegenen kärglichen Land, ist das jüdische Volk zur Zeit Jesu[6] alles andere eher als eine Welt- und Geschichtsmacht. Seit der Rückkehr aus dem babylonischen Exil (586-538 v. Chr.) ist es zur Tempelgemeinde geworden und hat seine politische Eigenexistenz bis auf schwache Reste an eine lange Reihe von Fremdmächten verloren: von den Persern zu Alexander d. Gr., von diesem zu den ägyptischen Ptolemäern, wieder hundert Jahre später zu den syrischen Seleukiden, endlich – nach kurzer parthischer Zwischenherrschaft – zu den Römern. In dieser wechselvollen Geschichte war das kleine Israel jedoch keineswegs nur ein willenloser Spielball. Es besaß noch immer etwas ihm völlig Eigenes unter den orientalischen Völkern. Sein Gott ist ein anderer als die Götter seiner Umwelt und der Glaube an diesen Gott der eigentliche Lebensnerv und die erhaltende Kraft dieses Volkes. Aus den Kräften dieses Glaubens hat schon das alte Israel, aber nicht minder das nachexilische Judentum sich den wechselnden Fremdreichen gegenüber, obwohl das Land im magnetischen Feld ihres Ringens lag, nach Kräften spröde verhalten, den Einflüssen ihrer Kulturen und Religionen sich immer wieder verschlossen und nie so etwas wie babylonische und ägyptische Wissenschaft, vollends nichts von der Art griechischer Philosophie und Wissenschaft hervorgebracht. So machte es geschichtlich den Eindruck eines seltsam rückständigen Gebildes. Und doch mußten, wie einst die Perser und die Diadochenherrscher, so auch die Römer seiner Eigenheit Rechnung tragen, wollten sie in diesem kleinen, aber schon durch seine Grenzlage wichtigen Land ihre Herrschaft befestigen. Das Maß der Freiheiten und Konzessionen, der Schenkungen und Privilegien, die Israel zu seiner Sicherung als Kultgemeinde gewährt wurden, ist erstaunlich und ebenso ein Zeichen seiner Besonderheit wie der freilich nicht immer bewiesenen politischen Klugheit seiner Fremdherrscher.
An eben dieser Stelle entzündete sich darum die Leidenschaft der Empörung gegen den Syrerkönig Antiochus IV. Epiphanes (175-164 v. Chr.), als dieser im Kampf gegen Ägypten, gestützt auf eine von opportunistischen Hohenpriestern geführte Hellenisierungsbewegung in der Judenschaft selbst, es wagte, zur Auffüllung seiner Kriegskasse die Tempelschätze zu rauben, das Heiligtum dem Kult des Olympischen Zeus zu übergeben und die Ausübung der jüdischen

Religion bei Androhung der Todesstrafe zu verbieten. Diese Ereignisse sind der Anlaß für den denkwürdigen Freiheitskampf der Juden unter der Führung des Hasmonäers Judas Makkabäus und seiner Brüder. Er gab Israel für ein Jahrhundert noch ein letztes Mal seine politische Selbständigkeit wieder und schien nach der Erhebung des Hohenpriesters zum König und der Ausdehnung seines Herrschaftsgebietes bis auf den Umfang des alten davidischen und salomonischen Reiches die alte Glanzzeit Israels noch einmal zu erneuern. Geschichtsschreibung und Dichtung der Juden haben Heldentum, Bekenntnismut und Todesbereitschaft der makkabäischen Glaubenskämpfer reichlich verherrlicht, wie umgekehrt die Errichtung des Zeusaltars im heiligen Tempelbezirk durch Antiochus noch lange, ja bis in die christliche Literatur hinein sinnenfälliges Symbol und apokalyptisches Zeichen schrecklicher heidnischer Blasphemie geblieben ist[7]. Gleichwohl ist die Geschichte der Makkabäer nicht wirklich die Zeit einer Wiedergeburt Israels. Ihre Herrschaft entwickelte sich schnell zu einer Geschichte skrupelloser Machtpolitik und dynastischer Interessenkämpfe. Die Folge war, daß bald die Gesetzestreuen im Volk, die einst den Glaubenskrieg tatkräftig unterstützt und mitgekämpft hatten, im scharfen Protest gegen das Geschlecht ihrer »Priesterfürsten« und die von ihnen betriebene und geförderte Verweltlichung standen.

Das Ende der Makkabäer-Zeit war besiegelt, als der römische Feldherr Pompejus 63 v. Chr. in Syrien erschien und von den beiden letzten, um den Thron streitenden Hasmonäersöhnen Hyrkanos II. und Aristobulos zum Schlichter angerufen wurde, während gleichzeitig die Abgesandten der Stadt Jerusalem ihn um die Beseitigung der unwürdigen Herrschaft anflehten. Pompejus ließ auf diese Bitten sein Heer die Antwort geben. Jerusalem wurde erobert, der von seinen Bewohnern befestigte Tempelbezirk belagert und besetzt – der Feldherr selbst und seine Römer betraten zum Abscheu der Gesetzesfrommen das Allerheiligste –, Aristobul wurde als Gefangener mit nach Rom entführt und Hyrkanos noch einmal als »Hoherpriester und Ethnarch« (d. h. unter Entziehung der Königswürde) eingesetzt. Die wirklichen Herren im Lande sind seitdem die Römer. Noch hatten freilich die Intrigen und Machtkämpfe kein Ende. In ihrem Verlauf gelingt es Hyrkanos und seinem tatkräftigen Minister, dem Idumäer Antipatros, die durch Caesars Sieg über Pompejus neu entstandene Lage in Rom geschickt auszunutzen, Caesars Gunst zu gewinnen und dem Lande Judäa die Vergünstigungen der Steuer- und Militärfreiheit zu erwirken. Vor allem aber erhielt die Jerusalemer Kultgemeinde das Recht der Gerichtsbarkeit in eigenen Angelegenheiten zugestanden. Die wahren Nutznießer dieses politischen Spiels waren aber schon nicht mehr die Hasmonäer, sondern Antipatros und seine Söhne, die den schwachen Hyrkanos bald überspielten. Zwar wurde der Vater gewaltsam beseitigt, aber der Grund für die Herrschaft des nun folgenden herodianischen Geschlechtes war gelegt.

Herodes, Antipatros' Sohn, sucht wie sein Vater die Gunst Roms und wurde auf Betreiben des Antonius und des Octavian (des späteren Kaisers Augustus) durch Senatsbeschluß 40 v. Chr. zum König Judäas ernannt. Anfangs ein Günstling des Antonius, gewann er zehn Jahre später, als Octavian die Alleinherrschaft in Rom angetreten hatte, auch diesen für sich und erhielt mit der Bestätigung seiner Königskrone die Stellung eines mit Rom verbündeten Fürsten und ein Herrschaftsgebiet, das fast alle Landschaften Palästinas umspannte. Als Herrscher von Roms Gnaden und zu Roms Ehren entfaltete er einen gewaltigen Glanz. Mächtige Profanbauten im hellenistisch-römischen Stil, Befestigungen, Städtegründungen und Tempel für den Kult des Augustus bezeugten im ganzen Land seine rührige, verschwenderische Herrschaft, aber zugleich, auch durch die Namen, die er seinen Schöpfungen gab, die Macht Roms, der er sein Reich verdankte[8].

Durch Herodes, genannt der Große, empfing auch Jerusalem das glanzvolle Gesicht, das es in der Zeit Jesu bis zu seiner Zerstörung bot: in der Nordwestecke der Stadt die stark befestigte Königsburg, später der Jerusalemer Amtssitz der römischen Prokuratoren, und vor allem der im Jahre 20 v. Chr. begonnene, prunkvoll aufgeführte, erneuerte Bau des Tempels nach altem salomonischem Plan mit seinen mächtigen Umfassungsmauern und Toren, Hallen, Höfen und heiligen Gebäuden. Unmittelbar benachbart – symbolisch für seine Herrschaft – das schon zuvor errichtete Kastell, dem Herodes zu Ehren seines damaligen Gönners den Namen Antonia gab.

Alles das kann jedoch nicht darüber wegtäuschen, daß der »große« Herodes ein hellenistisch-orientalischer Despot war, wenn er formell auch zur Jerusalemer Kultgemeinde gehörte und durch seine Ehe mit der Hasmonäerin Mariamne seiner Königswürde einen Schimmer von Legalität zu geben versuchte. Da er als Idumäer die geschlechtergebundene Priesterwürde nicht selbst bekleiden konnte, vergab er sie um so skrupelloser an willfährige Sprößlinge des alten Priesterhauses, um sie kurzerhand wieder zu beseitigen, wenn politische Berechnung es erforderte. Dem Volke blieb der volksfremde, Rom hörige, verschwenderische und auch in seinem eigenen Haus mörderisch wütende Tyrann verhaßt.

Als der König 4 v. Chr. starb, erbaten die Gesandten der jüdischen Kultgemeinde von Augustus die Beseitigung der herodianischen Herrschaft. Aber der Kaiser vollstreckte das Testament des Toten und teilte das Reich unter seine Söhne: das Gebiet im Nordosten fiel an Philippus, Galiläa und ein Stück ostjordanischen Landes an Herodes Antipas, den späteren Landesherrn Johannes des Täufers und Jesu, Samarien und Judäa mit Jerusalem an Archelaos. Alle drei Herrschaften blieben jedoch belanglose Scheinstaaten von geringer Lebensdauer, deren Herrscher fast alle später als römische Verbannte in Gallien endeten. Am frühesten wurde Judäa, nach Absetzung des brutalen und unfähigen Archelaos (6 n. Chr.), unmittelbar der römischen Provinz Syrien eingegliedert, nur noch mit einer eigenen Verwaltung unter einem römischen Prokurator. Dieser residierte in der Hafenstadt Caesarea, war militärischer Oberbefehlshaber des Gebietes, verantwortlich für das Aufkommen der Steuern und der von jüdischen Pächtern eingetriebenen Zölle und Inhaber der obersten Gerichtsbarkeit. Dem »Hohen Rat« (Synedrium) zu Jerusalem wurde zwar noch immer die Gerichtsgewalt über religiöse Vergehen und Straftaten mit weitgehenden Kompetenzen – bis zur Todesstrafe – belassen, die Polizeigewalt in Sachen der öffentlichen Ordnung und das »Schwertrecht« bei der Ahndung politischer Verbrechen stand jedoch allein der römischen Justiz zu[9].

In der Ausübung seiner Religion blieb das jüdische Volk auch unter römischer Herrschaft zunächst unbeschränkt. Ja, die Rücksicht auf seine religiösen Empfindungen ging so weit, daß die römischen Truppen in Jerusalem die für Juden besonders anstößigen Kaiserbilder einzuziehen pflegten, wenn auch einzelne Prokuratoren wie Pontius Pilatus (26-36 n. Chr.) sich darin gefielen, solche Gewohnheiten abzustellen und die Juden zu provozieren. Aufs Ganze gesehen verrät die verwaltungsmäßige und rechtliche Organisation des Landes durchaus die politische Weisheit der Römer. Dennoch waren sie für das Volk die nur widerwillig ertragenen Fremdherren, und es bedurfte nur der geringsten Anlässe, um den passiven oder aktiven Widerstand des Volkes zu entfachen. Brutalität und Mißwirtschaft unfähiger Prokuratoren schürten vollends den Haß, wenn auch offene Revolten vorerst vereinzelt blieben.

Erst später, nach dem Tode eines der letzten Herodianer, Agrippa I. (44 n. Chr.), dem die kaiserliche Gunst für kurze Zeit noch einmal die Königswürde und das alte Reich des ersten Herodes eingebracht hatte, wurde das Land unmittelbar römisches Gebiet. Von nun an reißen die Aufstände nicht mehr ab. Ihre Führung lag in der Hand der zunächst kleinen, durchaus nicht vom ganzen Volk und seinen religiösen Gruppen getragenen Partei der Zeloten (»Eiferer«), die, vier Jahrzehnte zuvor aus Anlaß der ersten kaiserlichen Besteuerung des Landes[10] entstanden, die gewaltsame Befreiung des Gottesvolkes von der Fremdherrschaft zu ihrem Programm erhoben hatten und vor

Gewalttat und Mord nicht zurückschreckten. Josephus schildert uns diese Zeloten fast nur als Banditen und Partisanenhaufen. Doch ist kein Zweifel, daß diese Aufstandsbewegung von einem theokratischen Ideal und glühenden Messiashoffnungen erfüllt war. Der offene Konflikt schürzte sich in Caesarea und vor allem in Jerusalem (66 n. Chr.). Die römische Besatzung, aber auch der Hohepriester, der die Aufständischen dämpfen sollte, waren der Lage nicht mehr gewachsen und wurden niedergemacht. Sogar der Legat von Syrien, Cestius, als er mit starker Truppenmacht von Damaskus gegen Jerusalem heranzog, mußte vor der tapfer verteidigten Stadt umkehren und erlitt auf dem Rückzug von den Aufständischen schwere Verluste. Damit war der Freiheitskampf gegen Rom eröffnet. Er endet im Jahre 70 n. Chr. mit der Belagerung Jerusalems durch Vespasian, der noch in diesem Jahre zum Kaiser erhoben wurde, mit der Eroberung von Stadt und Tempel durch Titus, der Entführung der heiligen Tempelgeräte, der Beseitigung der Kultgemeinde und der Deportation zahlloser ihrer Mitglieder. Der Triumphbogen des Titus an der Südostseite des Forums in Rom, den noch heute kein gläubiger Jude durchschreitet, ist bis auf unsere Tage das Dokument dieses Sieges geblieben.

Überblickt man diese bewegte Geschichte, so wird man mit Überraschung feststellen, daß sie für das Verständnis dieses Volkes nur sehr indirekt etwas beiträgt. Was sonst für jedes Volk gelten mag, daß es aus der Geschichte seine Art und Prägung empfängt, wie es in ihr natürlich auch seine Art und sein Wesen ausspricht, gilt für das jüdische Volk nur in einem sehr beschränkten Maß. Es erweist seine Lebenskräfte nicht so sehr in der wechselvollen Geschichte, die über das Volk hinging und in deren Strudel es qualvoll genug hineingerissen war, als vielmehr trotz dieser Geschichte. Das heißt, seine Lebenskräfte liegen in dem beschlossen, was der jeweiligen Gegenwart und Gewalt mit zäher Beständigkeit sich widersetzte und entzog. Hier liegt der Grund dafür, daß dieses Volk auch die nicht endende Kette der politischen Katastrophen seit dem Exil bis zum völligen Verlust seiner staatlichen Existenz überdauerte.

Dies gilt für das Judentum in einem schlechthin einmaligen Sinn. Gewiß, auch bei andern Völkern sind hier und da wohl unverwüstliche Lebenskräfte festzustellen, die in der Tiefe schlummern und einem Volk die Möglichkeit geben, auch aus schwersten Niederlagen neu zu erstehen. Aber jede Betrachtung, die an den sonst für ein Volk bestimmenden natürlichen Voraussetzungen haften bleibt – geographische Lage, natürliche Anlage, Umwelt, Geschichte, Kultur und dergleichen – geht an dem Besonderen Israels vorüber. Von der Religion dieses Volkes muß darum jetzt die Rede sein. Sie ist sein Lebensgesetz.

Der Gott des jüdischen Glaubens hat im Unterschied zu den Gottheiten der orientalischen und griechischen Religionen keinen Mythos und kein Bildnis, und kein Kultus wird ins Werk gesetzt, um den Menschen an den natürlich-übernatürlichen Kräften der Gottheit Anteil zu geben. Gewiß gibt es auch in Israels Religion mythische Elemente: der altorientalische Mythos vom Schöpfungskampf der Gottheit gegen das Ungeheuer der Urzeit hat reichliche Spuren vor allem in den Psalmen hinterlassen[11], mythische Elemente sind in Israels Messiaserwartung eingegangen und prägen noch die Bilder seiner spätesten apokalyptischen Hoffnung[12]. Auch Kult und Frömmigkeit sind von Vorstellungen und Motiven durchsetzt, die in weitem Umfang die Religionsgeschichte in Mantik und Zauber, in Opfer- und Reinigungsriten wiederfindet. Alles das aber ist merkwürdig gebrochen, an den Rand gedrängt und einem völlig andern Verständnis der Gottheit dienstbar gemacht. Ein beständiger Kampf gegen den Mythos kennzeichnet die Geschichte der israelitisch-jüdischen Religion.

Denn Jahwe ist Schöpfer und Herr und als solcher Welt und Natur radikal überlegen. Das bedeutet für Israels Glauben niemals die Verbannung Gottes in eine ideale, metaphysische Jenseitigkeit. Dies gerade nicht. Keine andere Religion ist so wie die Israels untauglich für jedwede dualistische und platonisierende Deutung[13]. Jahwe ist vielmehr der von jenseits her schaffende und gebietende, richtende und rettende Gott. Das Feld seiner Offenbarung und seines Wirkens ist die Geschichte. Das heißt nicht, daß hier von den Erfahrungen der Geschichte her auf Gott geschlossen wird und geschichtliche Erlebnisse sich zu Mythen verdichten. In diesem Sinne ist der Gott Israels gerade kein Volks- und Geschichtsgott, denn er ist eher da als Volk und Geschichte, »von Urzeit her« (Jes 63,16; Hab 1,12), und setzt und bestimmt sie in souveräner Macht –, der Gott Israels und zugleich der Herr der Völker: »Jahwe, der Gott der Heerscharen, der die Erde anrührt, daß sie wogt und alle ihre Bewohner trauern, daß sie allenthalben sich hebt wie der Nil und sich senkt wie der Strom Ägyptens; der im Himmel seinen Söller gebaut und sein Gewölbe auf die Erde gegründet, der den Wassern des Meeres rief und sie ausgoß über die Erde – Jahwe ist sein Name!« (Am 9,5f.).

Israel ist das Volk dieses Gottes. An seinem Anfange stehen seine *Erwählung* und *Befreiung*, die es aus der Zahl der übrigen Völker gelöst und Dasein und Geschichte dieses Volkes auf einen Grund gestellt haben, auf dem kein anderes zu leben vermag. Die Wüste ist die Stätte, wo es seinem Gott begegnet ist, unter Schreckenszeichen seinen Willen erfuhr und für alle Zeit das Gesetz seines Lebens empfing.

»Erwählung« und »Bund«, »Gesetz« und »Verheißung« bestimmen fortan sein Leben und seine Geschichte, Begriffe, die alle zum Ausdruck bringen, daß das Volk kein Dasein mehr in sich selbst hat, sondern auf diesen übermächtigen, jenseitigen Gott geworfen ist, der es wunderbar führt und trägt, mit seinem Gesetz leitet und nach seinem Gesetz richtet. »Euch aber hat Jahwe genommen und euch aus dem Schmelzofen, aus Ägypten, herausgeführt, daß ihr sein Eigentumsvolk würdet, wie ihr es heute seid« (5. Mos 4, 20; vgl. auch 4, 32ff.). Dies also ist Jahwes Macht. Die natürlichen Grenzen eines Volkes sind ihm keine Grenzen. Er ist kein Volksgott (Am 9, 7). »Denn obwohl Jahwe, deinem Gott, der Himmel bis zu seinen höchsten Höhen, die Erde und alles, was auf ihr ist, gehört, hat sich doch Jahwe zu deinen Vätern allein geneigt, sie zu lieben, und hat nach ihnen auch euch, ihre Nachkommen, aus allen Völkern erwählt« (5. Mos 10, 14f.).
Wohl hat Jahwe in dem *Bund*, den er mit seinem Volke schloß, auch sich selbst an dieses Volk gebunden. Aber nicht bedingungslos. Denn er mißt das Volk nach Gehorsam und Ungehorsam und sucht es heim, gerade weil es sein Volk ist (Am 3, 2). Bund und Erwählung, so sehr sie Israels Stolz und Trotz sind, grundlegende Daten seiner Volksgeschichte, auf die sich sein unerhörtes Selbstbewußtsein beruft, werden darum doch niemals zu natürlich-geschichtlichen Gegebenheiten, mit denen das Volk selbstverständlich rechnen kann. Wo das geschah, erklang alsbald mit schneidender Schärfe das Nein der Propheten, das Israel zu seinem Ursprung zurückrief und seine Sicherheit durch die Ankündigung des göttlichen Gerichtes erschütterte.
So ist auch das *Gesetz* (Tora), von dem Israel lebt, etwas von Grund auf anderes als Inbegriff seiner Art, seiner sittlichen Anschauungen, Ausdruck der in ihm schlummernden Empfindungen und Ahnungen, metaphysische Ordnung seines Volkstums und seines Weltverständnisses oder wie immer man nach griechischer oder moderner Denkweise sagen will. Vielmehr ist es für Israel Gottes souveräne Willenskundgebung, dem Volke *wider* sein eigenes Wünschen und Wollen unter Donner und Blitz gegeben. Die Geschichte der Gesetzgebung am Sinai ist unlöslich verbunden mit der Erzählung vom Zorne des Mose und dem Strafgericht über das Volk, das im Überdruß an dem unsichtbaren Gott sich selbst einen Götzen nach seinem Willen macht und das goldene Kalb umtanzt (2. Mos 32). So wenig ist das Gesetz der natürliche Nomos des Volkes, so wenig ist der einzelne in Volk und Land natürlich zu Hause, daß der Fromme beten muß: »Öffne meine Augen, daß ich schaue die Wunder an deinem Gesetz. Ein Gast bin ich im Lande, verbirg nicht vor mir deine Gebote« (Ps 119, 18f.). So ist es Freude und Stolz des Volkes und bleibt doch immer in Jahwes Hand. Darum betet der Fromme: »Nimm ja nicht von mei-

nem Munde das Wort der Wahrheit, denn ich hoffe auf deine Rechte« (Ps 119, 43). Von Anfang an bis in die späteste Zeit gibt es darum kein vernünftiges Verstehen des Gesetzes, kein Erkennen der in ihm wirkenden Prinzipien, die seine Gültigkeit verständlich und überzeugend machen, vielmehr gilt es darum allein, weil es göttliche Forderung ist. Alle Auslegung kann die Tora deshalb nur anwenden auf die vielerlei Situationen des jeweils gegenwärtigen Lebens. Noch die krausesten Wunderlichkeiten jüdischer Kasuistik bekunden dieses Verständnis des Gesetzes.

Ohne Zweifel hat die Religion des alten Israel im Judentum nach dem Exil eine ungeheure Verengung und Versteinerung erfahren. »Aus dem Herrn der Völker war das Parteioberhaupt der Gesetzlichen, aus dem Gehorsam gegen den Lenker der Geschichte eine weitverzweigte Technik der Frömmigkeit geworden« (Dibelius)[14]. So stehen auch Kultus und Opferdienst im Judentum ganz im Zeichen ritueller Verpflichtung. Aber noch in der Pervertierung ist das ursprüngliche Verständnis von Gottes Macht und Gesetz, dem das alte und das verwandelte Israel sein Wesen verdankt, erkennbar. Hier liegen die Gründe dafür, daß es im Vergleich zu den Weltreichen seiner Umwelt geschichtlich einen so merkwürdig rückständigen Eindruck erweckt, ein seltsam archaisches Gebilde, das von der Geschichte seines Ursprunges sich niemals löst.

Man könnte das Gesagte auch so ausdrücken: Israel lebt davon, daß es alles von seinem Gott erwartet. Das ist im strengen, definierenden Sinn gemeint. Es bestimmt die Eigenart dieses Volkes und seiner Religion, längst ehe es eine ausgebildete Enderwartung gab. Die Zeit dieser inhaltlich sich immer stärker ausprägenden *Enderwartung* ist die Zeit seiner Verbannung und der nachfolgenden Jahrhunderte bis zu seinem geschichtlichen Ende. Ursprünglich ist Israels Zukunftserwartung eine durchaus diesseitige Hoffnung. Sie richtet sich auf das Kommen des Messias, die Wiedereinnahme des verlorenen Landes, die Reinigung des Volkes von aller heidnischen Überfremdung, die Einlösung der David und seinen Erben gegebenen Verheißung. Bis in Jesu Zeit und in die Zeit nach der politischen Katastrophe des Volkes hält diese Hoffnung sich durch. Der aus einer pharisäischen Psalmensammlung stammende 17. Psalm Salomons und das noch heute von dem frommen Juden gebetete Achtzehnbitten-Gebet sprechen sie aufs klarste aus.

Aber diese diesseitig-politischen Hoffnungen genügen vielen im Zeitalter des späten Judentums nicht mehr. Sie werden ausgeweitet und überhöht durch eine Erwartung, die das Kommen und Offenbarwerden der Herrschaft Gottes und der Erlösung Israels nicht mehr in irdischer Beschränkung, sondern in universaler, kosmischer Weite vorstellt. Babylonische und persische Mythen lieferten dafür Farben und Vorstellungen und brachten fortan einen düsteren, dualistischen Zug in die jüdische Hoffnung. So wandelt sich seit dem Buche Daniel die jüdische Enderwartung zur Apokalyptik und schafft sich neue Ausdrucksformen und Bilder. Zu ihnen gehört vor allem die Vorstellung von den beiden Äonen, diesem vergehenden Weltäon, der unter Sünde und Fluch alt und müde geworden ist und furchtbaren Katastrophen entgegentreibt, und dem neuen, kommenden Äon Gottes in Herrlichkeit und Freude, den die Gerechten schauen werden; von einem himmlischen »Menschen« (Dan 7, 13), der auf den Wolken des Himmels zum Weltgericht kommt, vom Satan und seinem Engel-Heer, das Verführung und Schrecknis verbreitet, aber auch von den Engeln Gottes, die seine Ratschlüsse ausrichten. Auch die Lehre von der Auferstehung der Toten findet in dieser Zeit Eingang in die jüdische Theologie.

Alle diese neuen Elemente werden jedoch Bestandteile genuin jüdischen Denkens und Hoffens. Nirgends wird der Dualismus so weit getrieben, daß er die Einzigkeit Gottes und den Glauben an seine Schöpfung gefährdet. Überhaupt darf man nicht eigentlich von einem metaphysischen oder mythischen, sondern nur einem geschichtlichen Dualismus in der Apokalyptik reden. Zeit und Geschichte bieten die großen Rätsel, die die schweifende Phantasie der Apokalyptiker zu ergründen sucht und mit Berechnungen, Periodisierungen und Visionen lösen will. Aber Israels Schicksal und Zukunft inmitten des Weltgeschehens sind der eigentliche Gegenstand auch der apokalyptischen Träume. Seine Geschichte bleibt die Mitte, seine alte Prophetie wird neu interpretiert, jetzt nur ins Kosmische ausgeweitet. Nach Israels Gesetz allein bestimmen sich Gerechtigkeit und Frevel und im ewigen Gericht Rettung und Verwerfung. So trägt auch der geheimnisvolle »Menschensohn« die Züge des Messias. Bewußt und durchgängig verbergen sich daher auch die Seher der zahllosen Apokalypsen unter der Maske der großen Gottesmänner Israels in Urzeit und Geschichte. Schon das Danielbuch, entstanden in makkabäischer Zeit (2. Jahrh. v. Chr.), gibt sich als Erzählung von einem frommen Traumdeuter der längst vergangenen babylonischen Zeit. Erst recht aber zeigen die Namen späterer Apokalypsen (Henoch-, Abraham-, Elias-Apokalypse, Himmelfahrt des Mose, Himmelfahrt des Jesaja, Baruch- und Esra-Apokalypsen u. a.), wie diese Wahl alter, ehrwürdiger Namen, deren Autorität sich die Verfasser und Sammler zunutze machen, zum festen Stilmittel dieser Literatur gehörte[15].

Von der außerordentlichen Verbreitung und Wirkung dieser Bücher und ihrer Erwartungen wird man sich auch für das Zeitalter Jesu keine genügend große Vorstellung machen können. Auch wenn sie sich selbst vielfach als Geheimschriften geben, so haben wir doch keinen Grund, sie nur abgesonderten Zirkeln zuzuweisen. Von ihren Ideen sind zu Jesu Zeit auch die Lehren der Pharisäer und anderer Gruppen erfüllt. Erst in späterer Zeit hat das schriftgelehrte, gesetzesstrenge Judentum die Apokalyptik ausgestoßen. Auch Jesu Botschaft und die urchristliche Theologie sind, wie wir sehen werden, ohne diesen Hintergrund nicht zu verstehen.

3. Gruppen und Bewegungen

Das Judentum bietet zur Zeit Jesu freilich nicht ein so einheitliches Bild, wie es nach der eben gegebenen Skizze erscheint. Es umspannt im einzelnen sehr verschiedene Tendenzen und Gruppen. Die wichtigste unter ihnen waren die *Pharisäer*[16]. In den synoptischen Evangelien erscheinen sie als die eigentlichen Gegner Jesu, die sich über seine Predigt und sein Verhalten entrüsten, von Anfang an auf seine Beseitigung drängen und von ihm als selbstgerechte Heuchler angegriffen werden. Zweifellos haben die Auseinandersetzungen mit ihnen in Jesu Geschichte eine bedeutende Rolle gespielt. Dennoch darf der Historiker sich bei ihrer Charakteristik nicht sofort von dem allzu uniformen Bild der neutestamentalischen Texte leiten lassen. Es erklärt sich aus der wachsenden Neigung der Berichte, zu schematisieren und die Pharisäer kollektiv als Kontrastfiguren zu Jesus und seinen Jüngern einzuführen. Überdies ist zu beachten, daß besonders Matthäus die in der Zeit nach der Zerstörung Jerusalems verschärften Konflikte zwischen Judentum und Christentum vor Augen hatte, als eine theologisch verengte pharisäische Richtung sich endgültig durchsetzte.

Entstanden im makkabäischen Abwehrkampf der »Frommen« gegen hellenistische Überfremdung und eine politisch gefügige Priesteraristokratie hatte sich ihre von Laien getragene Bewegung von den Gesetzlosen im Volk »abgesondert« (das besagt ihr Name »Pharisäer«) und zu einer religiösen Genossenschaft zusammengeschlossen. Zu den wichtigsten geschichtlichen Voraussetzungen des Pharisäismus gehört das Aufkommen des vom priesterlichen Tempelkult unabhängigen synagogalen Gottesdienstes[17], beschränkt auf Schriftauslegung, Bekenntnis und Gebet, für den es in der antiken Religionsgeschichte keinerlei Parallelen gibt. Das Ziel der pharisäischen Bewegung war die strikte Befolgung der Tora in allen Bereichen des täglichen Lebens. Zu diesem Zweck gaben sie dem Mosegesetz eine für alle erdenklichen Fragen des sittlichen, rechtlichen und rituellen Verhaltens verbindliche Auslegung. Die reichlich vorhandene jüdische

Überlieferung verwehrt uns, Lehre und Frömmigkeit der später geradezu sprichwörtlich gewordenen Pharisäer summarisch zu karikieren. Zahlreiche Aussprüche der Rabbinen, die nach Form und Inhalt zu vielen Jesusworten die nächsten Parallelen bieten, bekunden das bis heute im Judentum nachwirkende hohe Maß von Erfahrung, Weisheit und Glaubensernst. Gleichwohl gehört zu den Grundzügen ihrer Schriftauslegung und Frömmigkeit die pedantische Kasuistik ihrer Vorschriften für die Innehaltung der Sabbat- und Speisegebote, der Gebets- und Fastenpraxis, der rituellen Reinheit und Meidung jeder Berührung mit kultisch Unreinem, seien es Gesetzlose, Nichtjuden, Sünder, Leichen und Tiere oder unreine Gerätschaften. So entwickelte sich auf dem Boden des Pharisäertums eine formalisierende Verrechtlichung des Gesetzes und eine entsprechende atomisierende Frömmigkeitstechnik, zu der Jesu Verkündigung des göttlichen Willens im schärfsten Gegensatz steht. Art und Geist des späteren Talmud-Judentums haben hier ihren Ursprung. Ihrer späteren maßgeblichen Stellung im synagogalen Schulbetrieb entsprechend werden in den Evangelien häufig *Pharisäer und Schriftgelehrte* als Einheit genannt. Noch zur Zeit Jesu bildeten die letzteren den aus Vertretern verschiedener Gruppen und Richtungen zusammengesetzten Stand der Lehrer, erkennbar an ihrem langen Gewand und ausgezeichnet durch ehrerbietige Anrede, Ehrenplätze in der Synagoge und den sie umgebenden Kreis von Schülern. Nach der Überlieferung der Evangelien lehrt auch Jesus, nach herkömmlicher Weise sitzend (Mt 5, 1 f.; Lk 4, 20), in Synagogen, nimmt Stellung zu divergierenden Schulmeinungen (Mt 19, 3 ff.) und sammelt Schüler um sich. So verwundert es nicht, daß Jesu Argumentationsweise in Konfliktszenen und Streitgesprächen vielfach den gängigen Schulmethoden entspricht und die Tischgemeinschaft mit Pharisäern zu den häufig verwendeten szenischen Angaben der Berichte werden konnte (Lk 7, 36; 11, 37; 14, 1). Alles das ändert nichts daran, daß Jesus fraglos den pharisäischen Gerechtigkeitsanspruch und ihr Ideal, die Gemeinde des wahren Israel darzustellen, aufs schroffste verwarf, ihre »Überlieferung der Ältesten« als Menschenwerk im Gegensatz zu dem Gebot Gottes bezeichnete und seine Haltung gegenüber Zöllnern und Sündern für sie zum Anstoß werden mußte. So haben sie sicherlich das Volk stark gegen Jesus beeinflußt. Damit ist freilich noch nicht gesagt, daß die politisch keineswegs führenden Pharisäer von vornherein auf die Kreuzigung Jesu hingearbeitet haben (gegen Mk 3, 6). Es bleibt zu beachten, daß sie in der älteren Passionsüberlieferung nicht vorkommen.

Eine Partei ganz anderer Art waren die *Sadduzäer*[18], die Angehörigen der Jerusalemer Priesterkaste. Sie hatten im Volk eine viel schwächere

Autorität als die über das Land verstreuten, nicht an den Tempel gebundenen Pharisäer. Von diesen unterschieden sie sich auch als theologisch konservative Richtung durch die Ablehnung der zusätzlichen Überlieferungen und der neuen Lehre von der Totenauferstehung (Mk 12,18ff.; Apg 23,8). Ohne starke eigene Motive und Kräfte bieten sie das Bild einer leblos gewordenen, an ererbter Stellung und kultischem Betrieb sich genügenden »Kirchlichkeit«, die freilich wie so oft zu Laxheiten und Konzessionen gegenüber dem jeweiligen Regime und der heidnischen Umwelt schnell bereit war. Wegen ihrer hierarchischen Tradition und ihrer Beflissenheit sich anzupassen hatten die Sadduzäer zur Zeit Jesu dennoch einen nicht zu unterschätzenden Einfluß. Neben den Pharisäern und Ältesten[19] des Volkes waren sie in der obersten religiösen und gerichtlichen Behörde des Sanhedrin (Hoher Rat) maßgeblich vertreten. Offensichtlich bestanden zwischen ihnen und der römischen Besatzungsmacht enge Beziehungen. Den katastrophalen Ausgang des Krieges und das Ende des Tempels haben sie nicht überlebt.

Verhängnisvoll mit der geschichtlichen Entwicklung Palästinas verflochten ist die schon erwähnte (s. o. S. 28f.) religiös-politische Bewegung der *Zeloten* (d. h. Eiferer)[20]. Diese begnügten sich nicht mit der passiven Resistenz der Pharisäer, aus deren Reihen sie freilich zahlreiche Anhänger gewannen, und machten mit dem Ideal der Theokratie und dem Eifer für das Gesetz im wahrsten Sinne des Wortes blutigen Ernst sowohl gegenüber den Römern wie gegenüber allen Gesetzesbrechern und Kollaborateuren im eigenen Volk. Zum Signal ihrer Aufstandsbewegung wurde die Registrierung und Besteuerung der Juden im Jahr 6 n. Chr. Anfangs auf verstreute Revolten beschränkt, aber allmählich von breiten Schichten des Volkes getragen und militärisch formiert, löste sie schließlich den jüdisch-römischen Krieg aus. Biblische und außerbiblische Quellen nennen als ihren Begründer den galiläischen Schriftgelehrten Judas aus Gamala. Wie er so fanden aber auch andere enthusiastisch-messianische Propheten eine große Gefolgschaft. Noch hatten in Jesu Zeit die Konflikte nicht dieses Ausmaß. Aber der Boden war unterminiert, die Überfälle der Zeloten aus ihren Schlupfwinkeln häuften sich, und der Prokurator hatte alle Mühe, das Land unter Kontrolle zu halten. Die Folgen waren Truppenverstärkungen in Jerusalem, wenn sich an den Festen große Mengen von Wallfahrern in der Stadt versammelten, und rücksichtslose Durchgriffe, wo immer man Aufruhr witterte. Diese Situation beleuchtet die Vorgänge, die zu Jesu Hinrichtung als politischer Rebell führten.

In der Zeit der Aufklärung hat erstmals H. S. Reimarus (1694-1768) die These vertreten, auch Jesus habe zu den Zeloten gehört und sei als einer ihrer Führer hingerichtet worden. Sie ist unerwartet in neuerer und neuester Zeit wieder aktuell geworden[21] und bedarf darum einer Überprüfung. Dabei kann hier auf sich beruhen, ob man Jesus direkt mit den Zeloten identifiziert oder ihn zum Haupt einer eigenen, aber eng verwandten Bewegung macht. In jedem Fall geht man davon aus, daß er zusammen mit anderen »Räubern« – bei Josephus geläufige Bezeichnung der Zeloten – von Pilatus verurteilt und exekutiert worden sei. Diesen historischen Sachverhalt habe die spätere christliche Überlieferung, erstmals der in Rom schreibende Evangelist Markus, aus apologetischen Gründen nahezu unkenntlich gemacht, aber Spuren davon seien immerhin noch deutlich erkennbar. Zu ihnen rechnet man z.B., daß einer der Jünger Jesu ein Zelot war (Mk 3, 19; Lk 6, 15) und bei seiner Gefangennahme einer das Schwert zieht (Mk 14, 47). Aber auch Herrenworte spielen in der Argumentation eine Rolle wie Mt 10, 34; Lk 22, 36ff.; Mt 11, 12. Geht man alle diese Stellen durch, so zeigt sich, daß keine von ihnen Beweiskraft besitzt. Teils sind sie mehrdeutig, wenn nicht gar dunkel (wie das Lukaswort von den beiden Schwertern) oder weisen in eine völlig andere Richtung. So das Wort in der Aussendungsrede: »Denkt nicht, ich sei gekommen, Frieden auf die Erde zu bringen. Ich bin nicht gekommen Frieden zu bringen, sondern das Schwert« (Mt 10, 34), das nach dem Kontext und der Lukasparallele in apokalyptischer Bildersprache von den Nöten der Endzeit spricht, die auch die Jünger *erleiden* müssen, oder der sehr verschieden gedeutete Spruch Mt 11, 12: »Von den Tagen Johannes des Täufers an bis jetzt geschieht dem Himmelreich Gewalt, und Gewalttätige reißen es an sich«. Sind mit den Gewalttätern hier, wie einige Exegeten wohl richtig deuten, die Zeloten gemeint, so ist mindestens von ihnen nicht im positiven Sinne geredet. In jedem Fall scheint gesagt zu sein: die jetzt hereinbrechende Gottesherrschaft löst bereits einen gewaltsamen Ansturm aus. Auch den in diesem Zusammenhang oft angeführten Erzählungen von Jesu Einzug in Jerusalem und der Reinigung des Tempels lassen sich für die Zelotenhypothese keine Beweise abzwingen. Die in ihnen geschilderten Vorgänge sind in ihren Einzelheiten nicht mehr exakt zu rekonstruieren. Denn die erstere ist viel zu sehr vom Standort der nachösterlichen Gemeinde aus auf die messianische Verheißung Sach 9, 9 hin stilisiert und die zweite auf ein alttestamentliches Gerichtswort wider den eigennützigen Mißbrauch der gottesdienstlichen Stätte. Von zelotischen Aktionen ist beidemal nichts angedeutet; gegen solche wären mit Sicherheit die römischen und jüdischen Behörden sofort eingeschritten. So bleibt als das gewichtigste Argument Jesu Hinrichtung am Kreuz. Aber auch sie beweist zunächst nur die Tatsache, daß er zweifellos den Römern als Aufrührer

galt und aller Wahrscheinlichkeit nach als solcher denunziert wurde, nicht aber, daß er wirklich als zelotischer Führer auftrat.
Die in Frage stehende Hypothese läßt sich jedoch schwerlich nur mit einer Diskussion der angeführten Einzelargumente widerlegen, sondern nur aufgrund der Einsicht, daß die unkritisch und willkürlich zusammengelesenen angeblichen Beweisgründe vor denjenigen Texten nicht standhalten, die zum sichersten Bestand der Überlieferung zählen. Dazu gehört vor allem Jesu Botschaft vom Anbruch des Gottesreiches (s. u. S. 57ff.). Diese entbehrt aller politisch-nationalistischen Züge und sagt ausdrücklich, daß Gott allein, nicht menschliche Aktivität seine Herrschaft aufrichtet (Mk 4, 26-29) und das Heil sich allen ohne Ausnahme anbietet. Wäre Jesus den Zeloten zuzurechnen, so hätte er zugleich wie diese für die rigorose Durchsetzung des Gesetzes kämpfen und strikt den Umgang mit Sündern, zumal mit den in römischen Diensten stehenden Zöllnern meiden müssen. In der Zinsgroschenperikope (Mk 12, 13-17) hat Jesus sogar ausdrücklich den Aufstand gegen den Kaiser verworfen, ohne damit dessen Regiment zu glorifizieren (s. S. 106ff.).
Abseits vom offiziellen Judentum gibt es in Jesu Zeit in einer für uns im einzelnen nicht mehr sicher feststellbaren Mannigfaltigkeit noch Gruppen eines häretischen Judentums. Die Evangelien lassen erkennen, wie vor allem der alte, in seinen Anfängen bis auf die Abspaltung des israelitischen Nordreiches vom jüdischen Südreich nach Davids Tod zurückgehende, mit der Reorganisation der jüdischen Gemeinde nach dem Exil dann endgültig besiegelte Gegensatz zwischen den Juden und den Bewohnern Samariens sich aufs äußerste verschärft hatte. Dieser Gegensatz ist ein völkischer und religiöser zugleich. Die *Samariter* gelten den Juden schon wegen ihrer Vermischung mit Heiden als kultisch unrein, aber auch als Anhänger einer teuflischen Häresie (Joh 8, 48). Nur der mosaische Pentateuch[22] gilt ihnen als heiliges Buch, und die legitime Stätte der Gottesverehrung, durch uralte Patriarchenüberlieferung geheiligt, ist für sie der Berg Garizim im Herzen ihres Landes (Joh 4, 20f., vgl. auch Lk 9, 51ff.). Auch sonst unterscheiden sich die Samariter in kultischen Bräuchen und in ihrer Messiaserwartung vom Jerusalemer Judentum. Ihre religiöse Lebenskraft ist schon im Zeitalter Jesu gebrochen, der Tempel auf ihrem heiligen Berg ist längst zerstört (128 v. Chr.), wenn auch der eigene Kult weiter bestand. Land und Volk werden von den Juden gehaßt und gemieden. So führen sie ein abseitiges Dasein als Sekte, die in spärlichen Resten sich bis in unsere Tage erhalten hat.
Eine Mischbevölkerung wohnt übrigens auch in Galiläa, der Heimat Jesu. Doch gehört der Bevölkerungsteil, dem auch Jesu Familie entstammt (s. S. 48), zur jüdischen Kultgemeinde. Von religiösen Beson-

derheiten der Galiläer wissen wir nichts. Freilich, schon die räumliche Entfernung vom Tempel brachte es mit sich, daß hier die Synagoge der Mittelpunkt des Judentums ist, erklärt aber auch, daß in dem abgelegenen, durch das anrüchige Samarien von Judäa getrennten Land, das zu Jesu Zeit sich ja auch seiner politischen Verfassung nach von dem eigentlich jüdischen Gebiet unterschied, sich volkstümliche religiöse Bewegungen unbeobachteter und freier entfalten konnten als dort.

Aus den Bewegungen, die vom offiziellen Judentum sich abgesplittert haben, müssen hier noch die *Essener* genannt werden. Wir kannten sie bis vor kurzem nur aus den jüdischen Schriftstellern Philo und Josephus. Erst in jüngster Zeit haben sie verstärktes Interesse auf sich gezogen, nachdem seit 1947 in Höhlen am Toten Meer eine große Zahl von höchst bedeutsamen Originaltexten ihrer Literatur gefunden wurde, die bis ins erste vorchristliche Jahrhundert zurückgehen. Nachdem die meisten dieser Manuskripte entziffert, publiziert und wissenschaftlich ausgewertet sind, besteht kein Zweifel mehr, daß sie für die Erforschung des zeitgenössischen Judentums und also der Umwelt Jesu und der frühchristlichen Gemeinde wichtiges Material bieten[23]. Auch der Ursprung des Essenerordens, oder wenn wir sie mit ihrer eigenen Selbstbezeichnung »Gemeinde des Bundes« nennen wollen, dürfte in der Makkabäerzeit liegen. Priestertum und Hierarchie sind für ihre straffe Gemeindeorganisation kennzeichnend. Aber nicht minder eine rigorose Gesetzlichkeit, apokalyptische Hoffnungen und der Anspruch, das wahre Gottesvolk zu repräsentieren. In vielen sind sie darin den Pharisäern verwandt, doch unterscheiden sie sich von ihnen vor allem durch den radikalen Bruch mit dem offiziellen Judentum und ihre sektenhafte Abschließung, zugleich aber auch durch das Festhalten an priesterlichen Traditionen. So leben sie als Orden in Gütergemeinschaft, in eigenen Siedlungen, mit genau geregelten Aufnahmebedingungen und Noviziat, mit einer genauestens gestuften Ämterordnung, strengster Disziplin, peinlichen Reinheitsvorschriften, regelmäßigen Waschungen und gemeinsamen sakralen Mahlzeiten als die »Kinder des Lichtes« im Gegensatz zu den »Kindern der Finsternis«. Einige Elemente ihrer Theologie und Frömmigkeit weisen über die Grenzen des Judentums hinaus. So vor allem der radikale Dualismus ihrer religiösen Anschauungen, den man mit Recht auf iranisch-persische Einflüsse zurückgeführt hat, ihre Verwerfung der Tieropfer, ihre sakramentalen Riten und die Geheimhaltung ihrer Lehren und heiligen Schriften zum Schutz gegen alle Profanierung.

Trotz ihrer feindlichen Absonderung, vielleicht auch gerade wegen ihrer Abgeschiedenheit ist uns von einer Bekämpfung der Essener seitens der Führer des Volkes nichts überliefert. Im Gegenteil, sie gelten wenigstens nach den Zeugnissen des Philo und des Josephus als Muster der Frömmigkeit, wobei freilich zu bemerken ist, daß der erstere alexandrinischer Diasporajude war und der letztere selbst vorübergehend zu ihnen gehört haben will.

Mit dem Bekanntwerden der Schriftrollen vom Toten Meer hat die ebenfalls schon in romanhaften Leben-Jesu-Darstellungen der Aufklärung phantastisch ausgeschmückte Annahme enger Zusammenhänge zwischen Jesus und den Essenern wieder Auftrieb bekommen und wird neuerdings in sensationell aufgemachten Pamphleten als nunmehr wissenschaftlich bewiesene Tatsache ausgegeben[23a]. Jesus erscheint hier als ihr Abkömmling und seine Predigt als Abklatsch ihrer Geheimlehren. Derlei grobschlächtige Simplifikationen sind eine Irreführung. Die sorgfältige Sichtung des umfangreichen Materials hat vielmehr gezeigt, wie stark die Grundanschauungen der qumranischen und frühchristlichen Texte trotz zahlreicher enger Berührungen in Sprache und Vorstellungen divergieren. Weder läßt sich Jesu Botschaft vom kommenden Gottesreich mit der Enderwartung der Qumrangemeinde in Einklang bringen, noch seine Predigt des Willens Gottes mit ihrer strikten Gesetzesobservanz. Vor allem ist das essenische Ideal einer vollkommenen priesterlich-kultischen Reinheit, das die Meidung jeglicher Befleckung zur Pflicht machte, Jesus völlig fremd. Sein Verkehr mit Unreinen, seine rückhaltlose Überordnung des Liebesgebotes über alle anderen, vorab das Sabbatgebot, und seine Kritik aller Gesetzeskasuistik stellen ihn in scharfen Gegensatz wie zu den Vertretern des offiziellen Judentums seiner Zeit, so auch zu der elitären Gemeinde der »Kinder des Lichtes«. Wenn etwas kennzeichnend ist, so ist es die Tatsache, daß Jesu Verkündigung und Verhalten nicht auf die Sammlung eines »heiligen Restes« abzielen. Seine unmittelbare Abhängigkeit von den Essenern ist deshalb zu bestreiten. Aus den neutestamentalischen Texten ist nicht einmal zu erkennen, ob und wieweit Jesus und die Urkirche von der Qumrangemeinde überhaupt Kenntnis hatten. In welchem Maße ihr Gedankengut in die Umwelt hinaus wirkte, ist schwer auszumachen. Darum will jeweils sorgfältig geprüft werden, ob nicht das hier und da Gemeinsame vor allem in der vielschichtigen beiden zugrunde liegenden Tradition des damaligen Judentums zu suchen ist.

4. Johannes der Täufer

Auftreten und Wirken Johannes des Täufers[24] gehen nach allen Evangelien der Geschichte Jesu voran. Für die urchristliche Überlieferung bedeutet diese Tatsache mehr als nur eine historische Erinnerung. Sie berichtet von dem Täufer und seiner Bewegung also nicht, um den zeitgeschichtlichen Hintergrund und die Vorgeschichte des Wirkens Jesu sichtbar zu machen, so etwa wie ein Lutherbiograph zuerst über Wirken und Lehren der Vorreformatoren handelt, um dann die Geschichte des Reformators zu erzählen. Vielmehr steht der Täufer für die Überlieferung von Anfang an im Lichte der Heilsgeschichte Gottes; er gehört in das Evangelium von Jesus Christus selbst mit hinein (Mk 1, 1). So ist seine Schilderung ganz vom Standort der glaubenden Gemeinde aus gegeben. Dem entspricht die Art der Darstellung. Plötzlich, unvermittelt steht er da, keine Berufungsgeschichte geht seinem Auftreten voran, keinen Augenblick verweilen die Erzähler bei Einzelheiten seiner Biographie, jedenfalls Markus, Matthäus und Johannes nicht. Nur Lukas (Kap 1) füllt diese Lücke durch eine Vorgeschichte aus. Auch gibt dieser eine wertvolle Angabe über das Jahr seines Auftretens, das 15. Jahr der Regierung des Kaisers Tiberius. Das ist die Zeit zwischen Oktober 27 und September 28 (vielleicht auch 28/29). Sichtbar werden in dem hellen Licht, das die alttestamentliche Verheißung auf Johannes legt, nur die Konturen seiner Gestalt, seiner Botschaft, seiner Taufe und seines gewaltsamen Todes, die für die Geschichte des Kommenden von höchster Bedeutung sind.

Auch Johannes ist wie Jesus Prophet der kommenden Gottesherrschaft. Mit den politischen Aufrührern und Messiasprätendenten hat er nichts gemein. Um so mehr erinnert sein Asketengewand, Fell und Ledergürtel, und seine kärgliche Nahrung an den Propheten Elia. Und bedeutsam ist die Stätte seines Auftretens, die Jordansteppe in dem breiten Graben am südlichen Flußlauf. Seit uralter Zeit ist die Wüste der Ort, an den sich die Endhoffnungen Israels knüpften, denn es ist alter Glaube, daß die Endzeit sein werde wie der Anfang. Fernab von den Stätten der Verweltlichung, aber auch den geheiligten Orten des Kultus soll Israel sich wie einst für die letzte Offenbarung Gottes bereiten. So ruft Johannes zur Umkehr, und dieser Ruf gilt allen. Denn keine Berufung auf die ererbte Zugehörigkeit zum Gottesvolk wird vor dem kommenden Weltrichter mehr gelten. »Ihr Otterngezücht! Wer hat euch gelehrt, daß ihr dem kommenden Zorngericht entrinnen sollt? Bringt also rechtschaffene Frucht der Buße und meint nicht, ihr könntet denken: wir haben Abraham zum Vater. Denn ich sage euch: Gott kann aus diesen Steinen dem Abraham Kinder erwecken. Schon ist die Axt den Bäumen an die Wurzel gelegt, und jeder Baum, der nicht Frucht bringt, wird abgehauen und ins Feuer geworfen« (Mt 3, 7-10). So nahe also ist das Gericht wie der Augenblick zwischen der Bloßlegung der Wurzel und dem Schlag,

der den Baum treffen wird. So wenig gilt hier noch das Rechnen mit den Garantien, die dem Gottesvolk oder doch denen, die sich für die »Frommen« halten, gegeben sind. Eine schneidend scharfe Kampfansage gegen alles vermessene Sich-Verlassen auf das Verdienst der Väter, insonderheit Abrahams, der nach jüdischem Glauben seine Kinder vor dem Schicksal der Feuerhölle bewahren wird. Wohlgemerkt: nicht der Gedanke des Gottesvolkes ist preisgegeben, nicht die Verheißung Gottes abgetan. Aber die selbstverständliche Gleichsetzung des Gottesvolkes mit dem irdisch-sichtbaren Israel ist hier zunichte gemacht. Denn Gott steht nicht unter dem Zwang der Geschichte, unter dem Muß, das ein vermessener Glaube ihm vorhält, er ist frei und steht in Freiheit zu seiner Verheißung.
Der Bußruf des Johannes erneuert die Botschaft der alttestamentlichen Gerichtspropheten vor ihm. Was ihm seine Besonderheit gibt, ist die andringende Nähe des Gottesreiches und das unheimliche »Schon« der gegenwärtigen Weltenstunde. »Umkehr« hat hier nichts mehr zu tun mit kultischer Bußleistung. Aber auch unser Begriff »Sinnesänderung« erschöpft sie nicht, denn er verdeckt, daß diese Umkehr nicht bloß den Wandel der Gesinnung, sondern auch der Tat meint, und er verschweigt ihr Wohin, die Abwendung von einer alten gottlosen Vergangenheit und die Hinwendung zu Gott und seiner kommenden Herrschaft. Der Horizont, der in dem Rufe des Täufers wie hernach in der Botschaft Jesu sich auftut, ist weiter gespannt und umgreift mehr als nur die individuelle Erneuerung des Menschen in seinem Innern. Kehrt um! das heißt: der kommenden Weltenwende schon jetzt im eigenen Dasein Raum geben.
Der Stärkere, den der Täufer ankündigt, ist der Weltrichter; nicht der Erfüller politischer Hoffnungen, sondern der, der die letzte Ernte hält: »Er hat die Wurfschaufel in seiner Hand und wird seine Tenne fegen und seinen Weizen in die Scheune sammeln; die Spreu aber wird er mit unauslöschlichem Feuer verbrennen« (Mt 3,12). Mit anderem Bild nennt dasselbe Täuferwort das Werk des »Kommenden« eine Taufe mit heiligem Geist und Feuer, zur Rettung des wahren Gottesvolkes und zur Vernichtung der nicht zur Umkehr Bereiten (Mt 3, 11)[25].
Im Dienst des Kommenden steht der Täufer als der, der zu gering ist, dem Stärkeren die Sandalen zu lösen (Mk 1, 7). Im Blick auf Weltenende und Gericht will auch seine Taufe begriffen sein. Sie ist in solchem Maße das Kennzeichen des Johannes, daß er von ihr den Beinamen »der Täufer« erhielt[26]. Offensichtlich hat diese Taufe den Sinn eines eschatologischen Sakramentes, zwar nicht magisch wirksam ohne Rücksicht auf die Bereitschaft des Täuflings, aber als »Taufe der Umkehr« (Mk 1, 4) ist sie die letzte Zurüstung und Versiegelung der

Getauften für die kommende »Taufe« des Richters und bewahrt sie vor dem kommenden Zorngericht[27].

Die christliche Gemeinde hat diese Taufe von Johannes übernommen, wenn auch mit neuem Inhalt erfüllt. Andere religionsgeschichtliche Beziehungen lassen sich nicht mehr mit Sicherheit feststellen. Einige Forscher haben die Johannestaufe mit der jüdischen Proselytentaufe in Verbindung gebracht[28], die im Judentum, nachweisbar freilich erst in etwas späterer Zeit, im Zusammenhang mit der Beschneidung der zur jüdischen Gemeinde übertretenden Heiden vollzogen wurde. Aber diese Herleitung ist unwahrscheinlich. Denn abgesehen von der Frage nach dem Alter dieses jüdischen Ritus müßte man annehmen, daß Johannes ihr den Charakter einer kultischen Zeremonie genommen und – allzu paradox – die Juden wie Heiden behandelt hätte. So ist der Hinweis auf die mancherlei Taufriten überzeugender, die wir aus abseitigen jüdischen Gemeinschaften Palästinas und Syriens in den ersten Jahrhunderten kennen[29]. Zu ihnen gehören auch die Essener[30]. Aber alle diese »Taufen«, durch die ein Täufling Glied einer solchen Gemeinschaft wurde, sind bestenfalls erste, auf eine ständige Wiederholung ritueller Waschungen angelegte Taufen, aber nicht einmalige und endgültige wie bei Johannes. In der Bewegung, die der Täufer ins Leben rief, mögen höchstens in späterer Zeit Brauch und Verständnis der Taufe sich gewandelt haben, als die Johannesjünger selbst zu einer in sich geschlossenen Sekte geworden waren. Schon das Neue Testament bestätigt, daß sie zu einer solchen Gemeinschaft wurden, die mit der christlichen Gemeinde rivalisierte[31]. Einen letzten Ausläufer der jüdischen Taufsekten Palästinas, wenn auch nicht sicher nachweisbar der Johannessekte, haben wir wahrscheinlich in der gnostischen Gemeinschaft der Mandäer vor uns, die wir aus umfangreichen, wenn auch erst spät fixierten und gesammelten Originalquellen kennen. In ihren Lehren und Taufbräuchen spielen Täufer und Jordan noch eine beträchtliche Rolle[32].

Die Täuferstücke der von Matthäus und Lukas verarbeiteten »Spruchquelle« (Exk. I), der wir die Nachrichten über Johannes verdanken, zeigen noch keine Spur einer abgesonderten, eigenen Sekte, sondern nur die starken Wirkungen des Johannes auf das Volk im ganzen. Die historische Glaubwürdigkeit der Überlieferung über Predigt und Taufe des Täufers, so sehr in ihrer Darstellung auch der Standpunkt des christlichen Glaubens sich abzeichnet, wird dadurch bestätigt, daß die christliche Botschaft das Werk des kommenden Weltrichters nicht mehr unter dem Bild einer Geist- und Feuertaufe vorstellte und ihr Christusbild in starker Spannung steht zu dem Bilde des von Johannes angekündigten Richters. Von dieser Spannung gibt das kurze Gespräch, mit dem Matthäus die Geschichte von

Jesu Taufe einleitet, einen Eindruck (Mt 3,14ff.). Hier fragt der Täufer Jesus, der zu ihm zur Taufe kommt: »Ich müßte von Dir getauft werden, und Du kommst zu mir?« Das ist mehr als die Äußerung bloßer Bescheidenheit, wie auch Jesu Antwort: »Laß es jetzt! Denn so ziemt es sich für uns, alle Gerechtigkeit zu erfüllen« mehr ist als nur ein Ausdruck persönlicher Demut. Auch verrät der Text mit keiner Silbe, daß er eine Antwort geben will auf die Frage, warum denn der sündlose Jesus zur Bußtaufe gekommen sei. Dieses Motiv findet sich erst in apokrypher Überlieferung (Hebräer-Evangelium); es hat sich seitdem zäh in der Auslegung auch der Taufgeschichte bei Matthäus erhalten. In Wahrheit will das Gespräch auf dem Hintergrund der eben erklungenen Ankündigung des Messias-Weltrichters und seiner Taufe verstanden sein. So erst werden des Johannes Frage und Jesu Antwort verständlich: Die Zeit meiner Taufe ist vorbei, jetzt ist die Zeit deiner Geist- und Feuertaufe gekommen. Was bedeutet also dies: Der Messias-Täufer ein Täufling, der Weltrichter unter den Sündern? Jesu Antwort ist vorerst geheimnisvoll: es ziemt sich so! Das »Muß« Gottes steht darüber, der Wille Gottes – alle Gerechtigkeit – soll erfüllt werden.

Es ist klar, daß christliche Reflexion in diesen nur von Matthäus überlieferten Versen sich ausspricht, die auf Jesu Gestalt und Weg im ganzen gläubig zurückschaut. Ebenso deutlich aber ist, daß gerade der befremdliche Kontrast zwischen der Botschaft des Täufers und dem Wesen Jesu Christi den Anlaß zu dieser Reflexion gab.

Gern wüßten wir historisch Zuverlässiges darüber, welche Gedanken Johannes sich über Jesus gemacht hat. Erkannte er in ihm den verheißenen Messias? Ging ihm später diese Erkenntnis auf? Die christliche Überlieferung stellt es in der Tat so dar. Doch wird unser Urteil hier kritisch sein müssen, so geläufig uns diese Vorstellung ist. Schon das Messiasbild der Täuferpredigt geht, wie wir eben sahen, in Jesus nicht auf. Die Täufer-Botschaft redet von dem himmlischen Weltenrichter, nicht einem irdischen Menschen. Auch wäre ein Fortbestand der Bewegung des Johannes unverständlich und nur aus einem erklärten Widerspruch zu Jesu Messianität und seiner Gemeinde zu erklären – und dies im Gegensatz zu des Täufers eigenen Worten. So werden wir damit zu rechnen haben, daß erst die christliche Überlieferung aus Johannes, dem Propheten des kommenden Weltrichters, einen Zeugen der Messianität Jesu gemacht hat. Wie stark diese Tendenz in der christlichen Tradition wirksam war, zeigt am deutlichsten das Johannes-Evangelium, das mit stärkstem Nachdruck den Täufer alle Messiasprädikate, die man ihm beilegen wollte, zurückweisen läßt und ihm das christliche Kerygma als Zeugnis in den Mund legt:

»Siehe, das ist Gottes Lamm, das die Sünde der Welt hinwegnimmt« (1, 29.36)[33].

Zuversichtlicher dürfen wir über die andere Frage urteilen, wie Jesus selbst über den Täufer gedacht hat, obwohl auch seine Worte in der Überlieferung mit Aussagen verwoben sind, die das rückschauende Zeugnis der späteren Gemeinde aussprechen. Daß Jesus sich von Johannes taufen ließ, gehört zu den unbezweifelbaren Daten seines Lebens, und sicher auch dies, daß die Begegnung mit ihm für das Verständnis seiner eigenen Sendung von höchster Bedeutung war und blieb. Jesus hat freilich sein eigenes Werk nicht als Johannesjünger begonnen und nicht das Wirken des Täufers unmittelbar fortgesetzt (vgl. Kap. III). Und doch ist er nie sein Gegner. Im Gegenteil, er bekennt sich zu Johannes und verbindet seinen eigenen Auftrag mit dem des Täufers. So antwortet er, als die Hohenpriester, Schriftgelehrten und Ältesten ihn nach seiner Vollmacht fragen (Mk 11, 27-33), mit einer überraschenden Gegenfrage: »War die Taufe des Johannes vom Himmel (d.h. von Gott) oder von Menschen?« und erklärt den Gegnern, die keine Antwort wagen, um sich nicht zu kompromittieren: »So sage ich euch auch nicht, in welcher Vollmacht ich handle« (v. 33). Ihr Schweigen also beantwortet auch er mit Schweigen. Aber unmißverständlich ist das Ja, das er damit zu Johannes und seiner Taufe spricht, und der Sinn dieses Ja: Dort, gegenüber Johannes und seiner Bußtaufe, fällt bereits die Entscheidung auch ihm, Jesus, und seiner Sendung gegenüber. Offen sagt er das andere Wort: »Das ganze Volk, das ihn (Johannes) hörte, und die Zöllner gaben Gott recht, indem sie sich mit der Taufe des Johannes taufen ließen. Die Pharisäer und Schriftgelehrten aber haben den Ratschluß Gottes über sie selber verworfen, indem sie sich von ihm nicht taufen ließen« (Luk 7, 29f.; Mt 21, 32). An anderer Stelle vergleicht Jesus das Volk mit spielenden Kindern auf dem Markt, denen man zum Tanze blasen oder ein Trauerlied vorsingen kann (um Begräbnis mit ihnen zu spielen), und doch sind sie zu nichts zu bewegen in ihrem Trotz und ihrer Laune. »Johannes kam, aß und trank nicht, und sie sagen: er hat einen Dämon; der Menschensohn kam, aß und trank, und sie sagen: siehe, ein Fresser und Säufer, ein Freund der Zöllner und Sünder« (Mt 11, 18f.). Der Täufer war für sie zu düster, ein verstiegener Asket, Jesus zu weltlich – nicht einmal die Grenze zwischen Frommen und Sündern weiß er zu respektieren; Johannes und Jesus – Extreme, vor denen man sich hüten muß. Selbstverständlich hat das Wort nicht den Sinn, das Volk vor die Wahl zwischen der »pessimistischen« Lebenshaltung des Täufers und der »optimistischen« Jesu zu stellen, sondern den Täufer als den Gottesboten in der Zeit der Zurüstung vor dem Ende und Jesus als den Bringer der Freudenzeit mit ein-

ander zu verbinden (vgl. auch Mk 2, 18ff.). Auftrag und Schicksal eint sie.
So haben Gestalt und Botschaft des Täufers einen gewichtigen Platz in Jesu Predigt; entsprechend in der Überlieferung der Gemeinde[34]. Das zeigen auch die Worte Mt 11, 7ff., wo Jesus seine Zuhörer fragt, was sie zu Johannes getrieben hat: »Was seid ihr in die Wüste hinausgegangen zu sehen? Ein Rohr, das im Winde schwankt?« – also ein gleichgültiges Naturschauspiel, oder wohl besser bildlich: einen wetterwendischen Menschen, der allen nach dem Munde redet? »Oder was seid ihr ausgezogen zu sehen? einen Menschen in weichen Kleidern? Siehe, die weiche Kleider tragen, sind in den Palästen der Könige.« Eins so absurd wie das andere. Sie wissen es selbst. Sie sind zu einem Propheten hinausgezogen und taten recht daran: »Ja, sage ich euch, sogar mehr als ein Prophet ... Unter allen Weibgeborenen ist keiner größer als Johannes der Täufer« (Mt 11, 7-11). Am stärksten spricht aber vielleicht erst das folgende Wort aus, wie Jesus den Täufer und seine eigene Sendung verstanden hat, der seltsam dunkle Spruch, an dem bis heute viel gerätselt worden ist: »Von den Tagen aber Johannes des Täufers an bis jetzt leidet das Himmelreich Gewalt, und Gewalttätige suchen es an sich zu reißen« (Mt 11, 12). Seit den Tagen des Täufers also ist Gottes Reich auf dem Weg, wenn auch noch aufgehalten und vergewaltigt. Aber seine Stunde hat schon begonnen, bedrängt und verborgen. Johannes wird damit aus allen Propheten vor ihm herausgehoben, »denn alle Propheten und das Gesetz haben bis zu Johannes geweissagt« (11, 13). Er ist nicht mehr nur Verkünder auf die Zukunft hin, sondern gehört selbst schon in die Zeit der erfüllten Verheißung hinein. Das macht seine Größe aus und stellt ihn doch zugleich in den Schatten Jesu selbst, in dessen Worten und Wirken verborgen die Herrschaft Gottes anbricht. Hier liegt, in Jesu eigenem Wort, der Grund für die Sicht der christlichen Überlieferung, die Johannes mit zunehmendem Nachdruck nur noch die Rolle des Vorläufers gibt. Fortan gilt er der christlichen Gemeinde, in der Sprache spätjüdischer Apokalyptik gesprochen, als der wiedergekommene Elias, der das Gottesvolk auf die Ankunft des Messias zurüsten sollte. Weit entfernt davon, daß sie ihm nur einen zeitgebundenen, nun erledigten Auftrag zuwies, erkannte sie in ihm den, der für immer der Wegbereiter Christi und gleichsam der Grenzwächter der Äonen ist. Der Weg zu Christus und die Herrschaft Gottes führte nicht einst – in einer vergangenen, geschichtlichen Stunde – über den Täufer, sondern ein für allemal nur auf dem von ihm gewiesenen Pfad der Umkehr. Glaube an Jesus Christus ist nur dort, wo die Glaubenden für sich selbst und an sich selbst die Wende der Äonen Ereignis werden lassen.

Die unauflösliche Zusammengehörigkeit Jesu und des Johannes hat in der Überlieferung vielfältigen Ausdruck gefunden. Am deutlichsten vielleicht bei Matthäus. Er faßt die Botschaft des Täufers und die Botschaft Jesu mit denselben Worten zusammen: »Kehrt um, denn das Himmelreich ist genaht« (3,2; 4,17). Und doch sind beide voneinander unterschieden. Darum ordnet der Evangelist dem Täuferwort (3,2) das alttestamentliche Verheißungswort zu (Jes 40,3): »Stimme eines Rufers in der Wüste: Bereitet den Weg des Herrn, machet seine Straßen gerade!« Da aber, wo die Botschaft aus Jesu Mund erklingt (4,17), geht im Evangelium das prophetische Wort von der Erfüllung voran (Jes 9,1f.): »Das Volk, das in der Finsternis saß, *hat* ein großes Licht gesehen, und die im Lande und Schatten des Todes saßen, denen *ist* ein Licht aufgegangen« (Mt 4,16)[35].

Jesus von Nazareth

Die Art der Quellen verbietet uns, Jesu Geschichte biographisch in die Geschichte seines Volkes und seiner Zeit hineinzuzeichnen. Gleichwohl ist das, was sie für Person und Lebensgang Jesu geschichtlich hergeben, doch nicht so wenig und will sorgfältig beachtet werden. Wir versuchen darum zunächst, das Wichtigste an historisch unanfechtbaren Notizen zusammenzustellen und in ersten Umrissen Jesu Gestalt und Geschichte uns zu vergegenwärtigen. Es versteht sich dabei von selbst, daß wir auf voreiliges biographisches Kombinieren verzichten und uns aller kritischen Vorsicht befleißigen müssen, um wirklich das in den Blick zu bekommen, was vor aller gläubigen Deutung sich unverstellt und unableitbar zeigt.

Jesu Kindheit und Jugend liegt für uns geschichtlich im dunkeln. Die Vorgeschichten bei Matthäus und Lukas, die nicht unerheblich sich voneinander unterscheiden, sind zu sehr von Legende und Gedanken jüdischer und christlicher Messiasdogmatik überwachsen[1], als daß man sie für historische Feststellung auswerten könnte. Bedeutung und Sinn dieser Texte stehen auf einem andern Blatt. Jesu Heimat ist das halb heidnische, verachtete Galiläa, Nazareth seine Vaterstadt. Seine Familie gehörte sicher dem jüdischen Bevölkerungsteil an, der seit der Makkabäerzeit sich wieder fester an den Tempelkult in Jerusalem und die gesetzliche Praxis des Judentums hielt. Nur eine rassenideologisch verblendete Kritik konnte die jüdische Abkunft Jesu bestreiten[2]. Jesu Vater, vielleicht auch er selbst, ist Zimmermann[3]. Wir kennen die Namen seiner Eltern, Josef und Maria, auch seiner Brüder[4] Jakobus, Joses, Judas und Simon (Mk 6, 3). Jesu Brüder gehören – wie auch seine Mutter – nach anfänglichem Unglauben (Mk 3, 21.31; Joh 7, 5) später zur Gemeinde und ihren Missionaren (Apg 1, 14; Kor 9, 5). Auch Schwestern Jesu werden in der Überlieferung gelegentlich erwähnt (Mk 6, 3; Mt 13, 56). Jesu Muttersprache ist das galiläische Aramäisch, derselbe Dialekt, an dem Petrus in Jerusalem bei der Verleugnung von den hohenpriesterlichen Knechten erkannt wird (Mt 26, 73). Das Hebräische ist damals keine Umgangssprache mehr, nur noch Religions- und Gelehrtensprache (etwa dem Kirchenslavisch der orthodoxen Kirche vergleichbar). Sicherlich wird er diese alte Sprache seiner Bibel verstanden haben. Dagegen wissen wir nicht, wieweit er und seine Jünger das in Verwaltung und Handel verbreitete Griechisch beherrscht haben.

Von einem Einfluß griechischer Denk- und Lebensart ist jedenfalls keine Spur bei ihm zu finden, wie auch nichts von einem Wirken in den hellenistischen Städten des Landes verlautet, um so mehr in kleineren Flecken und Dörfern – Bethsaida, Chorazin, Kapernaum – im Gebirgsland und um den See Gennesaret.

Jesu öffentliche Wirksamkeit beginnt im Anschluß an das Wirken des Täufers, nach einer vereinzelten Notiz bei Lukas etwa in seinem 30. Lebensjahr (3, 23). Seine eigene Taufe durch Johannes gehört zu den am sichersten bezeugten Daten seines Lebens. Die Geschichte ist freilich in der Überlieferung ganz in ein Christus-Zeugnis verwandelt, so daß wir nicht danach fragen dürfen, was sie für Jesus selbst, seine Entscheidungen und seine innere Entwicklung bedeutete. Aber daß dies Ereignis von tragender Bedeutung war, wird niemand bestreiten. Um so wichtiger ist, daß er, ohne Auftrag und Vollmacht des Täufers in Frage zu stellen, das Wirken des Täufers und seiner Anhänger nicht in der Jordansteppe fortsetzt, sondern sein eigenes Werk in Galiläa beginnt – wie jener als Prophet der anbrechenden Gottesherrschaft. Aber nicht mehr die Taufe, sondern sein Wort und die helfende Tat sind die Mittel seines Wirkens. Wie lange Jesu Wirksamkeit gedauert hat, können wir nicht mehr mit Sicherheit sagen. Die ersten drei Evangelien erwecken den Eindruck, als ob sie nur ein Jahr gewährt hätte. Aber sie geben keine zuverlässige Chronologie. Um so mehr erfahren wir von seiner Predigt, dem Streit mit seinen Gegnern, seinen Heilungen und der Hilfe, die er sonst den Leidenden gewährt, von der mächtigen Wirkung, die von ihm ausgeht; das Volk strömt ihm zu, Jünger treten in seine Gefolgschaft, aber auch seine Feinde rühren und mehren sich. Alles das wird uns später noch beschäftigen müssen. Hier geht es nur um die ersten Umrisse seines Lebens und Wirkens. Die letzte entscheidende Wendung in seinem Leben ist der Entschluß, mit seinen Jüngern nach Jerusalem zu ziehen, um hier das Volk im Angesicht der kommenden Gottesherrschaft vor seine Botschaft zu stellen. Am Ende dieses Weges steht sein Tod am Kreuz. Diese dürren, unanfechtbaren Tatsachen schließen unendlich viel in sich. Es ist in dieser Aufreihung noch wenig genug, und doch enthält es höchst gewichtige Kunde des Lebensganges Jesu und seiner Stadien.

Aber wenn auch vieles hier im Dunkel der Geschichte bleibt und wir der Überlieferung keinen im einzelnen folgerichtigen Lebensablauf abgewinnen können, um so ergiebiger werden die Evangelien, wenn wir sie nach den Konturen der geschichtlichen Gestalt Jesu inmitten seiner Umwelt befragen. Wir erinnern uns darum noch einmal an das Bild dieser Umwelt, in der er auftritt.

Zeit und Geschichte, Vergangenheit und Zukunft bestimmen, wie wir sahen, in einzigartiger Weise Denken, Erleben und Hoffen dieses Volkes. In der Vergangenheit, die ihm Wesen und Leben gab, und in der Zukunft, die ihm Leben und Wesen wiedergeben soll, hat dieses Volk seinen Gott und sich selbst. Es kennt keine andere Bewahrung auch in einer Gegenwart, die nichts von dieser Gewißheit sichtbar werden läßt und dem Anspruch dieses Volkes Hohn zu sprechen scheint, und es weiß sich selbst zu nichts anderem berufen, als diese Vergangenheit und Zukunft gehorsam zu bewahren. So ist die Welt, in der Jesus erscheint, eine Welt zwischen Vergangenheit und Zukunft, *so* intensiv dem einen wie dem andern verhaftet, daß es für jüdischen Glauben schier keine unmittelbare Gegenwart mehr geben kann. Denn alles Leben ist hier in heilige Traditionen eingefangen, jeder hat seinen Platz in dem von Gottes Gesetz und Verheißung bestimmten und geregelten Gefüge. Wer ihm genügt, hat Anspruch und Recht auf das ewige Heil; wer ihm nicht genügt, ist verworfen. Alle Zeit ist Zwischenzeit und als solche Bewährungszeit, begründet in dem Einst göttlicher Entscheidungen und ausgerichtet auf das Dann göttlicher Entscheidungen, die für jeden einzelnen Heil oder Verderben bedeuten. Von hier aus versteht sich das seltsame Bild, das Jesu geschichtliche Umwelt bietet: gleichsam ein Boden, steinhart und dürr geworden durch das Alter seiner Geschichte und Tradition, und doch ein vulkanisch erschüttertes Terrain, aus dessen Spalten und Rissen immer wieder das Feuer glühender Erwartungen herausbricht. Beides aber, Erstarrung und Erschütterung, Versteinerung und lodernder Ausbruch ist im Grunde gleichen Ursprungs: Verwirklichung und Ausdruck eines Glaubens, der an den Gott jenseits von Welt und Geschichte sich hält.

Diese Welt ist in der Geschichte Jesu, wie die Evangelien sie erzählen, höchst unmittelbar und lebendig da. Alle Gestalten, die in ihr Jesus begegnen, sind von ihr geprägt: Priester und Schriftgelehrte, Pharisäer und Zöllner, Reiche und Arme, Gesunde und Kranke, Gerechte und Sünder. Sie erscheinen in dieser Geschichte selbstverständlich und einfach, in einer Beliebigkeit und Mannigfaltigkeit, die nach keiner Ordnung fragt. Und doch alle in ihrer Vielfalt mit einem sehr menschlichen Gesicht. Sie alle in der Begegnung mit Jesus und – was immer sie in dieser Begegnung erfahren und wie immer sie sich in dieser Begegnung verhalten – hineingenommen mit ihrer Menschlichkeit in ein erstaunliches Geschehen.

Jesus gehört zu dieser Welt. Und doch ist er mitten in ihr ein unverwechselbar anderer. Darin ist das Geheimnis seiner Wirkung und seiner Verwerfung beschlossen. Der Glaube hat diesem Geheimnis vielfachen Ausdruck gegeben. Aber auch der, der noch vor aller Deutung nur den Blick auf die geschichtliche Erscheinung Jesu, die

Art seines Lebens und Wirkens richtet, stößt auf dieses nicht aufzulösende Geheimnis. Man wird seiner inne, wenn man den Versuch macht, diese Gestalt unter einem der Titel und Kategorien zu begreifen, die das Judentum seiner Zeit anbietet. Er ist ein Prophet des kommenden Gottesreiches, wie denn in der Tat dieser Titel in der Überlieferung gelegentlich gebraucht wird (Mk 8, 28; Mt 21, 11.46 u.a.). Und doch geht er darin in keiner Weise auf und unterscheidet sich von dem, was sonst Prophetenart ist. Ein Prophet muß sich legitimieren, etwa wie die Propheten des alten Bundes durch eine Berufungsgeschichte und in ihrer Botschaft durch den alten Prophetenspruch: »Es raunt Jahwe« (Am 6, 8.14; Hos 2, 15; 11, 11; Jes 1, 24 u. ö.). Aber nie redet Jesus von seiner Berufung, und nirgends erklingt ein solcher Prophetenspruch aus seinem Munde. Erst recht findet sich keine Spur einer Selbstlegitimation bei ihm, wie sie die apokalyptischen Zukunftskünder des späten Judentums für sich in Anspruch nehmen, wenn sie auf Entrückungen und Gesichte, geheimnisvolle Offenbarungen der jenseitigen Welt und wunderbare Einblicke in Gottes Ratschlüsse sich berufen. Jesus lehnt solche Rechtfertigung für sich selbst und seine Botschaft ab. Um so mehr aber muß der Hörende sich gesagt sein lassen: »Heil dem, der nicht an mir zu Fall kommt!« (Mt 11, 6).

Der Prophet der kommenden Gottesherrschaft lehrt zugleich wie ein Rabbi, der den Willen Gottes im Gesetz verkündet, in den Synagogen lehrt, Jünger sammelt, mit andern Schriftgelehrten in der Weise ihres Standes diskutiert, unter der gleichen Autorität der Schrift. Formen und Gesetze schriftgelehrter Überlieferung sind auch in seinen Worten reichlich wiederzuerkennen. Prophet und Rabbi – wie reimt sich das zusammen? Wie fügen sich Reich-Gottes-Botschaft und Verkündung des göttlichen Willens zueinander? Und was bedeutet im Zeichen dieser Einheit auch Nachfolge und Jüngerschaft, zu der er beruft? All diese Fragen werden uns noch beschäftigen.

Das Bild dieses Rabbi unterscheidet sich jedoch erheblich von seinen Zunftgenossen. Schon äußere Merkmale zeigen das. Jesus lehrt nicht nur in den Synagogen, auch im freien Feld, an den Ufern des Sees, auf der Wanderschaft. Und befremdend ist seine Gefolgschaft. Auch die gehören dazu, die sonst ein zünftiger Rabbi sich tunlichst vom Leibe hält: Frauen und Kinder, Zöllner und Sünder. Vor allem aber unterscheidet sich seine Art zu lehren tiefgreifend von der der Rabbinen sonst. Jeder Rabbi ist Exeget der Schrift. Dies gibt seinem Amt Autorität, die sich am vorgegebenen Buchstaben der Schrift und der nicht minder autoritativen Auslegung der »Väter« auszuweisen hat. So ist ihre Autorität immer eine abgeleitete. Jesu Lehre dagegen ist niemals nur die Auslegung eines autoritativ vorgegebenen heiligen Textes, auch da nicht, wo Schriftworte zitiert werden. Immer ist die Wirklichkeit Gottes und die Autorität seines Willens unmittelbar da und wird so zum Ereignis. Diese Unmittelbarkeit, mit der er lehrt, hat im zeitgenössischen Judentum keine Entsprechung. Sie gilt in solchem Maße, daß er an dem unmittelbar gegenwärtigen Willen Gottes sogar den Wortlaut des Gesetzes zu messen wagt (s. u. Kap. V, 1).

Wir werden diesem Zug auch in seinen Bildworten und Gleichnissen wieder begegnen, nicht minder in seinen Weisheitssprüchen, die in höchster Einfachheit unausweichlich Gültiges sagen: daß eine Stadt, die auf dem Berge liegt, nicht verborgen bleiben kann (Mt 5, 14); daß niemand ein Licht anzündet, um es unter den Scheffel zu setzen (Mt 5, 15); daß keiner seinem Leben eine Elle zusetzen kann (Mt 6, 27) und jeder Tag genug hat an seiner eigenen Plage (Mt 6, 34) usw. Wieder stellt Jesus in allen diesen Worten ohne das sichernde Gefüge heiliger vorgegebener Traditionen und Texte Natur und Menschenleben und die alltäglichsten Erfahrungen, die jeder kennt und in denen jeder sich bewegt, in den Dienst seiner Botschaft. Niemals ist der, der sie hört, genötigt, nach Voraussetzungen zu suchen, von denen her Jesu Lehre ihren Sinn bekäme, oder sich an das Konzept von Lehren und Traditionen zu erinnern, das er selber schon mitbringen muß. Denn nirgends wird von irgendeinem »Standpunkt« aus *über* Gott und Welt und Mensch, Vergangenheit und Zukunft geredet.

Wenn irgend etwas, so gehört diese Unmittelbarkeit zu dem Bilde des geschichtlichen Jesus; sie prägt es von seinem Ursprunge her. Immer ist die unmittelbare Gegenwart das Kennzeichen der Worte Jesu, seines Auftretens und Handelns inmitten einer Welt, die, wie wir sagten, die Gegenwart verloren hat, weil sie in Sicherheit oder Angst, im Bewußtsein des eigenen Rechtes oder unter dem Verdikte der Rechtlosigkeit zwischen Vergangenheit und Zukunft, zwischen Traditionen und Verheißungen oder Drohungen lebt.

In diesen Zusammenhang gehört auch hinein, was die Evangelien in einer großen Fülle von Einzelszenen über Jesu Verhalten und Wirkung bei den verschiedensten Menschen, die ihm begegnen, berichten. Es kann dabei ganz dahingestellt bleiben, ob alle diese Szenen als historisch zuverlässige Berichte gelten können, wieweit in ihnen der Einfluß der Legende festzustellen ist und in welchem Umfang hier mit den typischen Stilmitteln, die wir auch sonst für die Darstellung von Lehr- und Streitgesprächen, von Heilungen und sonstigen Wundern kennen, erzählt wird. Wir haben keinen Zweifel daran gelassen, daß damit in starkem Maße zu rechnen ist. Gleichwohl hat die Überlieferung hier einen überaus wesentlichen Zug im Bilde des geschichtlichen Jesus festgehalten, der genau mit dem, was wir über die Art seines Lehrens sagten, zusammenstimmt.

Jede von den Evangelien erzählte Szene schildert die erstaunliche Souveränität Jesu, mit der er je nach den Menschen, die ihm begegnen, die Situation meistert. Davon berichten die zahlreichen Lehr- und Streitgespräche, in denen er seine Gegner durchschaut, ihre Einwürfe entwaffnet, ihre Fragen beantwortet oder den andern selbst die Antwort zu geben zwingt. Er kann seinen Gegnern den Mund öffnen und er kann ihnen »das Maul stopfen« (Mt 22, 34). Auch in den Begegnungen mit Hilfesuchenden: wunderbare Kräfte gehen von ihm aus, Kranke drängen sich um ihn, ihre Angehörigen und Freunde bitten ihn um Hilfe. Oft erfüllt er ihre Bitte, aber er kann auch abweisen oder die Bittsteller warten lassen und auf die Probe stellen. Nicht selten versagt er sich (Mk 1, 35ff.), oft aber ist er auch eher da und bereit, als die Notleidenden sich zu hoffen getrauen (Mt 8, 5ff.; Lk 19, 1ff.), und durchbricht in Freiheit die Grenzen, die Traditionen und Anschauungen streng gezogen haben. Entsprechendes wird in seinem Umgang mit seinen Jüngern deutlich. Er beruft sie mit souveränem Befehlswort (Mk 1, 16ff.), aber er warnt auch und schreckt von seiner Nachfolge ab (Lk 9, 57ff.; 14, 28ff.). Immer wieder steht Jesu Verhalten und Weg in schärfstem Kontrast zu dem, was die Menschen von ihm erwarten und für sich selbst erhoffen. Er entzieht sich, wie Johannes erzählt, dem Volk, als man ihn zum König machen will (Joh 6, 15). Immer wieder findet sich in den Begegnungen Jesu der Zug, daß er die Menschen kennt und ihre Gedanken entdeckt, nicht selten von den Evangelien ins Wunderbare ausgestaltet[5]. Die beiden Zebedäussöhne erfahren es, als Jesus ihre ehrgeizigen Wünsche zurückweist (Mk 10, 35ff.), Petrus, als ihm auf sein Messiasbekenntnis das Wort Jesu vom Leiden des Menschensohnes zuteil wird und, als er Jesus von seinem Wege abdrängen will, in scharfer Entgegnung ihm gesagt wird: »Hinweg von mir, Satan! denn du sinnst nicht was göttlich, sondern was menschlich ist« (Mk 8, 27-33). Dasselbe sagen auch die Szenen von der Ankündigung der Verleugnung Petri (Mk 14, 29ff.) und des Judas-Verrates (Mk 14, 17ff.)[6]. Man könnte hier wahllos fortfahren und noch andere Erzählungen nennen, auch wenn sie zum legendären Überlieferungsgut zählen. Wesentlich ist, daß in ihnen allen dieser gleiche Zug wiederkehrt, in dem der geschichtliche Jesus wiederzuerkennen ist. Hier soll nur an zwei synoptische Geschichten noch erinnert werden. Die erste ist die Szene, wo Jesus bei dem Pharisäer Simon zu Gast ist und eine stadtbekannte Sünderin hereintritt, um Jesu Füße mit ihren Tränen zu netzen, mit ihren Haaren zu trocknen und mit Salbe sie zu salben. Da, als der Pharisäer sich heimlich über diese peinliche Szene entrüstet – »Wenn dieser ein Prophet wäre, wüßte er, wer es ist und was für eine Frau, die ihn anrührt!« –, gibt Jesus ihm zur Antwort: »Simon, ich habe dir etwas zu sagen« und erzählt ihm das Gleichnis von den ungleichen Schuldnern, deren einem ihr Gläubiger eine große und deren anderm er eine geringe Schuld erließ. »Welcher von ihnen wird ihn nun am meisten lieben?« (Lk 7, 36-50). – Höchst anschaulich schildert diesen Blick Jesu für den, der mit ihm redet, auch die Geschichte von dem Reichen, der Jesus nach dem ewigen Leben fragt. Jesus weist ihn auf die zehn Gebote – so klar also ist der Weg längst gewiesen, so wenig bedarf es einer Spezialoffenbarung –, und der Reiche bekennt, dies alles von Jugend auf gehalten zu haben. »Da blickte ihn Jesus an«, heißt es am Ende, »gewann ihn lieb und sprach zu ihm: Eins fehlt dir. Geh hin, verkaufe alles, was du hast, und gib es den Armen, und du wirst einen Schatz im Himmel haben; und komm und folge mir nach!« – der Ruf, an dem der Reiche scheitert (Mk 10, 17-22). Man sollte die Stellen in den Evangelien, wo von diesem Sehen, Anblicken, Durchschauen Jesu die Rede ist, sich einmal zusammenstellen und nicht sofort befürchten, dies sei ein sentimentales Ansinnen. In Wahrheit geht es hier um einen sehr charakteristischen Zug der geschichtlichen Gestalt Jesu, die von der Art seiner Verkündigung aufs genaueste bestätigt wird.

Die Evangelien nennen diese unmittelbar sich erweisende Souveränität Jesu seine »Vollmacht«. Sie gebrauchen dieses Wort für seine Lehre: »Sie entsetzten sich, denn er lehrte als einer, der Vollmacht hatte, und nicht wie die Schriftgelehrten« (Mk 1, 22; Mt 7, 29), aber auch für die Kraft seines heilenden Wortes (Mt 8, 5ff.). Sicher ist in diesem Wort »Vollmacht« das ganze Geheimnis der Person und Wirkung Jesu, wie es der Glaube versteht, schon mitumschlossen; es übersteigt darum alles bloß »Historische«. Und doch ist mit ihm eine Wirklichkeit bezeichnet, die von ihrem Ursprunge her vor aller Deutung dem geschichtlichen Jesus zugehört. Immer ist in den verschiedensten Begegnungen Jesus in unmittelbarer, unableitbarer »Vollmacht« da. Aber auch die Menschen, zu denen er redet und an denen er handelt, sind da in unverstellter Wirklichkeit. Sie alle bringen in die Begegnung mit ihm etwas mit: Die Gerechten ihre Gerechtigkeit, die Schriftgelehrten das Gewicht ihrer Lehre und Argumente, die Zöllner und Sünder ihre Schuld, die Hilfesuchenden ihre Krankheit, die Dämonischen die Fesseln ihrer Besessenheit und die Armen die Last ihrer Armut. Alles das ist nicht ausgelöscht und gleichgültig, aber es gilt in dieser Begegnung nicht mehr. Denn jeder wird in ihr genötigt, aus seinem Herkommen herauszutreten. Dieses Zutagekommen der Menschen in dem, was sie wirklich sind, begibt sich in allen Jesusgeschichten. In jedem Fall aber geschieht das selbst-

verständlich und einfach, ohne jeden drängenden Zug, jenen peinlichen Zwang zum Sichselbst-decouvrieren, den man aus einer bestimmten Art späterer christlicher Predigt kennt.
Jesu Hilfe hat darum den Charakter echten Zugreifens, eines leidenschaftlichen Zupackens, wenn er »ergrimmt« über die Macht der Krankheit (Mk 1,41)[7] und die Dämonen »anherrscht« (Mk 1,25), aber auch der Segnung, wenn er die Kinder zu sich ruft und ihnen oder den Kranken die Hand auflegt (Mk 10,13ff.; 7,31ff. u.a.).
Viele der genannten Texte werden uns noch einmal in späterem Zusammenhang beschäftigen. Hier geht es uns zunächst nur um diesen einen sich durchhaltenden Zug der Souveränität Jesu, gleicherweise erkennbar in seinem Wort und Handeln. Er kennzeichnet auch Jesu Weg, die Konsequenz, mit der er ihn durchhält und zu Ende geht, ebenso dort, wo er sich stellt, streitet und hilft, wie dort, wo er nicht nur seinen Gegnern, auch seinen Anhängern sich entzieht und versagt.
Die Evangelien geben uns das Recht, von alledem sehr menschlich zu reden und nicht sofort uns der Deutungen zu bedienen, die der Glaube schon in der urchristlichen Überlieferung diesem Geheimnis seiner Person gab. Wir haben darum hier nicht sofort von dem »Messiasbewußtsein« Jesu gesprochen und werden auf diese Frage auch im Verlauf dieses Buches erst zuletzt eingehen (s.u. Kap. VIII). Denn wie immer man sie beantworten mag, so viel ist sicher, daß sie in Jesu Verkündigung nicht ein eigenes und vorgängiges Thema ist, dem alles andere nach- und unterzuordnen wäre. Er macht sie gerade nicht zur Voraussetzung für das Verständnis seiner Botschaft und seines Wirkens. Gerade an der wehrlos-anfechtbaren und zugleich so selbstverständlich-unmittelbaren Art seines Lehrens und Handelns wird darum jeder Versuch zuschanden, aus seiner »Messianität« ein Glaubens- und Vorstellungsgefüge zu machen, in dem seine Verkündigung, sein Wirken und seine Geschichte erst sinnvoll würden.
Wir werden uns hüten müssen, das, was wir hier erst in Umrissen und sehr unvollständig zu umschreiben versuchten, schnell in die gängigen Kategorien des religiösen Genies, des originalen Menschen und speziell in das Bild des großen Seelsorgers überhaupt einzufangen. Wesentlich ist der unauflösliche Zusammenhang, in dem das Gesagte mit der Botschaft Jesu von Gottes Wirklichkeit, seiner Herrschaft und seinem Willen steht. Dies allein verleiht auch Jesu Geschichte und Gestalt den Charakter unmittelbarer Gegenwart, gibt seiner Verkündigung die Kraft des Ereignisses und läßt seine Worte und Taten so unvergleichlich zugreifen. Die Vergegenwärtigung dieser Wirklichkeit Gottes ist Jesu eigentliches Geheimnis. Sie bedeutet das Ende der Welt, in der sie sich vollzieht. Darum empören sich die Schrift-

gelehrten und Pharisäer, weil sie in Jesu Lehre einen revolutionären Angriff auf Gesetz und Überlieferungen sehen. Darum schreien die Dämonen auf, weil sie in ihm den Einbruch in ihren Machtbereich »vor der Zeit« (Mt 8, 29) wittern. Darum halten seine eigenen Angehörigen ihn für verrückt (Mk 3, 21). Aber darum verwundert sich auch das Volk, und die Geretteten preisen Gott.
Die Geschichte, die die Evangelien erzählen, bedeutet das Ende der Welt freilich nicht im Sinne eines augenfälligen Dramas und einer sichtbaren Katastrophe. Im Gegenteil, augenfällig und sichtbar endet in ihr ja nicht die Welt, sondern Jesus von Nazareth am Kreuz. Und doch gerät in dieser Geschichte die Welt an ihr Ende. Sie bricht ab, und die Menschen, die zu ihr gehören, müssen dieses Geschehen – jeder in seiner Weise – bestätigen: Pharisäer, Schriftgelehrte und Priester als die Hüter von Gesetz und Tradition. Die Verworfenen, die durch Schuld und Schicksal nach den gültigen Maßstäben derselben Welt vor Gott kein Recht und keinen Platz haben dürfen und jetzt auf einmal angenommen sind als Jesu Tischgenossen. Die durch Jesu Wort aus dämonischer Gewalt Befreiten, die Kranken, die gesund werden, aber auch die Jünger, die alles verlassen und dem Rufe Jesu »Folge mir nach!« gehorchen. In jedem Fall endet eine Welt zu Heil oder Gericht. Ihre Vergangenheit gilt nicht mehr, aber auch die Zukunft, der sie nach allen bisher geltenden Traditionen und Gesetzen entgegentreibt, gilt nicht mehr. In diesem Sinn endet ihre »Zeit«. Keinem wird in der Begegnung mit Jesus noch Zeit gelassen, die Vergangenheit bestätigt, aus der er herkommt, und die Zukunft versichert, die er sich erträumt. Gerade so aber empfängt jeder einzelne seine Gegenwart neu. Denn Leben und Welt und das Dasein jedes einzelnen stehen jetzt in dem unmittelbar aufleuchtenden Licht der Wirklichkeit und Gegenwart des kommenden Gottes. Von ihr redet Jesu Verkündigung.

IV. Kapitel

Der Anbruch der Herrschaft Gottes

1. Die Stunde des Heils

»Als Johannes gefangen gesetzt war, kam Jesus nach Galiläa und verkündete die Heilsbotschaft Gottes: Erfüllt ist die Zeit und Gottes Herrschaft genaht. Kehrt um und glaubt der Botschaft des Heils« (Mk 1, 14f.). »Von da ab fing Jesus an zu verkündigen und zu sagen: Kehrt um, denn das Himmelreich ist genaht!« (Mt 4, 17). Mit diesen Worten fassen die ersten beiden Evangelisten die ganze Botschaft Jesu zusammen. Jeder in seiner Sprache: Markus schon deutlich in der Sprache der ersten christlichen Mission[1], Matthäus in der Sprache der ersten judenchristlichen Gemeinde, die scheu den Namen Gottes meidet und das Wort »Herrschaft« oder »Reich Gottes« durch »Himmelreich« ersetzt. In der Sache ist kein Unterschied[2]: Gottes Herrschaft ist nahe! Das ist die Mitte von Jesu Botschaft.
Was aber heißt das: Reich Gottes? Den ersten Hörern Jesu war das Wort von Gottes Königsherrschaft aus dem Alten Testament wohl vertraut und nicht wie für die meisten unserer Zeit eine entleerte Vokabel. Jahwes Königtum preisen die Psalmen:

»Es preisen dich, Jahwe, alle deine Werke,
und deine Frommen loben dich.
Sie rühmen die Herrlichkeit deiner Herrschaft
und reden von deiner Macht,
daß sie den Menschen deine Machttaten kundtun
und die hehre Pracht deiner Herrschaft.
Dein Reich ist ein Reich für alle Ewigkeit,
und deine Herrschaft währt von Geschlecht zu Geschlecht«
(Ps 145, 10ff.).

»Jahwe hat seinen Thron im Himmel errichtet,
und seine Königsmacht herrscht über das All«
(Ps 103, 19).

Im Kult feiert das alte Israel alljährlich Jahwes Thronbesteigung, seinen Aufstieg zum König über alle Völker, seinen Sieg über alle feindlichen Mächte (Ps 47; 93; 96; 97; 99). Der Prophet Jesaja schaut ihn überwältigt auf einem hohen Thron bei seiner Berufung im Tempel (Jes 6, 5). Auch Deuterojesaja schildert so Jahrhunderte später den bewegenden Augenblick, wo nach furchtbarer Notzeit die in den Trümmern Jerusalems Zurückgebliebenen sehnlich die Rückkehr der Verbannten erwarten, bis die ausgestellten Wächter in den Freudenruf ausbrechen: »Wie schön auf den Bergen des Heilsboten Füße! Er kündet Frieden, bringt gute Botschaft, kündet Heil. Er sagt zu Zion: Dein Gott ward König!« (Jes 52, 7). Zwischen beiden Stellen des Jesajabuches liegt eine wechselvolle Geschichte von Jahrhunderten, in der das davidische Königtum sein Ende fand, der Tempel zerstört wurde und Israel seine Eigenstaatlichkeit verlor. Mit ihr wandelte sich seit dem Exil bis in das Zeitalter Jesu der Glaube an die Königsherrschaft weithin in eschatologische Hoffnung – freilich in sehr verschiedenen Brechungen[3].

In rabbinischen Texten begegnet der Begriff nur selten. Vornehmlich in zwei abstrakten geprägten Wendungen, die erste: »das Joch des Königtums auf sich nehmen« als Umschreibung für den Gehorsam gegen das Gesetz und die zweite: »Offenbar wird das Königtum Gottes«, nämlich am Ende der Zeiten. Die aktuelle Erwartung dagegen zielt auf das Kommen des nationalen Messias, der das jüdische Volk von der Fremdherrschaft befreien wird. Einen anderen Typus eschatologischer Hoffnung zeigt die Apokalyptik. Auch hier findet sich das Motiv der Gottesherrschaft viel seltener als man meinen könnte, er ist überlagert von Visionen eines neuen paradiesischen Äon, einer supranaturalen Zeit des Heils, in der es Drangsal, Sünde und Tod nicht mehr gibt. Gottes Herrschaft und Reich – hier zu einer theologischen Chiffre geworden und dort von einer dualistischen Weltanschauung überwuchert. Weder das eine noch das andere erschöpft die verschiedenartigen Ausprägungen eschatologischer Heilserwartungen im zeitgenössischen Judentum. Um einen weiteren damals besonders wirksamen Typus zu nennen, sei hier nochmals an den politischen Messianismus der Zeloten erinnert (s. S. 36ff.). Indes, so vielgestaltig die jüdische Eschatologie in Lehre und Glauben, in Bildern und Aktionen sich äußerte, gemeinsam ist ihr, daß die Resignation, die Gott in ein nebelhaftes Jenseits der Ideale verbannt und sich mit der Unabänderlichkeit der Welt abfindet, ihr von Grund auf fremd ist. Der Glaube an die Zukunft, in der Gott sich als Herr und Helfer seines Volkes offenbaren und seine Verheißungen einlösen wird, spricht noch aus den seltsamsten Formen jüdischer Hoffnung. Diese Gewißheit erst macht für jüdischen Glauben das Nochnicht der Gegenwart zur eigentlichen Not und gibt der Hoffnung auf das Kommen der Gottesherrschaft ihre äußerste Spannung.

Jesu Botschaft lebt aus der gleichen Gewißheit. Auch für ihn heißt Gottesherrschaft: Gottes Zukunft und Sieg, Überwindung der satanischen Gewalten, Weltende.

»Heil euch Armen, denn euer ist das Reich Gottes.
Heil euch, die ihr jetzt hungert, denn ihr werdet satt werden.
Heil euch, die ihr jetzt weint, denn ihr werdet lachen ...«
(Lk 6, 20f.).

Das Besondere seiner Verkündigung gegenüber der jüdischen Erwartung tritt aber nun sofort hervor. Mit keinem Wort bestätigt und erneuert er die nationalen Hoffnungen seines Volkes. Sicher hat man sie im Volk und sogar unter seinen Jüngern ihm entgegengebracht. Davon redet der Zuruf des Volkes bei seinem Einzug in Jerusalem: »Gegrüßt sei das kommende Reich unseres Vaters David« (Mk 11, 10). Davon redet die Inschrift über dem Kreuz: »Der Juden König« (Mk 15, 26). Sie zeigt, daß Pontius Pilatus ihn als einen der vielen messianischen Thronprätendenten hinrichten ließ, die für die Römer nur Rebellen waren. »Wir aber hofften, er werde Israel erlösen«, sagen aber auch die Emmausjünger (Lk 24, 21; vgl. auch 19, 11), wie die Jünger andernorts fragen: »Herr, wirst du in dieser Zeit die Herrschaft für Israel wiederherstellen?« (Apg 1, 6). Aber Jesus enttäuscht diese Erwartung. Keines seiner Worte redet von der Restituierung des Davidreiches in Macht und Herrlichkeit und dem Messiaskönig, der seine Feinde zerschmettern wird (Ps Sal 17, 21ff. 30ff.).
Ungleich näher steht seine Botschaft der apokalyptisch-kosmischen Erwartung seiner Zeit. Auch Jesus redet vom bald und jäh hereinbrechenden Tage des Weltgerichtes, vom Ende dieser Welt und den Drangsalen, durch die sie hindurch muß wie einst in den Tagen der Sintflut (Lk 17, 26f.; 21, 34f. u.ö.), vom Kommen des Menschensohn-Weltrichters (Mk 8, 38; 13, 24ff.), von der großen Ernte der Welt (Mk 4, 26ff.; Mt 13, 24ff.), aber auch von der Freude des himmlischen Mahles (Mt 8, 11). Und doch ist auch hier der Abstand seiner Botschaft zur spätjüdischen Apokalyptik tiefgreifend und wesentlich. Gegenüber ihren mit ausschweifender Phantasie gemalten Bildern und ihren nicht endenden Versuchen, die alte Frage der Propheten und der Frommen: »Herr, wie lange noch?« (Ps 80, 5; 74, 10; vgl. Dan 9, 4-19) durch Beobachten kosmischer und geschichtlicher Ereignisse, durch phantastische Zahlenspekulationen und durch Aufgliedern der Weltepochen zu beantworten, ist Jesu Verkündigung gekennzeichnet durch eine große Nüchternheit. Tag und Stunde zu wissen, ist keinem Menschen gegeben. Darum gilt: »Seid bereit, denn ihr wißt nicht, zu welcher Stunde der Menschensohn kommt« (Mt 24, 44). Darum auch der gemessen an den zeitgenössischen Apokalypsen so auffallende und betonte Verzicht auf das Ausmalen der künftigen Welt, ihrer Schrecken und Freuden. Alle Vorstellungen

und Bilder sind in Jesu Verkündigung mit gesammelter Kraft auf das Eine ausgerichtet und von dem Einen verschlungen, daß Gott herrschen wird[4].

Dies ist die erste Besonderheit seiner Botschaft. Aber sie erschöpft das Eigentliche noch nicht. Es liegt in der Bestimmtheit – neutestamentlich gesprochen: der Vollmacht –, mit der Jesus die Nähe der Herrschaft Gottes ausruft und den Ruf zur Umkehr erklingen läßt. Dies gerade scheint ihn mit dem Täufer zu verbinden. Hat nicht auch er schon verkündet: »Schon liegt die Axt an der Bäume Wurzel?« Und doch ist zwischen beiden und beider Wort ein Unterschied wie zwischen elfter und zwölfter Stunde. Denn Jesus ruft: Die Wende der Äonen ist da, die Herrschaft Gottes bricht schon herein. Die Stunde ist da, von der die Verheißung der Propheten redete:

»Die Blinden sehen, die Lahmen gehen,
Die Aussätzigen werden rein, und die Tauben hören,
Die Toten stehen auf, und den Armen erklingt die Botschaft vom Heil.«
(Mt 11, 5; vgl. Jes 35, 5 u. ö.)

Jetzt geschieht es – in Jesu Wort und Tat. Darum endet der Spruch: »Heil dem, der nicht an mir zu Fall kommt!« (Mt 11, 6). Darum gilt die Seligpreisung den Augenzeugen, die den Sinn dieser Stunde begreifen:

»Heil den Augen, die sehen, was ihr seht!
denn ich sage euch: Viele Propheten und Könige
wollten sehen, was ihr seht, und haben es nicht gesehen;
sie wollten hören, was ihr hört, und haben es nicht gehört.«
(Lk 10, 23 f.)

Wie das Wort eines Visionärs klingt der Spruch an die Jünger: »Ich sah den Satan vom Himmel fallen wie einen Blitz« (Lk 10, 18). Aber nirgends redet Jesus sonst wie ein apokalyptischer Seher, der zum Himmel entrückt den Sturz der dämonischen Gewalten und den Anbruch der messianischen Herrlichkeit schon zu schauen bekommt und die Geheimnisse des letzten Weltendramas von einem der himmlischen Geister sich deuten läßt. Was Jesus von diesen Sehern unterscheidet, ist, daß er selbst in das Kampffeld eintritt, in seinen Worten und Taten der Sieg Gottes über den Satan geschieht und die Zeichen dieses Sieges aufgerichtet werden. In ihm selbst ist der Stärkere da, der dem Regiment des Satans ein Ende macht und ihm seine Beute entreißt (Mk 3, 27). »Wenn ich mit dem Finger Gottes Dämonen austreibe, so ist die Herrschaft Gottes zu euch gelangt« (Lk 11, 20). Darum antwortet er den Pharisäern auf die Frage, wann das Gottesreich komme: »Das Reich Gottes kommt nicht so, daß man es beobachten könnte. Man wird auch nicht sagen: Siehe hier! oder dort! Denn siehe, das Reich Gottes ist in eurer Mitte« (Lk 17,20f.)[5]. So greift Jesus mit seinem Wort und seinem Tun nach dem Heute und macht es zur Gegenwart, in der schon die Entscheidungen der letzten Zukunft fallen.

Indessen, bei allem Gewicht dieser Worte über das Kommen der Gottesherrschaft, die ausdrücklich zugleich auf Jesus selbst, sein Verkünden und Wirken weisen, sie finden sich nur vereinzelt und sprechen auch dann noch nicht den offenen Anspruch messianischer Würde aus. Der Jesus der synoptischen Evangelien – und wir dürfen hier mit Sicherheit sagen der historische – redet charakteristisch anders als der ganz mit den Augen des nachösterlichen Glaubens geschaute des Johannes-Evangeliums. Die großen »Ich bin«-Worte des vierten Evangeliums (Licht, Weg, Wahrheit, Auferstehung, Leben) haben in den synoptischen Evangelien keine Parallele. Das hat seinen tiefen Grund. Verkündigung und Wirken Jesu sind Anzeichen und Ankündigung der kommenden Gottesherrschaft. Ja, er selbst ist das Zeichen, wie einst der Prophet Jona mit seinem Bußruf das einzige Zeichen war, das den Leuten von Ninive gegeben wurde. Wer es übersieht und überhört, der wird vergeblich auf ein besonderes kosmisches Wunderzeichen warten, das Gott ihm noch geben soll (Lk 11,29-31)[6]. Aber das Zeichen ist nicht die Sache selbst. Er selbst in seiner Person ersetzt und verdrängt nicht, was einziger Inhalt seiner Botschaft bleibt, die Herrschaft Gottes.

2. Die Verborgenheit der Gottesherrschaft

Die Herrschaft Gottes ist verborgen und will in ihrer Verborgenheit geglaubt und verstanden werden. Nicht so wie die Apokalyptiker meinten, im Jenseits des Himmels und im Schoß einer geheimnisvollen Zukunft, sondern hier schon verborgen in einer höchst alltäglichen Gegenwart, der niemand ansieht, was in ihr schon vorgeht. Jesus redet davon in seinen Reich-Gottes-Gleichnissen.

Jesu Gleichnisse

Es ist nicht zufällig, daß Jesus für seine Botschaft vom Kommen der Gottesherrschaft gerade die Lehrform der Gleichnisse wählt. Der Sinn dieser Lehrform und die Art, wie Jesus sie gebraucht und gestaltet, müssen darum hier zuerst bedacht werden. Gleichnisse[7] erzählen auch die Rabbinen sonst reichlich, um einen Lehrsatz zu verdeutlichen und den Sinn einer Schriftstelle zu erklären, immer aber als Hilfsmittel der Lehre und Instrument der Exegese eines autoritativ vorgegebenen Schriftwortes. Gerade das aber sind sie in Jesu Mund nicht, so eng sie sich oft in ihrem Inhalt mit denen der jüdischen Lehrer berühren und so freimütig Jesus von Überliefertem und Vertrautem Gebrauch macht. Hier sind die Gleichnisse die Verkündigung selbst und nicht nur im Dienst einer von ihnen selbständigen Lehre. Jesu Gleichnisse – nicht nur die im engeren Sinne vom Reiche Gottes – zielen wie alle Gleichnisse auf das Verstehen ab. Sie bedienen sich der immer schon und jedem vertrauten und verständlichen Welt mit ihren Vorgängen im Leben der Natur und im Leben des Menschen mit der ganzen Mannigfaltigkeit seiner Erfahrungen, seines Tuns und Leidens. In jedem Frühjahr und Herbst geht der Sämann übers Feld, in jedem Jahr wachsen Weizen und Unkraut miteinander, täglich fangen die Fischer gute und schlechte Fische in ihrem Netz. Oft freilich sind es Geschehnisse, die Gott sei Dank nicht alltäglich passieren: Der Einbruch eines Diebes bei Nacht; die Untreue und verbrecherische Pfiffigkeit eines Haushalters; die Rücksichtslosigkeit, mit der ein Mann nächtens seinen Nachbarn aus dem Schlafe aufstört, um ihn für seinen plötzlich angekommenen Freund um einen Laib Brot zu bitten; die Brutalität eines Knechtes, dem in seiner Not eine Riesenschuld von seinem Herrn erlassen wird und der es trotzdem fertigbringt, von seinem Mitknecht eine winzige Summe grausam einzutreiben; aber auch die Geschichte, die der Vater des verlorenen Sohnes mit dem jüngeren und älteren Bruder erlebt, ist ja nichts Alltägliches.

Mit Vorliebe und hoher Kunst erzählen Jesu Gleichnisse gerade auch solche Geschichten, die ganz und gar nicht an der Tagesordnung sind. Immer aber bleiben sie im Bereiche dessen, was jeder versteht und tägliche oder doch mögliche Erfahrung ist. Ja so ist es! ist die erste Antwort, die jedes Gleichnis verlangt. Nie gehört es sozusagen zu einer Mathematik für Fortgeschrittene. Nie sind die Gleichnisse Gleichungen mit zwei oder mehreren Unbekannten. Nicht wenige Bildworte und Gleichnisse Jesu beginnen darum mit der stürmischen, ohne alle Präliminarien sofort zupackenden Frage: »Wer unter euch?« – eine Gleichnisform, für die es bezeichnenderweise in rabbinischer Überlieferung nicht eine einzige Parallele gibt[8]. Jedesmal eine auf den Hörer selbst gezielte Frage, und zwar eine solche, die ihn nicht abfragt nach Kenntnissen oder theoretischen Urteilen und an irgendwelche Voraussetzungen der Frömmigkeit oder Bildung anknüpft, welche der Hörer schon mitbringen muß. Die einzige Voraussetzung, die in Jesu Gleichnissen gemacht wird, ist der Mensch, der Hörende selbst, und zwar der Mensch in der ganzen unverstellten und unbeschönigten Wirklichkeit seiner Welt, die weder nach frommen Maßstäben zurechtgerückt noch auch mit moralischer Entrüstung beklagt wird. So wird der Hörende dort behaftet, wo er wirklich ist, und im höchsten Maße an sein Verstehen appelliert. Zum Besonderen der Gleichnisse Jesu aber gehört, daß sie die Angeredeten gerade indem sie sie in ihre eigene Welt hineinweisen, sie zugleich aus Zerstreuung und Verlorensein an ihr eigenes Dasein herausrufen und auf das eine und entscheidende seiner Botschaft hin sammeln. So schreiben sie die ganz und gar nicht alltägliche Wirklichkeit der Gottesherrschaft in das Leben der Hörenden hinein. Diese Schrift recht zu lesen, dazu bedarf es nicht der scharfsinnigen Kunst des Dechiffrierens tiefsinniger Bezüge hinter jedem Wort und Buchstaben. Derlei Tendenzen zur allegorischen Ausdeutung sind in der Auslegungsgeschichte schon von früh an erkennbar und haben bereits auf die Gestaltung einiger Evangelientexte eingewirkt. Doch sind sie der späteren Gemeindeüberlieferung zuzurechnen. Die authentischen Gleichnisse Jesu haben mit Allegorien nichts zu tun[9].

Das Geheimnis des Gottesreiches

Und doch liegt in den Gleichnissen ein Geheimnis verborgen. Die Evangelien nennen es in einem in der überlieferten Gestalt sicher nicht auf den historischen Jesus zurückgehenden Spruch »das Geheimnis des Gottesreiches«, das den Jüngern zu erkennen gegeben ist, denen »draußen« jedoch nicht (Mk 4, 10-13)[10]. Ohne Frage ist der Gedanke hier dogmatisch entstellt, denn er besagt, daß Jesus in Parabeln zu dem Volk im Gegensatz zu den Jüngern geredet habe, um gerade *nicht* von ihm verstanden zu werden. Aber diese Parabel- und Verstockungstheorie scheitert an den Gleichnissen selbst und stößt sich mit dem eigenen Wort des Evangelisten am Ende seines Gleichniskapitels, das allein dem Sachverhalte entspricht: »Und in vielen solchen Gleichnissen redete er zu ihnen (dem Volk) das Wort, wie sie es verstehen konnten« (Mk 4, 33). Gleichwohl ist eine ursprüngliche Wahrheit der Gleichnisse Jesu in dem Wort aufbewahrt. Sie enthalten in der Tat ein Geheimnis. Dieses Geheimnis aber ist nichts anderes als der verborgene Anbruch des Gottesreiches selbst mitten in einer Welt, die für Menschenaugen nichts davon erkennen läßt. Dies freilich will gehört, geglaubt und verstanden sein – nicht von einer Tradition und Theorie aus, sondern von dem Hörenden in seiner unverstellten Welt.

Davon reden die beiden Gleichnisse vom Senfkorn und Sauerteig (Mt 13, 31-33): Das Senfkorn, das in die Erde gelegt wird, gilt in Palästina als das kleinste Samenkorn, sprichwörtlich klein für das Allerunscheinbarste. Und doch wird ein Baum daraus, und die Vögel des Himmels suchen Schutz und nisten darin. Nur ein wenig Sauerteig setzt die Bäuerin dem Brotteig zu, und doch reicht er aus, drei Scheffel Mehl zu durchsäuern, eine Mahlzeit für über 150 hungrige Mäuler. Das Allergrößte schon im Allerunscheinbarsten verborgen, aber im Allergeringsten schon wirksam. Das Geringste also hat es in sich. Anfang und Ende – welch ein Gegensatz! Mit Recht haben neuere Ausleger gerade hierin die eigentliche Pointe dieser Gleichnisse gefunden und nicht ohne Grund sie »Kontrast-Gleichnisse« genannt[11]. Damit ist das sehr verbreitete Verständnis abgewehrt, als sprächen diese Gleichnisse die Idee einer natürlichen Entwicklung aus. Dieser Gedanke ist modern und ganz unbiblisch. Sie reden von einem Geschehen, das der Mensch zwar täglich erfährt und das doch nicht aufhört, ein unbegreifliches Wunder zu sein. Aber der Gedanke des Kontrastes enthält nur die halbe Wahrheit[12], und nichts erlaubt uns, die Paradoxie von Anfang und Ende zum puren absurdum zu steigern. Gerade darum wird ja der Hörer in den Bereich seiner täglichen Erfahrungen, an Saatkorn und Frucht, Aussaat und Ernte, Feigenbaum und Weinberg, zum Bauern und zur Hausfrau gewiesen. Er weiß es doch, wenn er nur die Augen auftut, daß schon der geringe Anfang das herrliche Ende verheißt. Denn Anfang und Ende, so wunderbar und unbegreiflich es auch sein mag, stehen zueinander in einer sehr bestimmten Beziehung. Aus dem Anfang *wird* das Ende, aus dem Korn die Frucht, aus der Saat die Ernte, aus dem Sauerteig das ganze durchsäuerte Brot. So gilt es das Jetzt zu verstehen, in dem das Geschehen schon anhebt, das Jetzt in seiner Unscheinbarkeit, und ihm keine andern Zeichen der Herrlichkeit abzufordern. Denn Gottes Herrschaft kommt in der Verborgenheit, ja sogar dem Mißerfolge zutrotz. Ein Sämann geht aus zu säen, und sein Same fällt auf den Weg, unter die Dornen, auf felsige Erde, »etliches aber fiel auf gutes Land und brachte Frucht, als es aufging und wuchs; eines dreißigfältig, eines sechzigfältig, eines hundertfältig« (Mk 4, 3-8). Die große Gewißheit hat in dem Gleichnis das letzte Wort, von der schon das Prophetenwort sagt: »Mein Wort soll nicht leer zu mir zurückkommen, sondern tun, was mir gefällt, und soll ihm gelingen, wozu ich's sende« (Jes 55, 11). Die Gewißheit hat in ihm aber auch das erste Wort, denn: »ein Sämann geht aus zu säen – weiter nichts; und das bedeutet die neue Welt Gottes« (Schniewind).

Alle diese Gleichnisse haben offenbar ihren sehr bestimmten und aktuellen Bezug. Wir können ihren historischen Ort im Leben Jesu nicht mehr in allen Fällen mit Sicherheit ausmachen, denn die Gemeinde hat, wie die Überlieferung zeigt, diese Worte vielfach in ihre eigene Lage, ihre Aufgaben und Nöte übertragen. Aber wir dürfen mit hoher Wahrscheinlichkeit annehmen, daß Senfkorn- und Sauerteig-Gleichnis auf das Kopfschütteln und die Fragen antworten, die seit den ersten Tagen fortan hundertfältig gestellt sind: Ein unbekannter Rabbi von Nazareth in einem abgelegenen Winkel Palästinas? Eine Handvoll Jünger um ihn, die, als es darauf ankam, ihn im Stich ließen? Zweifelhaftes Gesindel in seinem Gefolge – Zöllner, Dirnen, Sünder, ein paar Frauen und Kinder und einige Leute, denen er geholfen hat? Am Kreuz ein Spott der Leute, die vorübergehen? Das heißt Gottesreich? Weltenwende? Warum legitimiert er sich nicht ganz anders? Das sind nicht erst moderne Reflexionen, die wir anstellen. Solche Fragen und Proteste stehen schon hinter der Zeichenforderung der Gegner Jesu, und die Geschichte der Versuchung Jesu durch den Teufel (Mt 4, 1 ff.), der dem Hungernden das Wunder empfiehlt, Steine in Brot zu verwandeln, den auf Gott Vertrauenden zu einem äußersten, sinnenfälligen Beweis seines Gottvertrauens herausfordert und endlich ihm alle Reiche der Welt für einen einzigen Kniefall anbietet, gibt darauf die bündige, Jesu Weg und Wirken im ganzen umgreifende Antwort.

Zu den »Wachstumsgleichnissen«, die deutlich eine sehr bestimmte aktuelle Antwort enthalten, gehört auch das kleine Gleichnis von der selbstwachsenden Saat: »So ist die Gottesherrschaft, wie wenn einer Samen aufs Land wirft. Er schläft und steht auf im Wechsel von Tag und Nacht, und der Same sprießt und geht auf, der Mann weiß nicht wie. Von selbst trägt die Erde Frucht, erst Halm, dann Ähre, dann reifen die Weizenkörner in der Ähre. Wenn die Frucht es erlaubt, so sendet er (der Herr des Feldes) die Schnitter, denn die Ernte ist da« (Mk 4, 26 ff.). Auch hier gilt es, den Vergleichspunkt fest ins Auge zu fassen. Es ist nicht der natürlich-begreifliche Entwicklungsprozeß und erst recht nicht der Gedanke, daß Mühe und Arbeit des Menschen die Herrschaft Gottes verwirklichen soll – eine Auffassung, die folgenschwer bis in unsere Zeit nachwirkt[13]. Die Arbeit des Bauern wird ja gerade mit den sparsamsten Worten beschrieben und hat an der entscheidenden Stelle ihr Ende. Nein, wie die Erde »von selbst« (automate) die Frucht bringt, kommt auch das Reich Gottes kraft seines Tuns allein, für den Menschen ein Wunder, auf das er nur in Geduld warten kann. Auch dieses Gleichnis offenbar eine Antwort auf das leidenschaftliche Bemühen derer, die das Gottesreich herbeizwingen wollen (Mt 11, 12?). So auch das Gleichnis vom Unkraut unter dem Weizen, die miteinander wachsen sollen bis zur Ernte (Mt 13, 24 ff.) – eine Abwehr des frommen Eifers, der schon jetzt die Gerechten sammeln und von den Gottlosen scheiden will[14].

Immer wieder sind wir auf den gleichen Zug gestoßen: Die Verborgenheit, die Unscheinbarkeit des Anfanges, dem doch tief die Verheißung

des Kommenden eingesenkt ist. Keiner soll meinen, er könne oder solle dem geringen Anfange aufhelfen, und keiner soll wähnen, er könne sichtbare Zeichen des Kommenden entdecken. So ist der Anbruch der Herrschaft Gottes ein unscheinbares Geschehen *in* dieser Zeit und Welt. Es setzt in dieser Zeit und Welt Zeit und Welt ein Ende. Denn die neue Welt Gottes ist schon am Werk.
Dies alles wäre freilich von Grund auf mißverstanden, wenn es nur als eine bis zum Äußersten paradoxe Lehre über das Kommen der Gottesherrschaft verstanden würde, die das Gefüge der überlieferten Hoffnungen und Vorstellungen sprengt. In der Tat bedeutet Jesu Botschaft nichts Geringeres. Und doch, wer nur dies aus Jesu Gleichnissen herausliest, hat ihren so vernehmlichen und dringenden Appell an das Verstehen der Hörenden nicht begriffen. Sie sind erzählt, um dem Hörer gerade die Distanz des Betrachters zu nehmen. Nicht zufällig endet das Sämanns-Gleichnis mit dem Wort: »Wer Ohren hat, höre!« (Mk 4, 9). Und sehr zu Recht zeigt die spätere Deutung des Gleichnisses (4, 13ff.), daß dem Hörenden in dieser Geschichte nicht die Rolle des Zuschauers zukommt, der gleichsam vom Feldrand und Wegrain aus dem Sämann bei seiner Arbeit zusehen kann, sondern daß er in anderer Weise an ihr beteiligt ist: als der Boden, auf den die Saat fällt. So redet das Gleichnis voller Zuversicht von dem Schicksal des Wortes Gottes, aber nicht minder deutlich davon, daß dieses Wort das Schicksal der Hörenden ist für Zeit und Ewigkeit. Wir verstehen jetzt, daß auch Jesu scharfes Wort gegen das törichte Spekulieren, das aus kosmischen Anzeichen den Anbruch des Gottesreiches errechnen will wie der Bauer aus der aufsteigenden Wolke den Regen und aus dem Südwind die Hitze des morgigen Tages (Lk 12, 54ff.), mehr ist als nur ein Tadel der Vermessenheit, die klügelnd an Fragen sich wagt, welche menschliches Vermögen übersteigen, und also etwas ganz anderes als ein Ausdruck der Resignation: wer will in diesen Dingen schon etwas Sicheres ausmachen! »Ihr Heuchler, das Angesicht der Erde und des Himmels wißt ihr zu beurteilen. Wie kommt es, daß ihr *diese Zeit* nicht beurteilt? Warum gewinnt ihr nicht aus eurem eigenen Leben das rechte Urteil?« (Lk 12, 56). Das heißt: Wer nach Gottes Herrschaft ausschaut wie nach dem Wetter oder sonst einem Geschehen, das man beobachten kann, und den Verführern nachspricht: »siehe hier – siehe dort« (Lk 17, 20; Mk 13, 21), der will nicht nur zuviel wissen, sondern ist von Grund auf über Gott und sich selbst in der Irre. Er entläuft dem Anruf Gottes hier und jetzt, er verliert sich selbst und hat damit auch die Zukunft Gottes verloren, gerade indem er der Zukunft Gottes mächtig werden will.

Heil den Armen!

Schon in einer ersten Sammlung von Herrenworten, die Matthäus in der Bergpredigt und Lukas in seiner Feldrede verarbeitet haben, stehen die Seligpreisungen am Anfang. Seligpreisungen gibt es auch sonst reichlich in jüdischer und griechischer Literatur, aber bezeichnenderweise vornehmlich in der Spruchweisheit. Da werden Menschen glücklich gepriesen, denen ein tugendsames Weib, wohlgeratene Kinder, Erfolg und gutes Geschick beschieden sind, oder Tote auf Grabinschriften, die ihren Weg glücklich vollendet haben[15]. Jesu Seligpreisungen aber sind keine Weisheitssprüche, sondern wie nur je ein Prophetenwort Zuruf und Zuspruch[16]. Wer sind die Angeredeten? Die erste Seligpreisung nennt sie und schließt in sich schon alle folgenden mit ein: »Heil euch Armen, denn euer ist das Reich Gottes« (Lk 6, 20; Mt 5, 3)[17]. Alte prophetische Botschaft und Trost, von dem zahlreiche Psalmen reden, klingt in diesem Wort wieder.

»Denn so spricht der Hohe und Erhabene,
der ewig thront und dessen Name ist ›der Heilige‹:
In der Höhe und als Heiliger throne ich
und bei den Zerschlagenen und Demütigen,
daß ich den Geist der Gebeugten belebe
und das Herz der Zerschlagenen erquicke.« (Jes 57, 15; vgl. 49, 13).

»Wer ist dem Herrn gleich, unserm Gott,
im Himmel und auf der Erde?
Ihm, der droben thront in der Höhe,
der herniederschaut in die Tiefe;
der aus dem Staub den Geringen aufrichtet,
aus dem Kot den Armen erhebt ...?« (Ps 113, 5ff.).

Der Evangelist Lukas hat ausdrücklich das verwandte Prophetenwort als programmatischen Text über Jesu ganzes Wirken gestellt:

»Der Geist des Herrn ruht auf mir,
dieweil mich der Herr gesalbt hat;
er hat mich gesandt, den Armen Freudenkunde zu bringen,
den Gefangenen Befreiung zu verkünden
und den Blinden das Gesicht;
die Zerschlagenen in die Freiheit zu führen,
zu verkünden das Gnadenjahr des Herrn.« (Lk 4, 17ff.; Jes 61, 1f.).

Es ist der Text der ersten Predigt Jesu in Nazareth, seine Auslegung gibt das eine Wort: »Heute ist diese Schrift erfüllt vor euren Ohren« (Lk 4, 21).

Seit den Propheten und Psalmen haben »Armut« und »Elendsein« ihren Platz in der Geschichte der jüdischen Frömmigkeit[18]. Eine Gruppe nach der anderen nahm sie für sich in Anspruch, um sich so von den Unfrommen zu unterscheiden und das Wohlgefallen Gottes sich selbst zu sichern. Auch in einer nichtkanonischen Psalmensammlung aus Pharisäerkreisen fehlen diese religiösen Ehrentitel nicht[19].

Aber nichts erlaubt uns, die in Jesu Seligpreisung Angeredeten einer bestimmten religiösen Gruppe oder soziologischen Schicht zuzurechnen, wo man – deutlich genug – aus der Not eine Tugend und aus dem Verzicht auf den eigenen Anspruch einen neuen gesteigerten Anspruch machte. Armut und Niedrigkeit haben in seinem Wort wieder ihren ersten ursprünglichen Sinn. Die Armen und Elenden sind die, die von der Welt nichts zu erwarten haben, aber von Gott alles erwarten, die auf Gott Angewiesenen, aber auch auf Gott Sich-werfenden, in ihrem Sein und Verhalten die Bettler vor Gott. Was die in den Seligpreisungen Angeredeten, Seliggepriesenen eint, ist dies, daß sie an die Grenze der Welt und ihrer Möglichkeiten gestoßen sind: die Armen, die in das Gefüge der Welt nicht passen und darum der Welt nicht passen; die Trauernden, für die die Welt keinen Trost hat; die Demütigen, die aus der Welt sich keine Geltung mehr erzwingen, die Hungernden und Dürstenden, die nicht leben können ohne die Gerechtigkeit, die Gott allein ihnen zusprechen und in der Welt aufrichten kann. Aber auch die Barmherzigen, die ohne nach Recht zu fragen, ihr Herz dem andern öffnen; die Friedestifter, die Macht und Gewalt durch Versöhnung überwinden; die Aufrichtigen, die sich auf die Verschlagenheit der Welt nicht verstehen, und endlich die Verfolgten, die unter Schmähung und Todesnot von der Welt leibhaftig aus ihren Grenzen gestoßen werden.

Nicht, daß hier die Grenzsituation menschlichen Daseins an sich glorifiziert würde. Elend und Armut sind Not und Qual nicht anders als Blindheit, Gelähmtsein, Aussatz und Sterbenmüssen (Mt 11, 5 f.). Aber Gott wartet jenseits der Grenze, ja er wartet nicht mehr, sondern kommt auf die zu, die seiner warten. Ist seine Herrschaft Zukunft, so bricht sie in dem strahlenden Licht des vielfältigen »Heil euch!« doch schon jetzt in das Dunkel der Bedrängten hinein. Denn Jesu Wort vertröstet nicht auf ein besseres Jenseits, so wenig es die gegenwärtige Armut um ihrer selbst willen Seligkeit nennt. Heil euch! – das heißt nicht: ihr kommt in den Himmel, auch nicht: ihr seid schon, wenn ihr's recht versteht, im Himmel, sondern: Gottes Herrschaft kommt zu euch.

Alle Seligpreisungen sind ausgerichtet auf die kommende Gottesherrschaft und fassen sich in dem Einen zusammen, daß Gott da sein will und wird für die, die ihn brauchen, so mannigfaltig und für jeden besonders, wie ihr Verlangen und ihre Bedürftigkeit mannigfaltig und besonders sind. Mit besonderer Deutlichkeit zeigen darum gerade diese Worte Jesu, daß Gottes Herrschaft sich nicht beschreiben läßt wie ein irdisches Ding oder ein fernes Wunderland – jeder Versuch, es zu »definieren«, kann darum nur scheitern – denn sie ist Geschehen, Ereignis, Gottes gnadenvolles Tun[20]: Gott wird sie trösten; Gott wird sie sättigen, ihnen barmherzig sein, sie seine Kinder nennen. Er wird ihnen die Erde zum Erbe geben, sie sein Antlitz schauen lassen; ihnen zugut wird er seine Herrschaft führen. Diese seine Herrschaft ist nahe! Darum ist Freudenzeit und die Zeit der Trauer vorbei. Wer will noch fasten, wenn die Stunde der Hochzeit gekommen ist (Mk 2, 19)?

So wie das Heute und Jetzt der anbrechenden Gottesherrschaft, das Jesus ausruft und zuspricht, in kein Konzept der jüdischen Zukunftserwartung mehr sich hineinfügt, so paßt auch die Schar derer, denen sein Zuspruch gilt, in die Grenzen und Maßstäbe überlieferten Glaubens nicht mehr hinein. Längst war im späten Judentum die uralte Überzeugung, daß das Volk Israel als ganzes Träger der Erwählung und Verheißung sei, nicht mehr unerschüttert. Zwar hat sie fortbestanden – sogar bis in die Zeit der christlichen Kirche. Aber die Erkenntnis, daß Israel als irdisches Volk nicht einfach dem wahren Israel gleichgesetzt werden darf, ist längst erwacht. Eben darum sammeln sich in der Spätzeit in vielen, sich scharf voneinander absetzenden Gruppen die »Frommen«, die »Abgesonderten« (Pharisäer), »die Kinder des Lichtes«, die »Gemeinde des Bundes« und suchen im Sinne des alten prophetischen Wortes von dem Stumpf, der von dem gefällten Baum übrigbleiben soll (Jes 6, 13), den »heiligen Rest« zu bilden und die Gerechten in besonderen Gemeinschaften zu sammeln[21]. Auf dem Hintergrund solcher Tendenzen läßt sich erst ermessen, was es bedeutet, daß Jesu Verkündigung von alledem keine Spur verrät. Er sammelt nicht die Heiligen und die Frommen, sondern ist »der Zöllner und Sünder Geselle« (Mt 11, 19). Wohl weiß auch er sich zu Israel gesandt und gibt dem bittenden Weib aus Syrophönicien zunächst die Antwort: »Laß zuerst die Kinder satt werden, denn es ist nicht recht, den Kindern das Brot zu nehmen und es den Hunden hinzuwerfen« (Mk 7, 27). Aber sein Auftrag gilt »den *verlorenen* Schafen vom Hause Israel« (Mt 15, 24). Diese sieht er trotz Priestern, Pharisäern und Schriftgelehrten, trotz Kult und Gesetz, ja gerade deswegen als die zerschundene und am Boden liegende Herde an, die keinen Hirten hat (Mt 9, 35ff.).

Noch bleibt also Jesu Wort und Wirken auf Israel beschränkt, wie auch die ersten Sendlinge der Mission sich unter sein Wort gestellt wissen: »Geht nicht den Weg zu den Heiden und betretet keine Stadt der Samariter! Geht vielmehr zu den verirrten Schafen vom Haus Israel« (Mt 10,5f.)[22]. Man erkennt aus solchen Worten, daß Jesus durchaus nicht an die Stelle einer auf Israel beschränkten Reich-Gottes-Erwartung die Idee eines die Menschheit umspannenden Gottesreiches gesetzt hat. Aber nicht minder deutlich ist, daß durch Jesu Wort und Verhalten der Wahn der unveräußerlichen, gleichsam einklagbaren Privilegien Israels und seiner Väter in der Wurzel angegriffen und erschüttert ist. Zahllose Worte, Gleichnisse und Erzählungen sprechen gerade dies aus. So das Wort, das Matthäus der Geschichte von dem heidnischen Hauptmann von Kapernaum eingefügt hat: »Viele werden von Morgen und Abend kommen und sich mit Abraham, Isaak und Jakob im Himmelreich zu Tisch legen, die Söhne des Reiches aber werden in die Finsternis hinausgestoßen werden. Dort wird Heulen und Zähneknirschen sein« (Mt 8,11f.). Nicht anders das Gleichnis vom großen Abendmahl, dessen erstgeladene Gäste sich entschuldigen, so daß der Herr des Mahles im Zorn sie endgültig ausschließt und die Bettler, Krüppel und Lahmen von den Gassen und zuletzt die von den Landstraßen draußen durch seine Knechte hereinholen läßt (Lk 14,16-24)[23]. So bedeutet der Anbruch der Herrschaft Gottes die Erschütterung und Aufhebung der für den Glauben der Frommen geheiligten Maßstäbe und Grenzen. Die Letzten werden zu Ersten und die Ersten zu Letzten (Mt 20,16). Der Zöllner, jedem Juden exemplarisch verächtlich als Volksverräter und Überläufer, wird gerechtfertigt, und der Pharisäer geht leer aus (Lk 18,9-14). Der nicht minder verhaßte, jedem Juden als unrein geltende Samariter hat Gottes Wohlgefallen und beschämt Priester und Levit (Lk 10,30-37).

Will man verstehen, wie empörend und das Empfinden des Juden verletzend – aber auch wie befreiend und Freude stiftend – alle diese Worte Jesu wirken mußten, so sollte man sie etwa mit den Ohren der Menschen im Deutschland des Dritten Reiches zu hören versuchen und sich der damals gängigen, mit Hybris und Haß geladenen Sprache erinnern, für die freilich der Jude selbst an die Stelle des Verhaßten getreten war. Aber es bedarf dieser Übersetzung wohl nicht und würde als eine Sprache von gestern an unserm schnelllebigen und vergeßlichen Geschlecht seine Wirkung vielleicht schon nicht mehr tun. In Wahrheit aber wandelt sich ja nur die Sprache und bleibt doch – zumal dort, wo Moral, Religion und Kirche bewahrt und verteidigt werden – das Mittel der Selbstbehauptung, die von der Verwerfung des anderen lebt. Wo immer in ihr noch von Gott geredet wird, will der Fromme von Gott bestätigt werden – dazu eignet er sich ja sogar, wenn es sein muß, das Zöllnergebet an – und muß der Gottlose verworfen werden. Man versteht von daher die schneidende Schärfe in Jesu Wort an die Frommen: »Wahrlich ich sage euch: die Zöllner und Dirnen gehen ein in das Reich Gottes – ihr nicht!« (Mt 21, 31)[24].

Die Gestalten, die Jesu Hilfe erfahren, sind darum durchweg, wie die Evangelien zeigen, Gestalten am Rande, Menschen, die auf Grund ihres Schicksals, ihrer Schuld oder auch des herrschenden Vorurteils als Gezeichnete, Ausgestoßene gelten: Kranke, die nach dem Vergeltungsdogma der Zeit ihre Krankheit als Strafe für begangene Schuld tragen müssen, Dämonische, das heißt von den Trabanten des Teufels Besessene, vom Aussatz, »dem erstgeborenen Sohn des Todes« Befallene, denen die Gemeinschaft mit den andern versagt ist, Heiden, die an den Vorrechten Israels keinen Anteil haben, Frauen und Kinder, die in der Gemeinde nicht mitzählen, und immer wieder schlechte Personen, Schuldiggewordene, von denen der Fromme sich geflissentlich fernhält. Nirgends findet sich dabei in Jesu Verhalten auch nur die Spur einer romantischen Vorliebe zur »Unterwelt« und eines Pathos, das die Grenzen von Gut und Böse verrückt, Schuld entschuldigt und Gerechtigkeit zur Karikatur macht. Weder wird der verlorene Sohn idealisiert noch das Verhalten des älteren Bruders (»Siehe, so viele Jahre diene ich dir und habe nie ein Gebot von dir übertreten«, Lk 15, 29) angezweifelt. Gleiches gilt für die Beweise der Frömmigkeit, die der Pharisäer im Tempel aufzählt (Lk 18, 9 ff.), und das Wort des reichen Jünglings, mit dem er auf die Aufzählung der Gebote antwortet: »Dies alles habe ich gehalten!« (Mt 19, 20). Ja, nicht einmal der verborgene Zusammenhang von Schicksal und Schuld wird von Jesus schlechthin geleugnet (Mk 2, 1 ff.; Lk 13, 1 ff.), so gewiß er auch die Aufrechnung dieses Zusammenhanges verwehrt (Joh 9, 1 ff.) und das damals wie heute so viel gequälte Problem der Theodizee in seinen Worten auch nicht den geringsten Raum hat. So läßt sich Jesu Verhalten und Botschaft in keiner Weise als eine »Umwertung aller Werte«, eine programmatische Revolution auf dem Felde der sittlichen und sozialen Maßstäbe bezeichnen. Um so einfacher und gültiger ist der Satz, der sein Verhalten und Tun rechtfertigt: »Nicht die Starken bedürfen des Arztes, sondern die Kranken. Ich bin nicht gekommen, Gerechte zu rufen, sondern Sünder« (Mk 2, 17). Seine Freiheit erweist sich nicht in der abstrakten Kritik der Maßstäbe, sondern in der Selbstverständlichkeit, mit der er die Menschen selbst, die ihn brauchen, über die geltenden Grenzen hinweg sich begegnen läßt und ihnen so ihre Ehre gibt.

In diesem Licht will die Tischgemeinschaft Jesu mit den Zöllnern und Sündern verstanden sein, um derentwillen ihn der verächtliche Spott trifft: »Siehe, ein Schlemmer und Zecher, der Freund von

Zöllnern und Sündern« (Mt 11, 19). Mahlgemeinschaft ist für jeden Juden die engste Form der Gemeinschaft. Sie hat es in jedem Fall schon in einem sehr natürlichen Sinn mit der Ehre zu tun. Darum ist die Frage so wichtig, wen man einlädt, wem also man diese Ehre widerfahren läßt und wie man die Gäste am Tische plaziert (Lk 14, 7-14). Das heißt zugleich: wer von einer solchen Einladung schlechterdings auszuschließen ist. Wir hören, daß Jesus sich nicht aus dieser selbstverständlichen Ordnung herausstellt und daß er die Ehre annimmt, die auch hier und da ein Pharisäer ihm erweist, wie er den Gastgeber ehrt durch sein Kommen (Lk 14, 1ff.; 7, 36ff.). Aber er sitzt nicht anders im Hause eines Zöllners zu Gast (Lk 19, 1-10), und die Tischgemeinschaft mit den Sündern ist erst eigentlich das Befremdliche, über das seine Feinde murren: »Dieser nimmt die Sünder an und ißt mit ihnen« (Lk 15, 2).

Was bedeutet aber diese Tischgemeinschaft? Ist sie nur Akt und Ausdruck einer menschlichen Gesinnung, die über Konventionen und Vorurteile hinweg auch dem Geächteten sich nicht versagt? Jesu Gleichnisse zeigen, daß die Gemeinschaft des Mahles wie seit alters Sinnbild der engsten Gemeinschaft mit Gott und Bild der messianischen Freudenzeit ist (Mt 8, 11; Mk 2, 15ff.; Lk 14, 16ff.; Mt 22, 1ff.)[25]. Es kann darum kein Zweifel sein, daß auch Jesu irdische Tischgemeinschaft mit den Zöllnern und Sündern in einem tiefen Zusammenhang steht mit seiner Verkündigung der kommenden Gottesherrschaft. Wir dürfen diesen Zusammenhang nicht zu schnell und fest mit den Vorstellungen einer Messias-Dogmatik verknüpfen, die die Texte gerade nicht aussprechen und die, wo sie vereinzelt erscheinen, deutlich auf den Glauben der späteren Gemeinde verweisen[26]. Und doch hat die evangelische Überlieferung die Einheit von Tat und Wort in der Verkündigung und im Verhalten Jesu sachgerecht zum Ausdruck gebracht, wenn sie für viele der Herrenworte die durchaus nicht zufällige, bedeutsame Szenerie eines Gastmahls wählte. Das gilt wie für das Gleichnis vom großen Abendmahl (Lk 14) vor allem für die drei Gleichnisse vom Verlorenen – vom verlorenen Schaf und Groschen und vom verlorenen Sohn (Lk 15). An der historischen Situation liegt allerdings nichts[27]. Dennoch ist der Rahmen nicht gleichgültig, sondern ein der Sache entsprechender, unmißverständlicher Hinweis, daß was die Gleichnisse sagen in Jesu Tischgemeinschaft geschieht. Wäre es anders, so könnte man wie oft genug geschehen den Sinn der Gleichnisse in der zeitlosen Idee des liebenden, vergebenden Vaters im Himmel finden. In Wahrheit aber reden sie von dem Ereigniswerden dieser Liebe in Jesu Tat und Wort. In der Erzählung von der Heilung des Gelähmten sagt Jesus zu dem Kranken: »Kind, dir sind deine Sünden vergeben« (Mk 2, 5). Warum entrüsten sich darüber seine Gegner? Nicht, weil er den Gedanken der Liebe Gottes und die Hoffnung auf sein Erbarmen ausspricht, sondern weil er tut, was Gott selbst vorbehalten ist: »Was redet dieser so? Er lästert. Wer kann Sünden vergeben außer Gott allein?« (2, 7). Das also treibt seine Gegner zur Empörung und macht die Dirnen und Zöllner zu Genossen der Freude. »Heute ist diesem Hause Heil widerfahren!« heißt es darum auch in der Erzählung von der Einkehr Jesu im Hause Zachäus des Zöllners (Lk 19, 9).

3. Umkehr und Bereitschaft

Der Ruf der Stunde

Von Notwendigkeit und Verheißung der Umkehr weiß auch das Judentum[28]. Es gibt zahlreiche Worte unter den Sprüchen der Rabbinen, die von der allen, auch den Frommen geltenden Pflicht der Umkehr zumal im Angesicht des Todes sprechen, von ihrer Sühnekraft, von Gottes verzeihender Güte, von den Äußerungen der Buße in Sack und Asche, in Reue und Tränen, Gebet und Fasten, vom Ernst wahrer Bußgesinnung, die im Ablassen von begangenen Sünden und in der Wiedergutmachung getanen Unrechts sich erweist. Es fehlt auch nicht an Worten, die vor dem Leichtsinn warnen, der sich billig auf die Gnade verläßt und vermessen auf ihre Zusage hin in der Sünde verharrt. »Wer sagt: ich will sündigen und umkehren, sündigen und umkehren – dem gibt man (Gott) keine Gelegenheit zur Umkehr«[29]. So fragen auch der Täufer und Jesus in den Evangelien nach der Frucht, die der Umkehr entspricht (Mt 3, 8; 21, 41 u. ö.).
Und doch hat Jesu Ruf zur Umkehr einen völlig neuen Horizont. Er erklingt im Angesicht der anbrechenden Herrschaft Gottes. Dies gibt ihm seinen Grund und seine letzte Dringlichkeit. Jesu Botschaft und die des Täufers rücken hier nahe zusammen. »Kehrt um, denn das Himmelreich ist nahe« (Mt 3, 2; 4, 17) faßt die Predigt beider zusammen. Beide lassen die vermessen behauptete Unterscheidung der vermeintlich Gerechten und der notorischen Sünder darum nicht mehr gelten. Beiden gilt die Buße nicht mehr als eine Frömmigkeitsübung, durch die der Fromme sich gerade als solcher erweisen kann. Beide machen dem heuchlerischen Spiel mit der Buße ein Ende. Aber der Bußruf Jesu hat auch gegenüber dem des Täufers einen neuen Sinn, so wahr das Heute des Anbruchs der Gottesherrschaft, die Stunde des Heils, von dem Feuertage des Jüngsten Gerichtes sich unterscheidet, den Johannes ankündigt.
Umkehr heißt jetzt: das schon gegenwärtige Heil ergreifen und dafür

alles daran geben: »Das Himmelreich ist gleich einem im Acker verborgenen Schatz, den ein Mensch fand und wieder verbarg. Und in seiner Freude geht er hin und verkauft alles, was er hat, und kauft jenen Acker. – Wiederum ist das Himmelreich gleich einem Kaufmann, der schöne Perlen suchte. Als er aber *eine* kostbare Perle gefunden hatte, ging er hin, verkaufte alles, was er hatte, und kaufte sie« (Mt 13, 44-46). Umkehr heißt jetzt: nicht mehr wie die zuerst zum Gastmahl Geladenen mit tausend sonst so triftigen Gründen sich entschuldigen, sondern die Einladung annehmen, aufbrechen, kommen (Lk 14, 16ff.; Mt 22, 1ff.). Auch und gerade der Bußruf redet zuerst von einer Entscheidung und einem Tun Gottes, das allem Tun und Sich-entscheiden der Menschen voraufgeht. Schon die Stellung der Seligpreisungen vor allem andern zeigte gerade dies. Ihnen folgt gewiß die unerbittliche Forderung eines neuen und echten Gehorsams bis hin zu dem Wort: »Ihr sollt vollkommen sein wie euer Vater im Himmel vollkommen ist« (Mt 5, 48). Man könnte sich einen Augenblick ja vorstellen, die Worte über Gehorsam und neue Gerechtigkeit gingen voran und die Seligpreisungen folgten als Lohn und Verheißung für die, die dem Gebote Gottes genügen. Aber wir hätten im selben Moment aus Jesus einen Gesetzeslehrer wie andere auch gemacht. Gottes Tat und Entscheidung aber ist eher auf dem Plan als jede Entscheidung von Menschen.

Der Einladung folgen, aufbrechen, kommen – das bedeutet freilich Verzicht, Absage an alles, woraus der Mensch sonst sein Leben gewinnen will und bestreitet. Ja, Verzicht auf sich selbst, Preisgabe des Lebens: »Wer sein Leben erhalten will, wird es verlieren, und wer es verliert, der wird es gewinnen« (Lk 17, 33). Aber Preisgabe und Opfer um des Lebens willen: »Bringt deine Hand oder dein Fuß dich zu Fall, so haue ihn ab und wirf ihn von dir! Es ist besser für dich, daß du verstümmelt oder lahm in das Leben eingehst, als daß du zwei Hände oder zwei Füße hast und in das ewige Feuer geworfen wirst. Und wenn dich dein Auge zu Fall bringt, so reiß es aus und wirf es von dir. Es ist besser für dich, daß du einäugig in das Leben eingehst, als daß du zwei Augen hast und in die Feuerhölle geworfen wirst« (Mt 18, 8f.; 5, 29f.). Ein Gehorsam, der in diesem Sinn nicht Hand und Fuß hat, ist kein echter Gehorsam.

Heil und Buße aber haben jetzt ihren Platz vertauscht. Ist für jüdisches Denken die Buße das Erste, die Voraussetzung, die dem Sünder die Hoffnung auf Gnade gewährt, so gilt jetzt, daß an der Gnade die Umkehr entsteht. Die am Tisch des reichen Herrn Sitzenden sind die Armen, die Krüppel, die Blinden und Lahmen, nicht schon halb Genesene. Die Zöllner und Sünder, mit denen Jesus zu Tisch sitzt, werden – so wenig wie der heimgekehrte Verlorene – nicht zuvor nach dem Stand ihrer Besserung befragt. Wie sehr hier alles Reden von den Voraussetzungen, die erst der Mensch erfüllen muß, ehe die Gnade sich ihm zuwendet, zum Schweigen kommt, zeigen die Gleichnisse vom verlorenen Schaf und Groschen, die einzig vom Wiederfinden des Verlorenen sprechen und *so* die Freude im Himmel beschreiben »über einen Sünder, der umkehrt« (Lk 15, 7.10). So wenig also ist die Buße ein die Gnade vorbereitendes menschliches Tun, daß sie gleichgesetzt werden kann mit Gefundenwerden.

Im aufgehenden Licht dieser Gnade aber geschieht und erweist es sich, daß die Ersten zu Letzten werden und die Letzten zu Ersten, die Verlorenen zu Geretteten und die Gerechten zu Verlorenen. Umkehr heißt darum: Kleinwerden vor Gott. »Jeder, der sich erhöht, wird erniedrigt werden, und wer sich erniedrigt, wird erhöht werden« (Lk 14, 11). »Wahrlich, ich sage euch, wer die Gottesherrschaft nicht annimmt wie ein Kind, wird nicht hineinkommen« (Mk 10, 15; Lk 18, 17). Es ist klar, daß nicht die vermeintliche Unschuld des Kindes hier zum Ideal erhoben wird, wie eine sentimentale Romantik diese Worte oft versteht. Die Kleinheit des Kindes, sein wirkliches Angewiesensein auf die Hilfe, sein Unvermögen für sein Leben selbst aufzukommen, ist der springende Punkt dieses Wortes. Wie radikal dieses Wort gemeint ist und wie befremdlich für den natürlichen Menschen, das zeigt Nikodemus im Johannes-Evangelium. Dort begegnet Jesu Wort in leicht veränderter Gestalt: »Wenn jemand nicht von neuem geboren wird, kann er das Reich Gottes nicht sehen« (Joh 3, 3). Nikodemus, der »Meister in Israel«, kann nur fragen: »Wie kann ein Mensch geboren werden, wenn er alt ist? Kann er etwa zum zweitenmal in den Leib seiner Mutter eingehen?« Gottes Herrschaft aber bringt und fordert die Wende.

Weitere Konsequenzen

Leben in der Freude

In seiner Freude geht der Mann, der den Schatz im Acker gefunden hat, hin, verkauft alles was er hat und kauft den Acker (Mt 13, 44). Ist der Heilruf Jesu zugleich Bußruf, so ist doch der Bußruf zugleich der Ruf zur Freude. Darum sagt Jesus den Jüngern über das Fasten, die uralte Übung der Buße: »Wenn ihr aber fastet, sollt ihr nicht düster dreinsehen wie die Heuchler; denn sie verstellen ihr Angesicht, um sich mit ihrem Fasten vor den Leuten sehen zu lassen. Wahrlich, ich sage euch: sie haben ihren Lohn dahin. Du aber salbe, wenn du fastest, dein Haupt und wasche dein Angesicht (– wie zum Fest!), damit du mit deinem Fasten dich nicht vor den Leuten zeigst, sondern deinem Vater, der ins Verborgene sieht; und dein Vater, der ins Verborgene sieht, wird es dir vergelten« (Mt 6, 16-18). Immer wieder wird an den »Frommen« in den Evangelien die tiefe Freudlosigkeit sichtbar, die über ihrer Gerechtigkeit liegt: am Murren der Pharisäer und Schriftgelehrten über Jesu Mahl mit den Sündern; an der Entrüstung, mit der sie das Wort der Vergebung vernehmen, das er dem Gelähmten sagt (Mk 2, 6f.); an dem Unwillen, mit dem sie ihn »Säufer und Prasser« heißen (Mt 11, 19); an der Empörung, mit der sie den Jubelruf hören, der Jesus beim Einzug in Jerusalem entgegenschallt (Mt 21, 15f.). Man hört die Freudlosigkeit aus dem Dankgebet des Pharisäers, der alle seine frommen Werke vor Gott wie in einem Schaufenster auslegt (Lk 18, 9ff.) und in seiner Gerechtigkeit von der Schuld der andern profitiert. Sie klingt im Gleichnis vom verlorenen Sohn aus dem an den Vater gerichteten Wort des älteren Bruders, der draußen bleibt und an dem Freudenmahle nicht teilnehmen will: »Mir hast du nie einen Bock gegeben, damit ich mit meinen Freunden fröhlich wäre« (Lk 15, 29), wie aus der Klage der Erstgemieteten im Gleichnis von den Arbeitern im Weinberg (Mt 20, 1ff.), daß die zuletzt Gedungenen von dem Herrn den gleichen Lohn empfangen. Dies aber, gerade dies entscheidet darüber, wer zuletzt verloren geht, wer am Ende die Ersten und die Letzten sind. »Ist dein Auge neidisch, weil ich gütig bin?« ist das letzte Wort des Herrn an die Murrenden im Arbeiter-Gleichnis. »Du solltest aber fröhlich sein und dich freuen; denn dieser dein Bruder war tot und ist lebendig geworden, er war verloren und ist wiedergefunden worden«, ist das letzte Wort des Vaters an den älteren Bruder. Die Freude ist die Rettung aus dem Tod. Um nichts Geringeres geht es. Darum haben die letzten Worte in beiden Gleichnissen fernab von allem bloßen Vorwerfen und Schelten den Klang der Frage und des inständigen Werbens. Was aus dem verlorenen Sohn wird, ist nicht zweifelhaft. Was aber wird aus dem älteren Bruder?

Was es heißt, nicht aus dieser Freude zu leben, zeigt das Gleichnis vom Schalksknecht: »Mit dem Himmelreich ist es wie mit einem König, der mit seinen Knechten abrechnen wollte. Als er aber anfing abzurechnen, wurde einer vor ihn gebracht, der war zehntausend Talente schuldig. Weil er jedoch nicht bezahlen konnte, befahl der Herr, daß er und sein Weib und seine Kinder und alles, was er hatte, verkauft und die Zahlung geleistet würde. Da warf sich der Knecht zu Boden und sagte: habe Geduld mit mir, und ich will dir alles bezahlen. Da hatte der Herr Erbarmen mit dem Knecht und gab ihn frei, und die Schuld erließ er ihm. Als aber jener Knecht hinausging, fand er einen seiner Mitknechte, der ihm hundert Denare schuldig war; und er packte ihn, würgte ihn und sagte: bezahle, wenn du etwas schuldig bist! Da warf sich sein Mitknecht nieder und bat ihn: habe Geduld mit mir, und ich will dir's bezahlen. Er aber wollte nicht, sondern ging hin und ließ ihn ins Gefängnis werfen, bis er die Schuld bezahlt hätte. Als nun seine Mitknechte sahen, was geschehen war, wurden sie sehr betrübt und kamen und berichteten ihrem Herrn alles, was geschehen war. Da ließ ihn sein Herr rufen und sagte zu ihm: Du böser Knecht, jene ganze Schuld habe ich dir erlassen, weil du mich batest; hättest nicht auch du dich deines Mitknechtes erbarmen sollen, wie ich mich deiner erbarmt habe? Und sein Herr wurde zornig und übergab ihn den Folterknechten, bis er alles bezahlt hätte, was er ihm schuldig war« (Mt 18, 23-34).

Für das, was das Gleichnis sagen will, reichen jüdische Lebensverhältnisse nicht mehr zu[30]. Dort gibt es keine Herren von solchem Reichtum, keine Knechte, die sich so verschulden können. Dort gibt es auch kein Strafrecht, zu dem der Verkauf von Weib und Kindern und die Folter als Strafmaßnahmen gehören. Hier müssen schon andere, orientalische Machtverhältnisse herhalten: ein Großkönig und sein Satrap und die Maßlosigkeit in Gnade und Zorn, die durch kein Gesetz mehr beschränkt ist. Denn ohne Maß und Grenze ist alles in diesem Gleichnis: maßlos die erste Schuld, angesichts deren das Angebot des Knechtes, wie jeder versteht, nur ein hilfloses Versprechen ist; ohne Maß ist auch das Erbarmen, das ihm sein Herr widerfahren läßt. »Er gab ihn frei und erließ ihm die Schuld.« Unvorstellbar ist aber auch das Mißverhältnis zwischen der ersten erlassenen und der zweiten nicht erlassenen Schuld[31]. Maßlos und schier unvorstellbar das Pochen des ersten Knechtes gegenüber seinem Mitknecht auf das Recht – (»bezahle, *wenn* du *etwas* schuldig bist«) – und die Grausamkeit, mit der er sein Recht eintreiben will. Unheimlich und furchtbar endlich das letzte Gericht des Herrn über den ersten Knecht. Aber kann es hier noch ein anderes Ende geben? Hier hat kein Erstaunen mehr Raum, sondern nur noch das einfache Ja des Hörenden. »So wird auch mein himmlischer Vater euch tun, wenn ihr nicht jeder seinem Bruder von Herzen vergebt« (Mt 18, 35).

Klugsein und Wachen

»Warum versteht ihr diese Zeit nicht?« fragt Jesus die Hörenden (Lk 12, 56). Die Zeit recht verstehen, das heißt: die Stunde des Heils ergreifen. Aber es heißt zugleich, die letzte Stunde erkennen und nutzen, ehe die Katastrophe des göttlichen Gerichtes hereinbricht. Leute kommen zu Jesus mit erregenden Nachrichten: Pilatus hat grausam einige Galiläer niedermetzeln lassen, noch dazu in dem Augenblick, als sie im Tempel ihre Opfertiere schlachteten. Und noch ein anderes Ereignis bewegt sie: Achtzehn Männer sind – wohl beim Bau einer Wasserleitung[32] – am Siloahteich in Jerusalem tödlich verunglückt. Die Frage, die Jesus gestellt wird, ist die uralte nach dem Einklang von Schicksal und Schuld. Sie will, rückwärts gewandt, Ordnung und Sinn im Weltgeschehen und Menschenleben ergründen und hinter Gottes Gerechtigkeit kommen. Aber Jesus antwortet: »Meint ihr, daß diese mehr als alle andern Sünder gewesen sind, weil sie dieses erlitten haben? Nein, sage ich euch, sondern wenn ihr nicht umkehrt, werdet ihr alle ebenso umkommen« (Lk 13, 1-5). Der Frage nach der Gerechtigkeit Gottes hier und dort in jenen Katastrophen setzt er damit ein Ende und wendet sie neu als Frage an die Fragenden, die sie vor sich selbst und die Zukunft Gottes stellt: Ein Wunder ist nicht, daß es jene traf, sondern euch nicht getroffen hat. Was bedeutet dieses Wunder? Unmittelbar darauf folgt das Gleichnis von dem unfruchtbaren Feigenbaum, der Jahr um Jahr keine Frucht gebracht hat und es wohl verdient, jetzt gefällt zu werden. Aber der Gärtner, bereit, noch einmal alle Mühe an ihn zu wenden, erbittet von dem Herrn des Weinberges eine letzte Frist: »Herr, laß ihn noch dieses Jahr!« (Lk 13, 6-9). Das Wunder also heißt: Gottes unverdiente Geduld, wider alles Begreifen – der Herr hat ja recht: »Was hindert er das Land!« –, aber Gottes Geduld, die ihre Grenze hat: »Noch dieses Jahr!«

Jesu Gleichnis vom ungerechten Haushalter (Lk 16, 1-8) schildert sehr drastisch einen Mann, der illusionslos mit der Zukunft rechnet und die letzten Chancen nutzt. Es gibt nicht wenige Worte, in denen Jesus so anstößig, wenn es sein muß aufreizend redet wie hier. Der Betrug eines Verwalters ist seinem Herrn hinterbracht. Er hat den Besitz seines Herrn verschleudert. Nun steht ihm das Wasser am Hals. Er wird sein Amt verlieren und auf der Straße liegen. Da überdenkt er die letzten Möglichkeiten, die ihm noch bleiben. Die Arbeit des Tagelöhners geht über seine Kraft, zu betteln schämt er sich. So kommt ihm der schlaue Gedanke, die Händler, die seinem Herrn mit Öl und Weizen verschuldet sind, zur Fälschung ihrer Schuldbriefe zu bewegen. Eine Hand wäscht die andere. Hat er sie nicht sitzen lassen, werden sie ihn, wenn die Not über ihn kommt, auch nicht sitzen lassen. »Und der Herr (das heißt Jesus)[33] lobte den ungerechten Verwalter, daß er klug gehandelt habe. Denn die Söhne dieser Welt sind ihresgleichen gegenüber klüger als die Söhne des Lichtes« (Lk 16, 8). Damit endet das Gleichnis[34]. Kein Wort moralischer Entrüstung über das Tun dieses Halunken, der auf den ersten Betrug noch weitere häuft. Der durchschnittlich fromme Bibelleser macht darum heute noch um dieses Gleichnis Jesu einen Bogen. Aber es ist wie nur eines ein Musterbeispiel, wie Jesus zupackt. Empört euch das? Macht die Augen auf: hier seht ihr, was es heißt, im Angesicht einer unerbittlichen Zukunft den Augenblick wahrzunehmen, nicht zu wäh-

nen, daß die Zukunft nur halb so schlimm sein werde und wieder bessere Zeiten kommen, aber auch nicht, die Hände im Schoß, zu resignieren. Klugsein heißt nicht: sich entrüsten, sondern sich rüsten!
Die Torheit, die das nicht versteht, schildert ähnlich drastisch die Beispielerzählung von dem reichen Bauern, der zufrieden und satt seine Ernte einheimst und größere Scheunen für sie bauen will und doch vor Gott zuschanden wird: »Du Narr, diese Nacht wird man dein Leben von dir fordern, und wem wird gehören, was du gesammelt hast?« (Lk 12, 16-20). Es ist sehr bezeichnend, daß Jesus von der Torheit dieses Bauern – wie von der Klugheit jenes Verwalters – ohne jedes Aufgebot apokalyptischer Bilder redet, ja im Stile der Weisheit, die an das natürliche Verstehen appelliert. Weiß der Mensch denn nicht, daß er sterben muß? Versteht er nicht die Unnatur seiner Sorge, die anstatt im Dienste des Lebens Leib und Seele verzehrt? »Ist das Leben nicht mehr als die Speise und der Leib mehr als die Kleidung?« (Mt 6, 25). Begreift er den Widersinn nicht, daß bald er seine irdischen Schätze überlebt, die Motten und Rost fressen oder die Diebe stehlen (Mt 6, 19f.), und bald sein Reichtum ihn überlebt? In der Tat, die Spruchweisheit aller Völker redet davon – heiter gelassen oder schwermütig resigniert – im Sinne des wohlbekannten Memento mori. In Jesu Botschaft jedoch sind alle diese Worte auf Gottes kommende Herrschaft bezogen: »Trachtet nur nach seiner Herrschaft, so wird euch solches alles zufallen« (Lk 12, 31).
Wer die Stunde versteht im Angesicht der Zukunft Gottes, der hält sich bereit, wie die Knechte wachen und auf ihren Herrn warten (Mk 13, 33ff.; Mt 24, 45ff.; Lk 12, 35ff.)[35]. Der in Klugheit und Treue wartende Knecht »nimmt« sich, so könnte man sagen, keine Zeit und ist gerade so gegenüber der Welt der, der Zeit hat. Kennzeichen derer, die Gottes Ruf nicht hören, ist wie in den Tagen der Sintflut bis zum Jüngsten Tag, daß sie keine Zeit haben: »Sie aßen, tranken, kauften, verkauften, pflanzten, bauten ...« »freiten und ließen sich freien« (Lk 17, 28; Mt 24, 38). Sie haben keine Zeit aber auch in ihrer vermeintlichen Frömmigkeit, die nichts an Vorschriften und Geboten versäumen will und über dem Wust ihrer Werke und Leistungen die Barmherzigkeit vergißt (Mt 23; 9, 13; 12, 7). Aufs schärfste reden davon die Wehrufe Jesu gegen die Pharisäer; sie haben Äußeres und Inneres heillos verkehrt, blinde Führer, die Mücken seihen und Kamele verschlucken (Mt 23, 24ff.). Aber dieselbe Verkehrung bedroht auch die Jünger. So jedenfalls hat Matthäus das ursprünglich wohl an das Volk gerichtete Wort von den »Herr, Herr«-Sagern verstanden und auf die Gemeinde angewandt (Mt 7, 21ff. gegen Lk 6, 46)[36]. Sie treten mit ihrem Bekenntnis und der

Aufzählung aller in seinem Namen vollbrachten Wundertaten und Leistungen vor den Weltenrichter, und doch weist er sie ab, weil sie daran nicht gedacht haben, daß sie selbst zuerst und zuletzt gerufen waren, den Willen Gottes zu tun.
Vor Gott ist der kluge und treue Knecht aber zugleich der, der keine Zeit hat, treu gegenüber seinem Auftrag, treu in der Verwaltung und Mehrung des ihm anvertrauten Gutes (Mt 25, 14ff.), treu in der Liebe zu Jesu geringsten Brüdern (Mt 25, 31ff.), ständig zum Aufbruch gegürtet, mit brennender Fackel (Lk 12, 35). Sein Warten gilt nicht dem ungewissen Nichts, nicht dem Schweigen des Todes, sondern dem Herrn, der seinen Jüngern begegnet ist und begegnen wird. Auch in seiner Zukunft wird er derselbe sein: er wird sie zu Tische sitzen lassen, sich schürzen und ihnen dienen (Lk 12, 36)[37].

4. Zukunft und Gegenwart

Eine merkwürdige Spannung besteht, wie es scheint, zwischen solchen Worten Jesu, die vom Kommen der Gottesherrschaft als einem zukünftigen Geschehen reden, und solchen, die ihren Anbruch schon jetzt in der Gegenwart verkünden. »Es komme Deine Herrschaft!« lautet die zweite Bitte des Vaterunsers (Mt 6, 10). »Ich werde von jetzt ab vom Gewächs des Weinstocks nicht mehr trinken, bis die Gottesherrschaft gekommen ist«, sagt Jesus zu den Jüngern beim letzten Mahl (Mk 14, 25; Mt 26, 29). Eine ganze Kette solcher Worte findet sich an anderer Stelle: »Denn wie der Blitz aufblitzt und von einer Gegend unter dem Himmel zur anderen unter dem Himmel aufleuchtet, so wird es mit dem Menschensohn sein an seinem Tage ... Wer an jenem Tage auf dem Dach sein wird und seinen Hausrat im Hause hat, soll nicht hinabsteigen, um ihn zu holen, und wer auf dem Felde sein wird, soll gleichfalls nicht zurückkehren. Denket an Lots Frau! ... Ich sage euch: In dieser Nacht werden zwei auf einem Bette sein; der eine wird angenommen und der andere zurückgelassen werden. Zwei werden am gleichen Ort mahlen; die eine wird angenommen, die andere aber zurückgelassen werden. Und sie antworteten und sagten zu ihm: Wo, Herr? Er aber sprach zu ihnen: Wo Leichen sind, da sammeln sich die Adler« (Lk 17, 24-37). Gottes Herrschaft ist Zukunft. Darum ist vom »Eingehen in das Reich Gottes«, ins »Leben«, in die »Freude« die Rede. Worte dieser Art durchziehen alle Evangelien. Wie verhalten sie sich zu den andern, die schon im Heute und Jetzt den Anbruch, ja das Gekommensein der Gottesherrschaft verkünden: »Wenn ich mit dem Finger Gottes Dämonen austreibe, so *ist* die Gottesherrschaft schon zu euch gelangt« (Lk 11, 20). »Ich sah den

Satan vom Himmel fallen wie einen Blitz« (Lk 10,18), zu der Seligpreisung der Augenzeugen (Lk 10,23f.), zur Ausrufung der Freudenzeit (Mt 11,5f; Mk 2,18f. u. ö.)?

Die Versuche der Ausleger, mit dieser Frage fertig zu werden, sind zahlreich. Man half sich mit psychologischen Erklärungen und glaubte verschiedene »Stimmungen« in Jesus selbst beobachten zu können: Die Grundstimmung Jesu war nach den einen die Erwartung des kommenden Reiches, aber im Hochgefühl der Begeisterung und Freude konnte er in kühner Vorwegnahme der Vollendung schon die Gegenwart als Anbruch des Reiches ansehen. »Es ist keine Kluft zwischen Gegenwart und Zukunft für ihn mehr vorhanden, Gegenwart und Zukunft, Ideal und Wirklichkeit sind miteinander vermählt« (Bousset)[38]. Nach andern soll sich dieser scheinbare Widerspruch erklären aus der Psyche des Propheten, der bald die Zukunft schon gegenwärtig schaut und bald sie in ferne Zeiten sich erstrecken sieht[39]. Aber solche Erklärungsversuche bringen eine Betrachtungsweise an die Texte heran, gegen die sie sich ausnahmslos sperren, und reißen Zusammengehörendes auseinander. Denn das Problem liegt offenkundig nicht in dem Nebeneinander, sondern in dem für uns freilich paradoxen Ineinander der Aussagen[40].

Nicht viel besser sind biographische Erklärungen, die die widersprüchlichen Aussagen auf verschiedene Epochen im Denken und Verkündigen Jesu aufteilen wollen und entweder die Nah- und Gegenwartsaussagen Jesu ans Ende seines Wirkens rücken wollen[41] oder umgekehrt diese an den Anfang stellen und die eigentlichen Zukunftsworte aus der Enttäuschung dieser Erwartung und dem In-die-Ferne-rücken des Endtermines erklären wollen[42]. Aber auch dieser Versuch führt nur zu phantastischen Kombinationen und Konstruktionen, die von den Texten nicht getragen werden.

Wieder andere helfen sich mit traditionsgeschichtlichen Unterscheidungen und erkennen die Worte, in denen von der Gegenwärtigkeit des Reiches und seiner Entwicklung aus kleinem Anfang zu herrlicher Vollendung die Rede ist, Jesus selbst zu, während erst die spätere Gemeinde unter deutlicher Wiederaufnahme jüdisch-apokalyptischer Bilder und Vorstellungen die ursprüngliche Botschaft Jesu entstellte[43]. Es ist klar, daß auch diese Theorie sich umkehren läßt. Mit Überlieferungsprozessen solcher Art ist in der Tat an zahlreichen Stellen zu rechnen. So läßt sich beispielsweise an der sogenannten synoptischen Apokalypse Mark 13 zeigen, daß Jesu eigene Botschaft in nicht geringem Maße von späterer apokalyptischer Gemeindetradition überlagert ist (s.u. S. 83f.). Gleichwohl geht es nicht an, das Gesamtproblem des Verhältnisses von Zukunft und Gegenwart in Jesu Reich-Gottes-Predigt mit einem solchen Passepartout zu erledigen. So wenig man Jesus nur die Botschaft einer schon »verwirklichten Eschatologie« (C. H. Dodd) zusprechen darf, so wenig darf man ihn zu einem Apokalyptiker machen, der die alten Erwartungen spätjüdischer Hoffnungen nur in gesteigerter Form erneuert, und die jeweils anderen Aussagen in diesem oder jenem Sinn auf das Konto der Gemeinde schieben. Auch geht es nicht an, in den Worten Jesu zu unterscheiden zwischen eigentlichen Aussagen und solchen von nur »symbolischer« Bedeutung und die Zukunftsworte nur als sinnbildlich für das »Überzeitliche« und »Ewige« gemeint zu verstehen[44].

Keiner dieser Lösungsversuche führt zum Ziel. Der Grund dieses Scheiterns dürfte schon in einer falschen Fragestellung liegen. Wir sahen bereits, welche entscheidende Bedeutung für das Verständnis des Gottesreiches in der Verkündigung Jesu dem Worte zukommt: »Die Gottesherrschaft kommt nicht so, daß man sie beobachten kann« (Lk 17, 20). Wer darum die Fragen so stellt: Was »passiert« jetzt und was wird später »passieren«? Wieviel ereignet sich schon jetzt? Was entwickelt sich aus diesen Anfängen? Wie sieht die Vollendung aus? ist darum im Ansatz schon der Versuchung erlegen, aus dem Gottesreich so etwas wie ein zu beobachtendes und zu errechnendes Weltphänomen zu machen. Zwar wird niemand leugnen können, daß Jesu eschatologische Worte, sofern sie in Sprache und Vorstellung seiner Zeit von einem bestimmten Geschehen jetzt und dereinst reden, gegen eine solche Betrachtung nicht geschützt sind. Wie denn in der Tat einige Ausleger sich daranmachen, die einzelnen Aussagen Jesu gleichsam nach dem Einmaleins geläufiger Zeit- und Weltvorstellungen zusammenzuaddieren und einen Ablauf von Weltfakten daraus zu machen, unbekümmert um das allermeist groteske Ergebnis und scheinbar gerechtfertigt durch die Fülle der Belegstellen, die man für jeden Satz beibringen kann. Mit einer formalen Biblizität ist jedoch hier gar nichts gewonnen und das elementare Mißverständnis der Botschaft Jesu nur schlecht verdeckt.

Daß wir die Zukunfts- und Gegenwartsaussagen nicht auseinanderreißen dürfen, wird schon darin deutlich, daß beide in der Verkündigung Jesu engstens aufeinander bezogen sind. Niemals wird von dem schon gegenwärtigen Anbruch der Gottesherrschaft anders gesprochen als so, daß die Gegenwart die Zukunft als Heil und Gericht eröffnet und also nicht vorwegnimmt. Niemals wird aber auch von der Zukunft anders gesprochen als so, daß sie die Gegenwart erschließt und erhellt und also das Heute als den Tag der Entscheidung sichtbar werden läßt. Es ist darum mehr als ein äußerlicher, gradueller, sozusagen nur die Farbenfülle des apokalyptischen Malers betreffender Unterschied, daß Jesu eschatologische Worte nicht die Zukunft als paradiesischen Glückszustand beschreiben und nicht in breiter Schil-

derung der Schrecken des Gerichtes sich ergehen. So heißt von der Gegenwart in Jesu Verkündigung reden von der Zukunft reden und von der Zukunft reden von der Gegenwart reden.
Die Zukunft Gottes ist *Heil* dem, der das Jetzt als Gegenwart Gottes und als die Stunde des Heiles ergreift. Die Zukunft Gottes ist *Gericht* dem, der das Heute Gottes nicht annimmt und an seine eigene Gegenwart, an seine eigene Vergangenheit und auch an die eigenen Träume der Zukunft sich klammert. Man könnte es mit dem Schillerschen Wort sagen: »Was man von der Minute ausgeschlagen, gibt keine Ewigkeit zurück!« Nur gilt es hier in einem neuen, erfüllten Sinn. In dieser Annahme der Gegenwart als Gegenwart Gottes sind, wie wir uns deutlich zu machen versuchten, Begnadigung und Umkehr in Jesu Wort eines.
Gottes Zukunft ist der Ruf Gottes an die Gegenwart und die Gegenwart Entscheidungszeit im Lichte der Zukunft Gottes. Darauf zielt Jesu Botschaft. Immer wieder erklingt darum die Mahnung: »Sehet zu, wachet!« (Mk 13,33-37; vgl. v. 5.9.23 u.ö). Dieses »Auf-sich-selbst-Sehen« (Mk 13,9) steht in deutlichem Gegensatz zu allem neugierigen Ausschauhalten. Auch und gerade die von der Zukunft redenden Worte Jesu wollen darum nicht, wie man treffend gesagt hat, als apokalyptische Belehrung, sondern als eschatologische Verheißung verstanden werden (W.G. Kümmel)[45].
Es fehlt freilich auch in der Überlieferung der Evangelien nicht an Redestücken apokalyptischer Art. Sie sind im 13. Kapitel des Markus-Evangeliums gesammelt, von Matthäus und Lukas aufgenommen und zumal von dem Letzteren nicht unerheblich neu gestaltet. Diese sogenannte »synoptische Apokalypse« ist jedoch ein sehr komplexes Gebilde. Fraglos ist hier von der Überlieferung Traditionsgut, das aus der spätjüdischen Apokalyptik stammt, unter die Jesusworte aufgenommen (von Kriegen und Aufständen, Erdbeben und Hungersnöten, von der Verfinsterung und vom Sturz der Gestirne, von der Verwüstung Judäas und der Schändung des Tempels)[46]. Andere Worte reden deutlich von den Erfahrungen der späteren Zeit (Verfolgung, Irrlehre, Verführung usw.). Auch fraglos echte Jesusworte sind mit beidem zusammengewoben. Dies alles deutlich in der Absicht, den Ablauf der Endereignisse in eine zeitliche Ordnung zu bringen und »die Zeichen der Zeit« erkennen zu lassen, die dem Hörer und Leser eine Orientierung im Blick auf Weltlauf und Weltende ermöglichen[47]. Das ganze Kapitel ist darum von Zeitangaben durchsetzt: »Dies ist noch nicht das Ende ... dies ist der Anfang der Wehen ... dann ... darnach ... darnach ... «. Es ist hier nicht der Ort auszumachen, auch im einzelnen umstritten, welche Worte dieser Apokalypse Jesus selbst zuzuschreiben sind. Deutlich ist jedoch, daß die

Rede im ganzen eine apokalyptische Komposition ist, die sich sogar selbst durch den Satz »der Leser möge es verstehen!« (Mk 13,14) als literarisches Produkt verrät. Auch sieht man vor allem aus Lukas, der Kp. 21,20 (wie auch sonst gelegentlich) bis ins Detail in den vorgegebenen Text die Ereignisse des jüdischen Krieges der sechziger Jahre hineingedeutet hat, daß die immer weiter ausdeutende Überlieferung gerade solcher Reden in besonderer Weise im Fluß war. Man wird darum schwerlich umhinkönnen, über die hier offenkundige Tendenz, gleichsam einen »Kalender« der Endereignisse aufzustellen, von Jesu eigenen Worten her, die jenes apokalyptische Ausschauhalten verwehren, kritisch zu urteilen. Auch zeigt die sehr wechselvolle Geschichte der Auslegung einzelner Motive dieser »Apokalypse« auf immer neue geschichtliche Gestalten und Geschehnisse – schon bis zur Abfassung der Evangelien, aber erst recht durch die Geschichte der Kirche bis in unsere Zeit –, wie fragwürdig diese Festlegungen sind. So konnte z.B. die Ausdeutung des apokalyptischen Spruches vom »Greuel der Verwüstung« (Mk 13,14 aus Dan 9,27; 12,11) – ein geheimnisvolles Bild für den Antichristen, der in das Heiligtum Gottes eindringen und den Tempel schänden wird – von Antiochus IV. Epiphanes über Caligula, Domitian und mancherlei Namen des Mittelalters bis zu Napoleon und Hitler wechseln. Die aufgeklärte Feststellung: solche Ausdeutungen sind typische Erscheinungen, Ausgeburten einer aufgeregten apokalyptischen, ständig mit dem Weltende befaßten Phantasie, liegt also, wie es scheint, sehr nahe. Man wird auch nicht bestreiten können, daß sie ihr relatives Recht behält gegenüber allen schwärmerischen Versuchen, die Stationen, die im Lauf der Welt bis zum Ende passiert werden müssen, gleichsam geschichtlich namhaft zu machen. Aber allzu deutlich ist, daß auch jene aufgeklärte Haltung im Lichte der Botschaft Jesu sich als das vermessene Unterfangen erweist, von der höheren Warte des Beobachters aus die Geschichte im ganzen zu überblicken, hier freilich in dem gegenteiligen Sinn, Geschichte und Gegenwart ihre Beziehung auf die Zukunft Gottes überhaupt zu bestreiten.
So werden wir noch einmal auf das »Sehet zu, wachet!« zurückgewiesen, das gerade auch diese »Apokalypse« der Evangelien vernehmlich durchzieht. Mit der Zukunft zu rechnen und die Stunde zu ergreifen, nicht die Zeiten auszurechnen, fordert Jesu Botschaft. Die in rechter Weise Wartenden sind darum gerufen, den Willen Gottes jetzt mit gesammelter Kraft zu erfüllen.

V. Kapitel

Der Wille Gottes

1. Jesus und das Gesetz

Jesus tritt in den Evangelien wie ein Schriftgelehrter auf. Er lehrt in der Synagoge und debattiert mit seinen Gegnern in Schul- und Streitgesprächen über die Anwendung der Gebote im ethischen, kultischen und politischen Verhalten, über die Lehre vom Messias und die Auferstehung der Toten. Ja, man sucht seine Entscheidung sogar in Erbstreitigkeiten (Lk 12,13f.), denn der Lehrer ist im Judentum entsprechend dem Wesen des Gesetzes Theologe und Jurist zugleich. So wird er mit dem respektvollem Titel »Rabbi« angeredet. Freilich hören wir nichts davon, daß er in der Schule eines anerkannten Lehrers »studiert« habe, gelegentlich nennen seine Gegner ihn geradezu einen »Unstudierten« (Joh 7,15; Mk 6,2). Auch von seiner Ordination ist nirgends die Rede. Doch sind derlei später gültige Berufs- und Zunftmerkmale nicht unbesehen schon für die Zeit Jesu anzunehmen. Sein Wirken als Lehrer steht in jedem Fall außer Frage. Auch dürfen die zahlreichen, schematisierenden Konfliktszenen in der Evangelienüberlieferung nicht darüber hinwegtäuschen, daß er keineswegs den Schriftgelehrten und Pharisäern die Gemeinschaft definitiv aufgekündigt hat; wiederholt finden wir ihn in ihren Häusern zu Gast und im Gespräch um ihr Einverständnis bemüht. Dieses Bild hält sich bis in die Jerusalemer Tage vor seiner Verhaftung durch und widerspricht der Annahme, Jesus habe von einem bestimmten Zeitpunkt ab, etwa gar schon unter dem Eindruck des Täufers und seiner Bewegung gleichsam den Gelehrtentalar ausgezogen und sei zum Propheten geworden. So gewiß er auch als solcher gewirkt hat, er hat nicht aufgehört zu lehren. Mit alledem ist gesagt, daß er das im Gesetz und in der Schrift gelegte Fundament jüdischen Glaubens und Lebens niemals preisgegeben hat.

Dieses äußere Bild des Auftretens Jesu wird durch den Inhalt seiner Lehre bestätigt. Zu einer großen Anzahl der von ihm überlieferten Sprüche lassen sich Parallelen in Fülle aus Lehre und Weisheit des Judentums beibringen. Eine unschwer noch zu erweiternde Synopse an Hand von Spruchgut allein aus der Bergpredigt mag das illustrieren.

Jüdische Überlieferung[1]	*Jesusüberlieferung*
»Wer seinen Nächsten haßt, siehe der gehört zu den Blutvergießern.«	»Ihr habt gehört, daß zu den Alten gesagt ist: du sollst nicht töten. Ich aber sage euch: Jeder, der seinem Bruder zürnt, soll dem Gericht verfallen sein ... « (Mt 5, 21 f.).
»Vergehungen des Menschen gegen Gott sühnt der Versöhnungstag nicht, bis daß er seinen Nächsten versöhnt hat.«	»Laß dein Opfer vor dem Altar und geh, vertrage dich erst mit deinem Bruder, und dann magst du kommen und dein Opfer darbringen« (5, 24).
»Jeder, der ein Weib (begehrlich) anblickt, ist so, als hätte er sie beschlafen.«	»Jeder, der eine Frau ansieht sie zu begehren, hat schon Ehebruch mit ihr getrieben in seinem Herzen« (5, 28).
»Alle Wohltätigkeit und Liebe, die die Götzendiener ausüben, gereicht ihnen zur Sünde, weil sie es nur tun, um deswegen erhoben zu werden.«	»Wenn du Almosen gibst, so laß nicht vor dir her posaunen, wie die Heuchler tun ... um von den Menschen gerühmt zu werden« (6, 2).
»Ein Mensch bewahrt dem anderen den Zorn, und von Gott verlangt er Heilung? Mit einem Menschen wie er hat er kein Erbarmen und für seine eigenen Sünden bittet er?« (Sir 28, 1-4)	»Denn wenn ihr den Menschen ihre Verfehlungen vergebt, wird euer himmlischer Vater auch euch vergeben. Wenn ihr aber den Menschen nicht vergebt, wird euer Vater eure Verfehlungen auch nicht vergeben« (6, 14 f.).
»Hast du je ... ein wildes Tier oder einen Vogel ein Gewerbe treiben sehen? Und dennoch werden sie ernährt ohne Sorgen.«	»Seht auf die Vögel des Himmels: sie säen nicht und ernten nicht und bringen nicht in die Scheuern, und euer himmlischer Vater ernährt sie doch« (6, 26).
»Sorge nicht um die Sorge von morgen; denn du weißt nicht, was der Tag gebiert.«	»Sorgt also nicht für das Morgen, denn das Morgen wird für sich selber sorgen. Jeder Tag hat genug an seiner eigenen Plage« (6, 34).

»Mit dem Maß, mit dem ein Mensch mißt, mißt man (=Gott) ihn.«

»Mit welchem Maß ihr meßt, mit dem wird euch gemessen werden« (7, 2).

»Was dir unlieb ist, tue keinem anderen; das ist die ganze Tora und das übrige ist Erklärung; geh und lerne!«

»Alles was ihr wollt, daß es euch die Leute tun, sollt auch ihr ihnen tun; denn darin besteht das Gesetz und die Propheten« (7, 12).

Auch das Doppelgleichnis vom Hausbau auf Felsen oder Sand, das die Bergpredigt beschließt (7, 24-27), hat eine überraschende Parallele: »Ein Mensch, der viele gute Werke hat und viel Tora gelernt hat, wem ist er gleich? Einem Menschen, der Steine als Fundament baut und darüber Lehmsteine. Auch wenn viele Wasser kommen und an ihre Seite schlagen, waschen sie sie doch nicht weg von ihrem Ort. Und ein Mensch, der keine guten Werke hat und viel Tora gelernt hat, wem ist er gleich? Einem Menschen, der zuerst Lehmsteine baut und darauf Steine. Auch wenn ein wenig Wasser kommt, so wirft es sie sofort um.« Zu diesen Parallelen zur Bergpredigt hier noch als weiteres Beispiel:

»Seid nicht wie Knechte, die dem Herrn dienen unter der Bedingung, daß sie Lohn empfangen.«

»So sollt auch ihr, wenn ihr alles getan habt, was euch befohlen war, sagen: Wir haben (nur) getan, was wir zu tun schuldig waren« (Lk 17, 7-10).

So gewiß diese und ähnliche Texte die jüdische Frömmigkeit zur Zeit Jesu nicht erschöpfen, sollten sie dazu beitragen, ihr weit verbreitetes vulgäres Zerrbild gründlich in Frage zu stellen und Verständnis dafür zu wecken, daß das neuzeitliche Judentum weithin bemüht ist, den historischen Jesus als einen seiner großen Lehrer für sich zu beanspruchen. Auch wird aus dem dargelegten Sachverhalt begreiflich, daß sich im Urchristentum eine gesetzesstrenge Richtung ausbildete, die sich entschlossen an diesen Zügen der Lehre Jesu orientierte und sich schroff gegen eine andere wandte, die die Annullierung des in der Schrift bezeugten Gotteswillens und die Heraufführung einer neuen gesetzesfreien Ära als Jesu Sendung ausgab. In dieser Konfliktsituation der Urkirche muß das Jesus in den Mund gelegte programmatische Wort entstanden sein: »Meint nicht, ich sei gekommen, das Gesetz und die Propheten aufzulösen. Ich bin nicht gekommen aufzulösen, sondern zu erfüllen. Wahrlich ich sage euch: bis Himmel und Erde vergehen, soll kein Jota und kein Strichelchen vom Gesetz vergehen, bis alles geschieht. Wer also eines von diesen geringsten Geboten auflöst und so die Leute lehrt, der wird der Geringste heißen im Himmelreich« (Mt 5, 17-19)[2].

Um so erstaunlicher, daß der Evangelist Markus nicht minder programmatisch das Besondere der Lehre Jesu schon in der Schilderung seines ersten Auftretens am Sabbat in der Synagoge zu Kapernaum mit dem Wort zusammenfaßt: »Die Menge erschrak über seine Lehre, denn er lehrte wie einer, der Vollmacht hat, und *nicht* wie die Schriftgelehrten« (1, 22) und derselbe Matthäus, der Jesu Forderung einer besseren Gerechtigkeit mit 5, 17-19 einleitet, mit dem gleichen Spruch wie Markus sie beschließt (Mt 7, 28 f.). »Erschrecken« und »Erstaunen« meinen hier nicht empörte Entrüstung, sondern die unmittelbare Betroffenheit durch seine Lehre, die ihre Autorität nicht wie die der Schriftgelehrten von einem vorgegebenen heiligen Text herleitet und sich durch die Vätertradition legitimiert. Im Unterschied dazu ist für Jesu Predigt kennzeichnend, daß so wie seine Verkündigung der nahenden Gottesherrschaft auch seine Gebote den Gotteswillen unmittelbar bezeugen. Dieser entscheidende Grundzug besagt, daß die Tora für ihn nicht mehr wie für das gesamte Judentum schlechthin *die* den göttlichen Willen einzig und allein vermittelnde Quelle ist, sondern dieser selbständig und frei in Jesu Wort zur Geltung kommt[3]. Weit über den Buchstaben des Gesetzes hinausgehend, den Sinn des überlieferten verschärfend oder sogar aufhebend, setzt der Jesus der Bergpredigt ihm darum in ihren Antithesen sein »Ich aber sage euch« entgegen.

Nach der Überlieferung der Evangelien haben sich über dieser Freiheit Jesu seine Auseinandersetzungen mit den Pharisäern und Schriftgelehrten entzündet. Das zeigen besonders die zahlreichen Sabbatkonflikte (Mk 3, 1 ff.; Lk 13, 10 ff.; 14, 1 ff.; Joh 5, 1 ff.; 9, 16), weil er Kranke heilt oder seine Jünger auf dem Weg durch ein Kornfeld Ähren raufen (Mk 2, 23 ff.). Zwar sind auch nach rabbinischer Lehre von einer Unzahl genau festgelegter am Sabbat verbotener Handlungen ausdrücklich einige bei drohender Lebensgefahr unerläßliche ausgenommen. Aber keine der von Jesus erzählten Heilungen fällt unter diese, und nirgends wird die jüdisch-kasuistische Denkweise so radikal in Frage gestellt wie in der grundsätzlichen Gegenfrage Jesu an seine Gegner: »Darf man am Sabbat Gutes tun oder Böses, ein Leben retten oder töten?« (Mk 3, 4); sie läßt nichts gelten als das Entweder-Oder von Gut und Böse und rechnet die Unterlassung der guten Tat zum Bösen. Beispiellos ist in Jesu Anwendung auch seine prinzipielle Begründung in der vorangehenden Szene: »Der Sabbat ist um des Menschen willen da und nicht der Mensch um des Sabbats willen« (Mk 2, 27)[4] und nach den gültigen Maßstäben der damaligen

Zeit eine Blasphemie. Daran ändert auch der vereinzelte, ganz ähnlich klingende Rabbinenspruch nichts: »Euch ist der Sabbat übergeben, und nicht seid ihr dem Sabbat übergeben«, denn seine Pointe ist, wie aus dem Kontext ersichtlich[5], den Sabbat als Segen und Geschenk für den Menschen zu preisen und damit zur bereitwilligen Observanz dieser wie es anderwärts heißt, von Gott selbst und seinen Engeln im Himmel eingehaltenen heiligen Ordnung aufzurufen[6].
Jesus kämpft für die Geltung des Gotteswillens jedoch nicht nur so, daß er die Spitzfindigkeiten schriftgelehrter Kasuistik und die Entstellung des göttlichen Wortes durch Menschenüberlieferung abwehrt (Mk 7,13; Mt 15,6). Einige seiner Forderungen gehen darüber hinaus und treffen den Buchstaben der Mosetora selbst. Das zeigt drastisch seine Stellung zu den geltenden Reinheitsvorschriften (Mk 7,14-23). Bedenkt man, in welchem Ausmaß das gesamte Leben des frommen Israeliten schon im Alten Testament[7], nicht erst im zeitgenössischen Judentum, reguliert war von der Forderung ritueller Reinheit und dem Verbot, mit kultisch Unreinem (Tiere, Leichen, durch Krankheit, Sünde, Götzendienst verunreinigte Personen usw.) in Berührung zu kommen, so lernt man den revolutionären Sinn des Jesuswortes ermessen: »Nichts, was von außen in den Menschen eingeht, kann ihn verunreinigen, sondern (allein) was aus dem Menschen herauskommt, verunreinigt ihn« (Mk 7,15). Kaum nötig zu sagen, daß in diesem einen zentralen Bereich der Tora angreifenden Spruch nicht von Hygiene und Anstand die Rede ist, sondern davon, daß allein das Herz des Menschen ihn rein und unrein macht. Der sentenzhafte Charakter des grundsätzlich und umfassend formulierten Wortes könnte dazu verführen, es im Sinne eines Gemeinplatzes aufgeklärter Religionskritik zu verstehen, die primitives Denken und Vorstellen zu »vergeistigen« bemüht ist. Doch wäre das ein grobes Mißverständnis und hieße, Kategorien auf Jesus übertragen, die für ihn, sein Verhalten und seine Lehre ganz und gar nicht passen. Schon die Tatsache, daß in seinen Worten mehr als einmal unbefangen von der »Reinigung« vom Aussatz die Rede ist[8] und er Mk 1,44 den Geheilten zu den Priestern schickt, die nach dem Gesetz (3. Mos 14,1ff.) die Reinigung zu bestätigen haben, macht diese Deutung zunichte. In Wahrheit ist sein Wort alles andere eher als der Lehrsatz eines Aufklärers, vielmehr die Aktualisierung des von ihm verkündeten Gotteswillens, der ihn selbst zur Empörung der »Frommen« unter Durchbrechung gültiger Tabus zum Gesellen der Verworfenen machte und entsprechend auch die Gebote an seine Jünger prägte[8a]. Was Gehorsam gegen den Willen Gottes im Sinne Jesu und seiner Gegner bedeutet, verdeutlicht schlagend der folgende, dem zitierten Herrenwort verblüffend ähn-

liche und zugleich fundamental unterschiedene Rabbinenspruch: »Weder macht der Tote unrein noch das Wasser rein. Aber der Heilige hat gesagt: Ein Gesetz habe ich festgesetzt, einen Entscheid getroffen; du bist nicht befugt, meinen Entscheid zu übertreten, der geschrieben ist: Dies ist die Losung meines Gesetzes«. Wir merken: die nahezu gleichartig ausgesprochene Einsicht auch hier, der jüdische Rabbi jedoch beruft sich auf den sakrosankten Buchstaben der Tora und verbietet die Frage nach ihrem Sinn.

Als weiteres Beispiel für Jesu Kritik des Mosaischen Gesetzes seien hier noch seine Worte über die Ehescheidung genannt (Mk 10, 1ff.). Jesus erklärt sie für gottwidrig, obwohl das Gesetz ihre rechtlich geordnete Möglichkeit freigibt (5. Mos 24, 1), und nennt die von Mose gegebene Erlaubnis eine Konzession an das harte Menschenherz: »Mit Rücksicht auf die Härte eures Herzens hat er euch dieses Gebot vorgeschrieben. Von Anfang der Schöpfung an aber hat Er sie als Mann und Weib geschaffen. Darum wird ein Mensch seinen Vater und seine Mutter verlassen und werden die zwei ein Fleisch sein. Somit sind sie nicht mehr zwei, sondern ein Fleisch. Was nun Gott zusammengefügt hat, soll der Mensch nicht scheiden.« Wieder ist bezeichnend, daß der judenchristliche Matthäus diese Kritik der mosaischen Tora abgemildert und aus dem Konflikt eine Streitfrage gemacht hat, wie sie im zeitgenössischen Judentum zwischen den führenden Schulen des Hillel und des Schammai erörtert wurde, nämlich nach der zureichenden Ursache für die Scheidung (Mt 19, 3). Zwar hat auch er das Wort über die Bestimmung des Mose als Rücksichtnahme auf die Härte des Menschenherzens festgehalten (v. 8), aber Jesus vertritt hier in der Sache nur noch den strengeren Standpunkt der Schammaiten gegenüber der bedenklich laxen Auffassung der Hilleliten, wenn er die Ehescheidung verbietet, aber im Fall des Ehebruches zugibt (19, 9; 5, 32). Die Parallelstellen des Markus- und Lukasevangeliums zeigen, daß dies eine Erweichung des ursprünglichen Jesuswortes ist (Mk 10, 11f.; Lk 16, 18; vgl. auch 1 Kor 7, 10)[9]. Die an beiden Beispielen sichtbar gewordene Freiheit Jesu gegenüber dem Gesetz ist für einen damaligen Rabbi undenkbar.

Festzuhalten ist gleichwohl, daß Jesus nicht daran denkt, Schrift und Gesetz aufzuheben und durch seine eigene Botschaft zu ersetzen. Sie sind und bleiben die Bekundung des Gotteswillens. Aber dieser Wille Gottes ist für ihn so unmittelbar da, daß an ihm auch der Buchstabe des Gesetzes, wie die Beispiele zeigen, gemessen wird. Es ist nicht zufällig, daß darum in der Jesusüberlieferung die jedenfalls für palästinische Juden keineswegs selbstverständliche Frage nach dem ersten und höchsten Gebot eine entscheidende Rolle spielt. Wohl gibt es vereinzelt in jüdischer Literatur – selten genug und ausschließlich pädagogisch-didaktisch motiviert – knappe Zusammenfassungen der Tora[10]. Die Feststellung einer Rangfolge und Abstufung der Gebote und damit die Unterscheidung zwischen Wichtigem und Geringerem ist jedoch für den Gesetzesstrengen darum verpönt, weil jedes der 613 Ge- und Verbote kraft göttlicher Willenserklärung gilt und zu halten ist. Eine grundsätzliche Differenzierung muß deshalb als menschliche Vermessenheit erscheinen. In Jesu Verkündigung aber wird sie energisch vollzogen, freilich nicht vom Standort der zensierenden Vernunft, sondern von der Gewißheit der andringenden Nähe Gottes aus, die auch den Mitmenschen in gebietende Nähe rückt. Das Leitmotiv ebenso für Jesu Bindung an das Gesetz wie für seine Freiheit gegenüber dem Gesetz wird darum im Matthäusevangelium zweimal in dem Prophetenwort zusammengefaßt: »Barmherzigkeit will ich und nicht Opfer« (9, 13; 12, 7).

2. Die neue Gerechtigkeit

»Denn ich sage euch, wenn eure Gerechtigkeit nicht viel besser ist als die der Schriftgelehrten und Pharisäer, werdet ihr bestimmt nicht in das Himmelreich eingehen« (Mt 5, 20). Dieses Wort ist die Überschrift zu den Antithesen der Bergpredigt. Sie alle knüpfen an das an, was »zu den Alten« gesagt ist und den Hörern als verbindliche Überlieferung gilt, aber geben ihm eine verschärfte Auslegung. Gerechtigkeit im Sinne Jesu heißt: Nicht nur dem Mord, sondern schon der aufkeimenden Regung und dem ausbrechendem Wort des Zornes gegen den Bruder keinen Raum zu geben; nicht nur den Ehebruch, sondern schon den lüsternen Blick und den begehrlichen Gedanken zu meiden und die Ehe unverbrüchlich zu halten. So weiterhin Jesu Ruf zu uneingeschränkter Wahrhaftigkeit und sein Wort wider das Schwören, sein Gebot: Vergeltet nicht Böses mit Bösem! und der Ruf zur Liebe, die nicht nur dem Nächsten sich zuwendet, sondern auch den Feind umfaßt (Mt 5, 21-48).
Alle diese Antithesen sind von einem sich durchhaltenden Motiv durchzogen, das sich in die wenigen Worte zusammenfassen läßt: »Nicht erst – sondern schon ... « Schon der Zorn, schon der lüsterne Blick, schon die »legale« Ehescheidung, schon der bloße Eid (mit dem *ein* Wort als wahr vor andern ausgezeichnet wird), auch die Vergeltung, die sich in den vom Gesetz freigegebenen Grenzen hält, auch die Liebe, die doch den Feind ausnimmt, sind wider Gottes Willen.
Man wird nicht einfach behaupten dürfen, daß die Radikalisierung der göttlichen Forderung, die diese Worte Jesu aussprechen, schlechterdings dem jüdischen Gesetzesverständnis fremd ist. Wie wir sahen,

gibt es nicht wenige rabbinische und qumranische Sprüche, die einzelnen dieser Jesusworte verwandt sind und dem Willen Gottes *im* Wortlaut des Gesetzes auf den Grund zu gehen bemüht sind. Und doch ist für das Judentum, beispielhaft vertreten in Lehre und Haltung der Schriftgelehrten und Pharisäer, kennzeichnend, daß Gottes Wille und Gesetz im Sinne eines Rechtsstatutes verstanden sind, mit dem man nicht in Konflikt geraten darf. Ein Rechtsstatut, das das Leben von allen Seiten umzäunt, wobei doch gilt: soviel Zaunlatten, soviel Zaunlücken. Nicht zufällig ist darum die rabbinische Überlieferung von minutiösen Erörterungen und Bestimmungen durchzogen, die genau festlegen, auf welche Situationen des täglichen Lebens die einzelnen Ge- und Verbote angewendet sein wollen und wo sie keine Geltung beanspruchen. Darum die genauesten Ausführungen über die Frage, wann jeweils der Tatbestand etwa einer Sabbatschändung oder eines Ehebruchs im Sinne des Gesetzes oder sonst eines Verstoßes gegen ein kultisches Gebot gegeben ist, welche Schwurformel zulässig ist und welche nicht, wo eine Vergeltungsmaßnahme rechtens ist und wo nicht, und so weiter.
Wo aber so mit dem Gesetz Gottes verfahren wird, ist notwendig seine Autorität formalisiert und eine entsprechende Formalisierung des Gehorsams, den der Mensch schuldet, die unausweichliche Folge. Der Gehorsam wird zu etwas Meßbarem, Aufweisbarem, die Tat wird zum Werk, die Werke werden aufgesammelt zu einem Kapital. Das große Rechnen mit Gott hebt an: Rechnung und Verrechnung, Verdienst und Verschuldung, Lohn und Strafe; das Handeln des Menschen wird zum Gegenstand des Handels mit Gott, wie es in den Worten des Pharisäers im Tempel geschieht (Lk 18,9ff.), der die pflichtmäßigen Leistungen durch die überschüssigen, besondere Belohnung gewährenden Leistungen vermehrt hat und nun in seinem »Dankgebet« aufzählt.
Was besagt dieses Verständnis des Gesetzes? Offenbar dies: das Gesetz hat sich von Gott gelöst und ist zum eigentlichen Gegenüber des Menschen geworden. Anstatt die Begegnung mit Gott zu bewirken, droht es sie zu vereiteln. Entsprechend ist Werk und Leistung – oder auch des Menschen Schuld – vor ihn, den Menschen, getreten. Gott ist verschwunden hinter dem Gesetz, und der Mensch ist verschwunden hinter Leistung und Werk. Gesetz und Leistung sind nun die beiden Seiten der Schutzwand, hinter der der Mensch seine eigene Position findet und vor Gott sich behauptet.
Jesu Wort durchschlägt diese vermeintliche Schutzwand und stößt genau nach der Stelle, die in der Verkehrung des Willens Gottes in ein Gefüge von Rechtssatzungen, religiösen und moralischen Traditionen ausgespart ist. Er befreit den Willen Gottes aus der Versteinerung der

Rechtstafel und greift nach dem im Gewahrsam der Gesetzlichkeit sich einschließenden und sichernden Herzen des Menschen. Er löst das Gesetz Gottes aus den »Überlieferungen der Menschen« und setzt es frei und macht den Menschen, der unter der bestehenden Ordnung sein Leben in Ordnung wähnt, in einem neuen Sinn zum Gefangenen.
Jesus bewirkt das gerade nicht mit allgemeinen theologischen Erörterungen, mit der Proklamation theologischer und moralischer Prinzipien, sondern so, daß er zu einem konkreten Gehorsam ruft: »Versöhne dich mit deinem Bruder!« »Bringt dein Auge dich zu Fall, reiß es aus!« »Eure Rede sei Ja, Ja, Nein, Nein; was darüber ist, das ist vom Bösen« »Wer dich auf den rechten Backen schlägt, dem biete auch den andern dar, und dem, der gegen dich den Richter anruft und dir den Rock nehmen will, dem laß auch den Mantel, und wer dich nötigt, eine Meile weit zu gehen, mit dem gehe zwei! Gib dem, der dich bittet, und wende dich nicht von dem ab, der von dir borgen will!« »Liebet eure Feinde und bittet für die, die euch verfolgen!« Immer greift sein Wort konkret zu, wo wir in der Regel nicht über Allgemeinplätze oder auch eine kasuistische Gesetzlichkeit hinauskommen. Dies gibt seiner Lehre ihre unvergleichliche Treffsicherheit bis in die Gedrungenheit und Plastik, die schneidende Schärfe und die heilende Kraft seiner Worte. Nirgends entdeckt man an ihnen die gerade in religiöser Rede sonst so häufige neutralisierende Isolierschicht der Konventionalität. Immer haben sie die unverbrauchte Frische des ersten Ursprungs. Niemals wird richtig, allzu richtig *über* Gott geredet, immer ist Gott da und der Mensch da in unverstellter Wirklichkeit.
Damit ist schon gesagt, daß die Weisungen Jesu in ihrer Konkretheit nichts zu tun haben mit der Kasuistik der jüdischen Gesetzlichkeit. Diese hat ihr Kennzeichen darin, daß sie immer engere Maschen eines Netzes knüpft in dem Bestreben, das ganze Leben des Menschen einzufangen. Aber sie läßt mit jeder neuen Masche ein neues Loch und spart mit ihrem Eifer, konkret zu werden, doch in Wahrheit das Herz des Menschen aus. Diese »Herzlosigkeit« gehört zum Wesen aller Kasuistik. Die konkreten Weisungen Jesu dagegen greifen durch die Lücken und Löcher nach dem Herzen des Menschen und treffen dorthin, wo sein Dasein gegenüber dem andern und gegenüber Gott wirklich auf dem Spiel steht.
Dies wird gerade in den Antithesen der Bergpredigt deutlich. Die Forderung Gottes wird in ihnen im höchsten Maße einfach. *Was* der Mensch tut, wird in eigentümlicher Weise relativiert und dem *Wie* des Tuns alles Gewicht gegeben. Das heißt beileibe nicht, daß nun an der Tat nichts mehr gelegen sei und nur noch die »Gesinnung« gelte. Diese in moderner Ethik geläufig gewordene Unterscheidung von Tat und

Gesinnung ist Jesu Verkündigung völlig fremd. Gerade die Antithesen zeigen ja, daß Jesus schon die Gesinnung als Tat versteht, sie zielen auf den Gehorsam bis in die konkrete Tat hinein: »Wer diese meine Worte hört und tut sie .... !« Das besagt: die »Relativierung« der Tat bedeutet hier, daß sie zu dem, was der Mensch in Wahrheit ist und will, in Beziehung gesetzt wird. Nun ist sie nicht mehr ein Werk, das gleichsam vor den Menschen tritt, wie auch das Gesetz nicht mehr ein Statut ist, das vor Gott treten könnte.

Ihre Einfachheit beweist Jesu Auslegung des göttlichen Willens aber auch darin, daß nichts in ihr ist, was unverständlich wäre. Wir haben wiederholt darauf geachtet, welche Bedeutung die »Weisheitssprüche« in Jesu Predigt haben. Ihr Merkmal ist eben dies, daß sie unmittelbar an Wissen, Erfahrung und Verstehen des Menschen appellieren und auf alle Begründungen verzichten, die erst von außen her beigebracht werden müßten, sei es aus dem vorgegebenen Autoritätsbereich der Schrift und der als maßgeblich geltenden Auslegung der Väter, sei es aus dem Gefüge apokalyptischer Lehren. »Die Stadt, die auf dem Berge liegt, kann nicht verborgen bleiben« (Mt 5,14), »Auch bei deinem Haupte sollst du nicht schwören, denn du vermagst nicht ein einziges Haar weiß oder schwarz zu machen« (Mt 5,36) – d.h. du setzt bei deinem Schwur etwas zum Pfande ein, was gar nicht in deiner Verfügungsgewalt steht! – »Wer unter euch kann mit seinen Sorgen seiner Lebenslänge eine Elle zusetzen?« (Mt 6,27), »Das Licht des Leibes ist das Auge. Wenn nun dein Auge lauter ist, wird dein ganzer Leib licht sein. Wenn aber dein Auge böse ist, wird dein ganzer Leib finster sein. Wenn nun das Licht, das in dir ist, Finsternis ist, wie groß wird die Finsternis sein!« (Mt 6,22f.). Diese und ungezählte andere Worte bestätigen das Gesagte: die unmittelbare Evidenz der Worte Jesu, die keinen Raum läßt für ein Wenn und Aber und keiner Rechtfertigung von außen her bedarf.

Diese Durchsichtigkeit eignet den Forderungen der Bergpredigt im ganzen. Niemand kann ernstlich sagen, er verstünde das alles nicht. Denn wie sollte Gott alles das, was hier gerichtet ist, ein zerspaltenes Herz, einen halbierten Gehorsam, hinnehmen und durchgehen lassen? Alle Einwände und Fragen, die sich so reichlich melden, wenn es um die Anwendung der Bergpredigt im politischen und rechtlichen Bereich, ja auch nur im alltäglichen Gedränge des Miteinander geht: wo kommen wir hin, wenn wir mit ihren Weisungen die Welt regieren und gestalten wollen? wo bleibt mein unveräußerliches Recht? wird nicht das Unrecht Triumphe feiern? – alle diese Fragen haben allererst zu schweigen vor der Anerkennung: es ist wahr, was hier gesagt ist. Die Frage nach der Erfüllbarkeit der Bergpredigt ist *nicht* das erste, was sie dem Hörenden abnötigt, sondern die Anerkennung der Wahrheit, mit anderen Worten: nicht der Zweifel an ihrer Realisierbarkeit, sondern das Ja zu der Realität des göttlichen Willens. Diese entwaffnende Klarheit gibt der Bergpredigt ihre Stoßkraft gegen ein Verhalten, das orientiert an dem, was »zu den Alten« gesagt ist, den Willen Gottes einzig als Gewähr und Schutz geheiligter Traditionen ansieht.

Von dem Gesagten her wird begreiflich, daß die Gerechtigkeit, weit besser als die der Schriftgelehrten und Pharisäer, in keiner Weise so etwas wie ein gesteigerter Pharisäismus ist, noch rigoroser, noch peinlicher als es der der Gegner Jesu war. Eine solche Auffassung kann sich, wie es scheint, auf den Ausdruck »weit besser« und die in der letzten Spruchreihe über die Feindesliebe begegnende Frage nach dem »Besonderen« berufen, welches das Tun der Jünger von dem der Heiden und Zöllner unterscheiden soll: »Und wenn ihr nur eure Brüder grüßt, was tut ihr Besonderes? Tun nicht auch die Heiden dasselbe?« (Mt 5,47). Aber es ist ja kein Zweifel, daß die »bessere Gerechtigkeit« nicht eine quantitative Steigerung sein kann, auch wenn judenchristliche Tradition die Forderung Jesu als einen peinlich genauen Gehorsam gegen Jota und Häkchen des gesetzlichen Buchstabens formuliert hat (Mt 5,18f.). Einige der gleich darauf folgenden Antithesen (Ehescheidung, Vergeltung, Feindesliebe) sind ja tatsächlich ein sehr kräftiger Verstoß gegen Jota und Häkchen, sofern sie das fixierte Gesetz nicht nur radikalisieren, sondern aufheben. So zwingen die Antithesen von rückwärts her auch zu einem bildlichen und sinngemäßen Verständnis dessen, was der Evangelist mit jener jüdischen Wendung sagen wollte.

In Wahrheit ist die neue Gerechtigkeit eine qualitativ andere und neue Haltung. Im Einklang mit dem biblischen Sprachgebrauch auch sonst ist weder der Begriff der »Gerechtigkeit« noch der der »Vollkommenheit« einer Steigerung fähig. »Darum sollt ihr vollkommen sein, wie euer Vater im Himmel vollkommen ist« (5,48). Das ist nicht ein Schritt für Schritt zu verwirklichendes Ideal, sondern meint das »Ganz-sein« im Unterschied zu allem Gespalten- und Gebrochensein, ein Sein und Verhalten, das in Gott Wirklichkeit ist. Mit höchstem Nachdruck werden die Jünger in Jesu Forderung darin auf Gott gewiesen, den kommenden und schon gegenwärtigen und wirkenden Gott. Aus Gottes Gegenwart und im Angesicht seiner Zukunft zu leben, darauf also zielt Jesu Gebot: »Auf daß ihr Kinder seid eures Vaters im Himmel!«

Hier werden Jesu Botschaft von der Nähe des Gottesreiches und seine Verkündigung des göttlichen Willens völlig eins. Beide lassen den reinen und unverhüllten Willen Gottes vernehmen. Beide bezeugen seine Herrschaft und sind das Gericht für ein Leben, das nur aus dem

Irdisch-Vorfindlichen, seinen vermeintlichen Realitäten und Maßstäben sich bestreitet. Die Seligpreisungen und Forderungen der Bergpredigt brechen darum nicht hoffnungslos auseinander. Aus Gottes Gegenwart und im Angesicht seiner Zukunft zu leben, ist die Gnade, die Jesu Seligpreisungen zusprechen, und nicht minder die Gnade seiner Gebote. Die Tür, die Jesus mit den Seligpreisungen öffnet, schlägt er nicht wie der Cherub mit dem Flammenschwert wieder zu.

Seligpreisung und Forderung sind freilich eine *verborgene* Einheit. Es ist in der Theologie üblich geworden, mannigfaltige Reflexionen über das Heilswerk Christi anzustellen, um den Zusammenhang beider verständlich zu machen. Aber es ist bezeichnend, daß Jesu eigene Worte darüber schweigen[11]. So wenig über ihnen vergessen werden darf, wer sie spricht – wir erinnern uns an den Unterschied der Seligpreisungen von Weisheitssprüchen (S. 67), so ist doch ebenso deutlich, daß Jesus auch hier aufgeht in seinem Wort, völlig eingegangen in sein Wort. Keine noch so schrift- und bekenntnismäßige »Christologie« kann und darf darum das Gedränge unwirklich machen, in das die Bergpredigt den Hörenden versetzt; er hat es als der in dieser Welt noch Gebundene und nach ihren Erfordernissen Fragende und Fragenmüssende wehrlos zu bestehen.

Der Konflikt zwischen Gottes Herrschaft und Willen und dem weltlichen Dasein will also ausgehalten sein. Gerade so aber geschieht an den Gerufenen und Hörenden das Entscheidende: Sie werden dorthin gestellt, wo die Welt und ihre Möglichkeiten enden und die Zukunft Gottes sich öffnet. Wie die »Christologie« der Bergpredigt ist darum auch ihre »Eschatologie« eine *verborgene*. Das soll heißen: die Forderungen Jesu tragen in sich selbst »die letzten Dinge«, ohne sich Gültigkeit und Dringlichkeit erst von dem Feuerschein apokalyptischer Bilder geben zu lassen. Sie führen selbst an die Grenze der Welt, aber malen nicht ihr Ende[12].

Die zu neuer Gerechtigkeit Gerufenen werden von der Welt befreit und doch neu in sie hineingestellt: »Ihr seid das Salz der Erde, ihr seid das Licht der Welt« (Mt 5,13 f.). Als die Befreiten inmitten einer Welt, die an ihrem Unrecht und an ihrem Recht, an ihrem Zukunftsenthusiasmus wie an ihrer Traditionsvergötzung, an ihrer Gesetzlichkeit wie an ihrer Gesetzlosigkeit krankt, sind die Jünger gerufen, die Zeichen der neuen Gerechtigkeit aufzurichten[13] und mit Gottes Macht und Möglichkeiten im Gehorsam zu rechnen. Daß man mit der Bergpredigt nicht die Welt regieren kann, ist gewiß richtig und zur Genüge oft gesagt. Ebensowenig aber lassen sich ihre Forderungen in die Grenzen einer sogenannten Individualethik verweisen und die Anstöße und heilsam beunruhigenden Fragen für das politische, recht-

liche und soziale Handeln ernstlich bestreiten, die von Jesu Wort ausgegangen sind und ausgehen sollen: durch die Energie, mit der er angeblich gültige Normen relativiert, kritisiert und entleerte Konventionen entlarvt, durch die zupackende Kraft seiner Auslegung des Gotteswillens und durch seinen Widerstand gegen den Egoismus nicht nur einzelner, sondern ganzer religiös und sozial privilegierter Gruppen sowie gegen die Diskriminierung anderer (Heiden, Samariter, Zöllner, Dirnen).
Stellt die Bergpredigt mit ihren Geboten die Hörenden in eine oft genug aussichtslose Spannung zwischen Gottes Willen und dem eigenen Vermögen, so weckt sie doch erst recht das Hungern und Dürsten nach der Gerechtigkeit, dem Jesus die Verheißung zuspricht (Mt 5, 6).

3. Das Liebesgebot

Ein Schriftgelehrter fragt Jesus: »Welches ist das größte Gebot im Gesetz?« und erhält zur Antwort: »Du sollst den Herrn deinen Gott lieben mit deinem ganzen Herzen und mit deiner ganzen Seele und mit deinem ganzen Denken. Dies ist das größte und erste Gebot. Das zweite ist ihm gleich: Du sollst deinen Nächsten lieben wie dich selbst. In diesen zwei Geboten hängt das ganze Gesetz und die Propheten« (Mt 22, 34-40)[14]. Dieses Doppelgebot der Liebe ist Erfüllung und Inbegriff des ganzen Gesetzes (Mt 5,17; 7,12); alle andern Gebote sind in diesem einen und ersten beschlossen.
Den Sinn des Doppelgebotes also gilt es zu verstehen. Wie verhalten sich beide Gebote zueinander, und wie werden sie zu einer Einheit? Sind Gottes- und Nächstenliebe ein und dasselbe? Gewiß nicht. Das hieße die Grenze aufheben, die unverrückbar zwischen Gott und Mensch besteht. Wer in diesem Sinn beide Gebote für dasselbe hält, weiß nichts von Gottes Herrenrecht und wird aus Gott sehr schnell eine bloße Vokabel und Chiffre machen, auf die man alsbald verzichten kann. Daß in Jesu Verkündigung die Liebe zu Gott unauswechselbar den Primat behält, sagt unmißverständlich die ganze Botschaft von der Herrschaft Gottes und der Ruf zum Gehorsam gegen seinen königlichen Willen. »Niemand kann zwei Herren dienen« (Mt 6, 24) – das wird auch durch die Pflicht der Nächstenliebe nicht aufgehoben.
So wenig aber die Liebe zu Gott in der Liebe zum Nächsten einfach aufgeht, so wenig nimmt Jesus der Liebe zum Nächsten gleichsam ihr menschliches Gegenüber und macht sie zum bloßen Mittel der Gottesliebe. Eine Liebe, die in diesem Sinne nicht eigentlich um des andern, sondern um Gottes willen liebt, ist in Wahrheit keine Liebe. Beispiel-

haft ist die Liebe zum Nächsten in der Geschichte vom barmherzigen Samariter geschildert (Lk 10, 30ff.). Was der Samariter an dem unter die Räuber Gefallenen tut, ist nichts, als was die Not des andern erfordert. Dies wird mit höchster Sorgfalt erzählt: er verbindet die Wunden, lindert die Schmerzen, setzt den Kranken auf sein Tier, bringt ihn zur Herberge, vertraut ihn am nächsten Tage dem Wirt an, bezahlt die ersten Kosten und verspricht, auf dem Rückweg für alles weitere aufzukommen. Fast eine Anweisung zu erster Unfallhilfe! Dem entspricht das Bild des Helfers, der sorgsam mit Mitteln und Geld umgeht und nur tut, was ihm zur Hand ist. In dem allen nicht eine einzige religiöse Floskel. Was er tut, gilt dem Elenden und schielt nicht auf Gott. Unvergleichlich sagen gerade dies auch die Worte des Weltenrichters, der am Ende der Tage die zu seiner Rechten und zu seiner Linken richtet nach dem, was sie seinen geringsten Brüdern getan haben, und zwar gerade in völliger Ahnungslosigkeit (Mt 25, 31ff.). Die zur Rechten, die Gesegneten des Vaters, sind die, die nur fragen können: »Herr, wann haben wir dich hungrig gesehen und dich gespeist? oder durstig und haben dich getränkt? Wann sahen wir dich als Fremden und haben dich beherbergt? oder nackt und haben dich bekleidet? Wann sahen wir dich krank oder im Gefängnis und sind zu dir gekommen?« Ihr Tun galt ja nicht ihm, sondern allein den Bedrängten. Gerade darum aber werden sie angenommen: »Wahrlich, ich sage euch, was ihr einem dieser meiner geringsten Brüder getan habt, das habt ihr mir getan«. Die Verfluchten aber, die die gleiche erstaunte Frage stellen, sind die, die mit ihrer Ahnungslosigkeit ihr Versäumnis entschuldigen wollen und verraten, daß sie zur Liebe bereit gewesen wären nur dann, wenn ihnen unmißverständlich in der Begegnung mit den andern Christus selbst begegnet wäre. Niemals also kann die Liebe zum andern nur eine indirekte, auf dem Umweg über eine vermeintliche Gottesliebe gewonnene sein.
Wie aber ist dann das Doppelgebot der Liebe gemeint, wenn diese beiden Möglichkeiten, die Liebe zu Gott in der Nächstenliebe und die Nächstenliebe in der Gottesliebe aufgehen zu lassen, nicht gelten sollen? Offenbar hat die unauflösliche Einheit, zu der Jesus beide verbindet, ihren Grund und Sinn nicht in der Gleichheit derer, denen die Liebe gilt, sondern im Wesen der Liebe selbst. Sie ist in Jesu Wort der Verzicht auf die Liebe zu sich selbst, die Bereitschaft und die Tat der Hingabe, gefordert und verwirklicht dort, wo der Angeredete wirklich ist, oder – was dasselbe meint: wo der Nächste ist, der auf ihn wartet. So und nicht anders ergeht Gottes Anruf, so werden Gottesliebe und Nächstenliebe eins. Hingabe an Gott heißt nun nicht mehr Rückzug der Seele in den Paradiesgarten der Innerlichkeit und Auslöschen des Ich in andächtiger Versenkung, sondern das Wachsein

und Bereitsein für Gott, der im andern mich anruft. In diesem Sinn ist die Liebe zum Nächsten die Bewährung der Liebe zu Gott. Die einzige Frage, an der sich alles entscheidet, ist darum die Frage nach dem Nächsten. In dem Gespräch Jesu mit den Schriftgelehrten über das höchste Gebot, das im Lukas-Evangelium der Erzählung vom barmherzigen Samariter vorangeht, stellt der Schriftgelehrte diese in der Tat dringliche Frage, und die Erzählung selbst ist ihre Antwort. Sie nimmt dem Schriftgelehrten die Möglichkeit, seine Frage sozusagen »auf Abstand« zu stellen, sie als ein allgemeines theoretisches Problem zu stellen, das sich durch eine säuberliche Definition dessen, was »der Nächste« bedeutet und nicht bedeutet, und damit durch die Festlegung bestimmter Bedingungen und Leistungen lösen ließe. Als könnte je ein Gesetz ausmachen, wo ich gefordert bin und wo nicht. Gerade so aber stellt jüdisches Denken – und zugleich der natürliche Mensch überhaupt – diese Frage. »Wer ist denn mein Nächster?« heißt im Munde des Juden: wer ist mein »Freund«? Die Antwort ist dem Juden nicht zweifelhaft. Der »Nächste« ist der Volksgenosse im Unterschied zum Volksfremden. Es gehört dabei wesentlich zu diesem Denken, daß es gleichsam in konzentrischen Kreisen verläuft[15]; es fängt im engsten Bereich an und staffelt die Ansprüche, die der Nächste, der Nahe, der weniger Nahe an mich stellt, bis hin zu denen, für die ich keine Verpflichtung mehr habe, ja denen gegenüber ich zum Haß berechtigt oder gar verpflichtet bin (Mt 5,43ff.). Jesus macht diesem Denken ein Ende. Er stellt das Du des andern in die Mitte, und zwar des andern nicht als Repräsentanten der Menschheit überhaupt, sondern als den mir unberechenbar konkret Begegnenden wie der Elende am Weg des Samariters. Wie es den Nächsten nicht auf Abstand gibt, so läßt sich darum auch die Frage: »wer ist denn mein Nächster?« nicht auf Abstand stellen. Hier gilt, was Kierkegaard sagt: »Ja, auf Abstand kennen den Nächsten alle; aber nur Gott weiß, wie viele ihn in der Wirklichkeit kennen, von der Nähe. Und doch, auf Abstand ist der Nächste eine bloße Einbildung: er, der den Namen ja davon hat, daß er nahe ist, der erste beste Mensch, unbedingt jeder Mensch. Auf Abstand ist der Nächste ein Schatten, der phantastisch an jedes Menschen Denken vorbeischwebt. Daß aber der Mensch, der im selben Augenblick vorüberging, der Nächste war, das entdeckt er leider vielleicht nicht«[16].

In der Samariter-Geschichte ist darum überaus wichtig, von welchem Standort aus sie erzählt wird. Sie könnte ja auch vom Priester und Leviten aus erzählt sein, die vorübergehen, oder vom Standort des Samariters. Aber die Geschichte setzt bei dem unter die Räuber Gefallenen ein und zwingt den Hörenden, sich an seine Stelle zu setzen. An seinen Platz versetzt erlebt der Hörende das Herankommen und

Vorübergehen der ersten beiden mit, und jeder merkt, wie wenig es dem Elenden hilft, ob sie nicht vielleicht gute Gründe für ihr eiliges Weitergehen haben und ihr Verhalten entschuldigt und gerechtfertigt ist. An den Platz des Zerschlagenen versetzt erlebt der Hörende auch das Nahen des Samariters, von dem der Jude hier am Weg nach allen geläufigen Begriffen nichts zu erwarten hat. Aber – erstaunlich – ihn packt das Erbarmen, und er hilft. Und der, der die Frage nach dem Nächsten gestellt hat, bekommt sie nun auf einmal in gewandelter Gestalt zurück: Wer unter diesen, die des Weges kamen, ist dem unter die Räuber Gefallenen der Nächste gewesen? Aus der Frage: Wer ist mein Nächster? ist die andere geworden: Wem bin ich der Nächste?

So wird der Fragende, indem er die Situation des andern zu seiner eigenen machen muß, auf sich selbst gewiesen und lernt, was es heißt: den Nächsten lieben – wie sich selbst. Denn auf die Liebe zu sich selbst versteht der Mensch sich immer schon; ob in eigensüchtiger Leidenschaft oder in Besonnenheit, im dunklen Drang oder idealen Streben, er begehrt sein eigenes Ich. Weiß er aber dies, so weiß er auch, was er dem andern schuldig ist – in radikaler Umkehrung seines natürlichen, auf sein eigenes Selbst gerichteten Willens, und die Frage wird ihm vergehen. Was diese Wendung bedeutet, hat wieder Kierkegaard höchst eindringlich gesagt: »Soll man den Nächsten lieben *wie sich selbst*, so dreht das Gebot wie mit einem Dietrich das Schloß der Selbstliebe auf und entreißt sie dem Menschen. Wäre das Gebot der Nächstenliebe anders ausgedrückt als durch das Wörtlein *wie dich selbst*, das so leicht zu handhaben ist und doch die Spannkraft der Ewigkeit hat, so könnte das Gebot die Selbstliebe nicht so bemeistern. Dies *wie dich selbst* läßt sich nicht drehen und deuteln; mit der Schärfe der Ewigkeit richtend, dringt es in den innersten Schlupfwinkel ein, wo ein Mensch sich selbst liebt; es läßt der Selbstliebe nicht die leiseste Entschuldigung übrig, nicht die mindeste Ausflucht offen. Wie wunderbar! Man könnte ja lange und scharfsinnige Reden darüber halten, wie ein Mensch seinen Nächsten lieben solle, und immer würde die Selbstliebe noch Entschuldigungen und Ausflüchte vorzubringen wissen, weil die Sache doch nicht ganz erschöpft, ein Fall übergangen, ein Punkt nicht genau oder bindend genug ausgedrückt und beschrieben wäre. Aber dieses *wie dich selbst* – ja, kein Ringer kann seinen Gegner so fest, so unentrinnbar umklammern, wie dies Gebot die Selbstliebe umklammert«[17].

Wie nur je wird in der Samariter-Geschichte deutlich, daß echte Liebe keinen »berechtigten« Raum für die Selbstliebe aussparen kann und von keinem Vorbehalt weiß, auch nicht gegenüber dem Feind. Allzu sehr ist unser Sprachgebrauch von »Samariterdienst« ja an den Liebestaten orientiert, die in der Erzählung geschildert werden. Ursprünglich aber will die Volksbezeichnung des Mannes das natürliche Verhältnis eingefleischter Erz-Feindschaft zwischen ihm und dem ins Elend geratenen Juden bezeichnen. Eben diese aber gilt nicht mehr. Die Liebe durchbricht auch die durch eine uralte religiöse und völkische Geschichte verfestigten und wie es scheinen will unverrückbaren Grenzen.

Jesus begründet diese Forderung der Liebe niemals mit einer universalen Gottesidee und einer aufgeklärten Beurteilung der etwa zwischen Juden und Samaritern umstrittenen Volks- und Glaubensfragen, auch nicht mit einer Idee vom Menschen, wie sie etwa die Stoa lehrte, als wäre der Mensch als solcher etwas Heiliges (homo res sacra homini, Seneca ep. 95, 33). Auch liegt seinem Gebot der Feindesliebe das Motiv einer pädagogischen Absicht auf den andern oder einer selbsterzieherischen Wirkung völlig fern. Der Grund seiner Liebesforderung ist einzig Gottes Wille und Gottes Tun. Das meint das Wort: »Wenn du deine Opfergabe zum Altar bringst und dort dich erinnerst, daß dein Bruder etwas gegen dich hat, so laß deine Gabe dort vor dem Altar und geh zuerst hin und versöhne dich mit deinem Bruder, und dann komm und bring deine Gabe dar!« (Mt 5, 23). Gott also will warten und gibt nicht zu, daß du allein, als Unversöhnter zu ihm kommst; eine Versöhnung mit ihm ohne die Bereitschaft der Versöhnung mit dem Bruder gibt es nicht. Nichts anderes sagt die 5. Bitte des Vaterunser: »Vergib uns unsere Schulden, wie auch wir vergeben haben unseren Schuldigern« (Mt 6, 12). Gott macht keine Unterschiede zwischen Freund und Feind. »Er läßt seine Sonne aufgehen über Böse und Gute und läßt regnen über Gerechte und Ungerechte« (Mt 5, 45). Darum sind auch die Brücken von Mensch zu Mensch, und wenn sie tausendmal durch Verschuldung, Verfluchung und Verfolgung abgerissen scheinen, vor Gott nicht abgebrochen. Auch der Verfolgte und Verfluchte wird nicht aus der Pflicht entlassen: »Liebet eure Feinde; tut Gutes denen, die euch hassen, segnet die, die euch fluchen; bittet für die, die euch beleidigen« (Lk 6, 27 f.).

Die Grenzenlosigkeit der Liebe meint also nicht die vage Unbegrenztheit einer Menschheits-Idee. Die natürlichen Grenzen zwischen Freund und Feind, Jude und Samariter, Nächsten und Fernsten, Pharisäern und Zöllnern, Gerechten und Ungerechten sind gerade überall vorausgesetzt und nicht weggewischt, aber die Liebe durchstößt sie um Gottes willen und um des Bruders willen, den Gott nicht aus der Bindung an mich entläßt. Darum lautet auch Jesu Antwort auf die Frage des Petrus: »Wie oft muß ich meinem Bruder vergeben, der wider mich sündigt? Bis zu siebenmal? »Ich sage dir: nicht bis siebenmal, sondern bis siebenmal siebzigmal!« (Mt 18, 21 f.)[18].

Immer wieder hat man die »Liebe« (agape), die Jesus gebietet, mit dem verglichen, was die Griechen mit anderem Wort und in anderem Sinn »Liebe« (d.h. eros) nennen. Es scheint, als habe Wilamowitz recht: »Wenn die deutsche Sprache so arm ist, daß sie in beiden Fällen Liebe sagt, haben die Begriffe doch nichts miteinander zu schaffen«[19]. In der Tat ist der Unterschied groß, und es ist kein Zufall, daß das Wort Eros im ganzen Neuen Testament nicht vorkommt, während Agape in der griechischen Literatur kaum je belegt ist. Zwar gibt es dort das Verbum agapān, aber in mannigfaltigen, schwankenden Bedeutungen, aufs ganze gesehen nur in einer Aschenbrödelrolle. Eros (und das Verb erān) meint das leidenschaftliche Lieben, das den andern für sich begehrt, jene Leidenschaft, die den Menschen in Schmerzen und Seligkeit stürzt, ein unheimlicher Dämon, vor dem keiner sicher ist; er führt auf die Höhe der Ekstase und reißt in den Abgrund der Schuld (Sophokles, Antigone 781ff.). So ist Eros der Dämon blinder, sinnlicher Leidenschaft, aber auch der Drang nach dem Schönen, die zeugungsmächtige Kraft der Seele, die nach dem höchsten göttlichen Gut verlangt. So preist in Platons Symposion Diotima ihn, »den viel zu wenig Gepriesenen«, die Macht, die den Menschen in seiner Ohnmacht und Bedürftigkeit bewegt, ihn überkommend, übermächtig ihn erregend, und doch zugleich die Macht, die ihn zu sich selbst bringt. »Ein großer Dämon, mitten inne zwischen Sterblichem und Unsterblichem«, (Symp. 202d), »ein Kind der Fülle und der Armut« (203c).
Man versteht, daß die Theologie den radikalen Gegensatz zwischen Eros und Agape immer wieder betont hat und kein besseres Begriffspaar finden zu können meinte, um den Unterschied griechischer und christlicher Daseinshaltung zu veranschaulichen[20]. Christliches Denken kann sich gemeinhin nicht genug tun, diese Gegenüberstellung immer neu zu variieren: Eros die begehrende, Agape die schenkende Liebe, jener sucht das Eigene, diese was des andern ist usw. Indessen, so unbestreitbar Richtiges mit dieser Antithese gesagt werden kann und muß, so hat sie doch nach beiden Richtungen zu verhängnisvollen und folgenschweren Verzerrungen geführt. Gilt das für das allermeist nur gebrochene und negative Verhältnis des Christentums zu dem, was die Griechen Eros nennen, so gilt es nicht minder für das Verständnis der biblischen Agape. Man wird jedoch fragen müssen: Sind denn wirklich im *Begriff* der Agape als der himmlischen Liebe die elementaren Züge der irdischen aufgehoben? Dagegen meldet sich schon die einfache Tatsache, daß weder das griechische Alte Testament (Septuaginta) noch das Neue Testament an einer solchen begrifflichen Differenzierung von göttlicher und menschlicher Liebe je interessiert sind. Höchst unbefangen wird agapān auch von der

natürlichen Liebe von Vater und Mutter zu ihren Kindern und vor allem von der Liebe des Mannes zum Weib gebraucht. Der *Begriff* agapān ist auch in Jesu Wort Mt 5,46 derselbe, ob er die Feindesliebe bezeichnet oder die Liebe zum Freund, der auch uns liebt. Schwerlich wird man auch der Liebe, mit der Gott den Menschen liebt, das Moment des leidenschaftlichen Begehrens absprechen dürfen. Schon im Alten Testament ist die Liebe Gottes zu seinem Volk ein begehrendes Verlangen: »Tag um Tag habe ich meine Hände ausgestreckt nach einem widerspenstigen und ungehorsamen Volk« (Jes 65,2). Das begehrende Lieben des Menschen zu seinem treulosen Weib ist bei den Propheten (vor allem Hosea) das immer wieder gebrauchte Bild für Gottes Liebe. Gott ist ein »eifersüchtiger« Gott. Unter keinen Umständen darf man der Liebe Gottes, von der Jesu Botschaft redet, diese elementaren Züge nehmen, die zum Wesen aller Liebe gehören. Sie gleicht der Liebe des Vaters im Gleichnis vom verlorenen Sohn, der den Begehrten, Entbehrten wiedergefunden hat. Man kann nicht menschlich, nicht »anthropomorph« genug von ihr reden. So erst wird das Wunder deutlich, daß Gottes Begehren im Sich-schenken geschieht.

Man wird sich der Bedenklichkeit eines bloß formalen Aufweises gegensätzlicher Strukturen in diesem und jenem Begriff also bewußt sein müssen. Sie haben in praxi immer wieder dazu verführt, der Agape ihre Menschlichkeit zu nehmen und den Eros zu verdammen. Das Liebesgebot Jesu und des ganzen Neuen Testamentes aber macht in Zusage und Anspruch aus dem Menschen kein Gespenst, sondern ruft ihn so, wie er wirklich ist, im Lichte der geschehenen und geschehenden Liebe Gottes zu einem neuen Sein und einem neuen Tun.

Wir verstehen von hier aus noch einmal, warum die Frage, die der Schriftgelehrte an Jesus gerichtet hat: »Wer ist denn mein Nächster?« im Grunde eine unmögliche Frage ist. Der Schriftgelehrte stellt sie, »um sich zu rechtfertigen«, d.h. sich gegenüber dem Gebot zu behaupten. Er versucht zu einem Problem zu machen, was doch kein Problem theoretischen Erörterns sein kann, um so vor der andringenden Gewalt der ihm geltenden Forderung einen letzten Abstand zu gewinnen, den es niemals geben kann. »Du sollst deinen Nächsten lieben wie dich selbst« – eine andere Antwort kann ihm niemals zuteil werden. Im Sinne des Wortes ist die Liebe immer »selbst-verständlich«. Der Mensch kann immer von neuem nur an das gewiesen werden, was er immer schon weiß. Niemals ruft Jesu Wort ihn zu seiner idealen Bestimmung, sondern behaftet ihn in dem, was er immer schon ist und immer schon tut. Darum kann auch die einfache goldene Regel: »Alles, was ihr wollt, daß die Leute euch tun, das sollt ihr ihnen auch tun« (Mt 7,12) Inbegriff des ganzen Gesetzes heißen. Was es im Gehorsam zu hören gilt, ist einzig dies: »Tue das, so wirst du leben! – So gehe hin und tue desgleichen!« (Lk 10, 28.37).

4. Schöpfung und Welt

Das Wort Schöpfung kommt in Jesu Botschaft kaum vor, erst recht nicht so etwas wie unser auf griechisches Denken zurückgehendes Wort Natur. Und doch weiß jeder, wie unmittelbar, selbstverständlich und nachdrücklich Jesus den Hörenden auf die Schöpfung verweist, wie er sie zum Reden bringt und zur Predigerin Gottes macht. Schon die Gleichnisse zeigten das, und viele andere Worte bestätigen es. Freilich, man kann nicht einfach genug davon reden. Hier wird keine Lehre über den Anfang der Welt entwickelt und das erste Kapitel der Bibel ausgelegt, so sehr Jesus sich auch einmal dieser Worte bedienen kann (Mk 10, 6f.) und mit jedem Juden den alttestamentlichen Glauben an Gott den Schöpfer und Herrn teilt, der die Schöpfung zum Leben rief und fürsorgend durchwaltet. Sie ist unmittelbar da in Jesu Wort, wie jeder sie vor Augen hat, höchst konkret, immer im einzelnen Geschöpf. Die Vögel des Himmels, die nicht säen und ernten und nicht in die Scheunen sammeln; die Lilien auf dem Felde in ihrer Schönheit und Sorglosigkeit, die nicht arbeiten und spinnen und doch herrlicher sind als Salomo in aller seiner Pracht (Mt 6, 26ff.); der Feigenbaum, dessen Zweig im Frühjahr saftig wird und Blätter treibt und den Sommer ankündigt (Mk 13, 28); die Saat, die wächst und der Ernte entgegenreift (Mk 4, 3ff. 26ff.; Mt 13, 24ff. u. ö.); die Sperlinge, so gering, daß man auf dem Markt sie für einen Fünfer kauft (Mt 10, 29); Sonne und Regen (Mt 5, 45), Abendröte und Glutwind (Lk 12, 55), der aufzuckende Blitz (Mt 24, 27). Aber auch die wilden Hunde, die Lazarus seine Geschwüre lecken (Lk 16, 21), Motte und Rost (Mt 6, 19f.), ja die Adler, die herabstoßen, wo ein Aas ist (Mt 24, 28), sind in seinem Wort da wie Weizen und Trauben, Dornen und Disteln. Keine romantisch verklärte Welt. Nirgends erklingt ein Lobgesang auf die Geschöpfe wie der Sonnengesang des heiligen Franz. Aber noch viel weniger geht diese ganze Welt gleichsam in den Flammen apokalyptischer Erwartung auf. Alles steht und bleibt hier auf seinem Platz, der ihm nicht erst reflektierend von einer Lehre über Schöpfung und Weltende gegeben werden müßte.

Die Art Jesu, von alledem zu reden, unterscheidet sich in nichts von der Art, wie er das Leben und Tun der Menschen ansieht, unverstellt, ohne Beschönigung, aber auch ohne moralische Entrüstung und Zensuren. So eben geht es zu: Kinder sitzen verdrossen auf dem Markt, ihre Spielgefährten wollen Hochzeit mit ihnen spielen, aber sie wollen nicht tanzen, wollen Beerdigung mit ihnen spielen, aber sie wollen nicht trauern (Mt 11,16f.). Wer tut das schon: eine Lampe unter Scheffel oder Bett zu setzen statt auf den Leuchter (Mt 5,15)? Welcher Vater ist so widernatürlich grausam, daß er seinem Kind, wenn es um ein Brot bittet, einen Stein, für einen Fisch eine Schlange, für ein Ei einen Skorpion gibt (Lk 11,11; Mt 7,9f.)? Ja, so geht es zu, wenn die Frau Brot backt (Mt 13,33), der Hirte nach seinem einen verirrten Schaf sucht (Lk 15,1ff.), der Bauer seine Arbeit tut (Mk 4,3) und dann ausruht und schläft (Mk 4,26ff.). Aber auch, wenn zwei einen Rechtsstreit miteinander haben und zusammen über Land zum Richter laufen. Es ist noch nicht ausgemacht, wer Recht bekommt. Darum ist es klüger, sich rechtzeitig noch auf dem Wege mit dem Gegner auszusöhnen, sonst muß man womöglich die ganze Zeche bitter bezahlen (Mt 5,25f.)[21]. So geht es zu, wenn ein heimkehrender Herr mit seinen Knechten abrechnet (Mt 25,14ff.) oder ein Weinbergbesitzer über den Markt geht und Arbeiter für den Weinberg mietet – früh um 6, 9, um 12, 3 und 5 Uhr (Mt 20,1ff.). So geht es zu, wenn einer einen Turm baut und nicht das Geld hat, den Bau durchzuführen, oder wenn ein König Krieg führen will gegen einen überlegenen Feind und nicht rechtzeitig Frieden schließt: beide werden zum Spott der Leute, wenn sie nicht zuvor die Kosten überschlagen (Lk 14,28ff.). Was Wunder, daß der, der sein Haus auf Sand und nicht auf Felsen baut, bei Platzregen, Fluten und Sturm eine Katastrophe erlebt? (Mt 7,24ff.). So aber auch im großen Regiment der Welt: »Ihr wißt, daß die Fürsten der Völker sie knechten und die Großen über sie Gewalt üben!« (Mt 20,25).

Hart und selbstverständlich steht die Welt in ihrer unverrückten Wirklichkeit da, nirgends besser gemacht als sie ist, aber auch nirgends schwarz gemacht, um eine Folie zu gewinnen für eine religiöse Lehre. Wer dies nicht sieht, kann auch die Heiterkeit nicht verstehen, die nicht wenigen Worten Jesu so merklich eignet, eine Heiterkeit, die gerade dem Ernst seiner Worte Echtheit gibt.

Eben diese Schöpfung und Welt bringt Jesus zum Reden und macht sie zur Predigerin Gottes. »Er läßt seine Sonne aufgehen über Böse und Gute und läßt regnen über Gerechte und Ungerechte« (Mt 5,45) – die Schöpfung sogar eine Zeugin der Feindesliebe, die keine Grenzen aufrichtet und alle Grenzen durchbricht! Vögel und Lilien Zeugen der Fürsorge Gottes, die alles Sorgen zu Spott macht. Kein Sperling fällt zur Erde ohne den Willen eures Vaters. Saat, Wachstum und Ernte reden von Gottes Verheißung; Blitz, Wolkenbruch, Sturm von seinem Gericht. Nicht, daß von der Natur und dem Leben der Geschichte auf Gott geschlossen würde, es ist genau umgekehrt: sie liegt im Lichte der Herrschaft und des Willens Gottes. So wird sie zum Gleichnis und

erweist sich als Schöpfung. Immer wieder ist sie der unverstellte Platz des Menschen selbst, fernab von Einbildungen und Träumen und erst recht von religiösen Phantomen, damit der Hörende gerade so verstehe, wer Gott ist, was er tut und was seine Herrschaft bedeutet.
Häufig kehrt in diesen Worten Jesu die Frage wieder: »Wenn aber Gott das Gras des Feldes, das heute steht und morgen in den Ofen geworfen wird, so kleidet, wird er das nicht vielmehr euch tun, ihr Kleingläubigen?« (Mt 6, 30). Oder: »Ihr seid doch mehr wert als viele Sperlinge!« (Mt 10, 31). Oder: »Wenn nun ihr, die ihr böse seid, euern Kindern gute Gaben zu geben wißt, wieviel mehr wird euer Vater im Himmel denen Gutes geben, die ihn bitten!« (Mt 7, 11). So weist die Schöpfung über sich selbst hinaus auf Gott den Schöpfer und Gott den kommenden Herrn.
In diesem Sinn will gewiß auch die berühmte Antwort verstanden sein, die Jesus seinen Gegnern auf die Zinsgroschenfrage (Mk 12, 13ff.) gibt[22]. Es ist die einzige Szene in den Evangelien, wo das Problem der staatlichen Gewalt auftaucht. Das ist für uns, die wir auf eine lange Geschichte zurückblicken, in der gerade auch die wechselvollen Auseinandersetzungen zwischen Kirche und Staat, Christ und Welt einen so breiten Raum einnehmen, eine befremdliche Feststellung. Die Versuchung ist darum groß, die relativ wenigen Aussagen des Neuen Testaments und speziell der Evangelien zu dieser Frage zu überfordern und ihnen mehr abzuzwingen, als sie hergeben.
Freilich, die Tatsache, daß das Problem des Staates in Jesu Verkündigung so am Rande auftaucht, ist bedeutsam genug. Was hören wir schon in den Evangelien von dem großen römischen Reich, unter dessen Herrschaft und Militärgewalt doch immerhin auch die palästinischen Länder standen? Nichts gibt uns darum ein Recht, die Evangelien unter das pathetische Generalthema zu stellen: Christus und die Caesaren (Stauffer)[23.24]. Selbstverständlich ist dieser Sachverhalt nicht damit zu erklären, daß das Judentum längst bis auf verschwindende Überreste seine staatliche Souveränität verloren hatte (s. S. 25ff.). Denn es ist bekannt, wie wenig Palästina in dieser Zeit der römischen Herrschaft ein befriedetes Land war. Rom war und blieb der verhaßte heidnische Fremdherrscher, und der theokratische Staatsgedanke war im Judentum keineswegs erloschen. Von einem Erlahmen und Erlöschen der politischen Leidenschaft kann also im Zeitalter Jesu nicht die Rede sein. Das jüdische Volk war mitnichten zu einem unpolitischen Völkchen geworden, sondern – und das vermag ja gerade politische Instinkte und Leidenschaften erst recht zu entfachen – zu einem an seiner politischen Existenz verhinderten Volk. Dies ist der Hintergrund, von dem aus das Zurücktreten der politischen Problematik in Jesu Verkündigung nun doch sehr erstaunlich

und merkwürdig ist. Ohne Frage ist der Grund für diese Tatsache die Erwartung der kommenden Gottesherrschaft. Auf sie richtet Jesus, wie wir sahen, den Blick der über den scheußlichen Mord des Prokurators an den Galiläern Entrüsteten: »Wenn ihr nicht umkehrt, werdet ihr ebenso umkommen« (Lk 13, 5). Mit äußerster Konzentration gilt Jesu Botschaft dem kommenden Gottesreich. Aber wir erinnern uns zugleich, daß dieses Reich für ihn nicht ein fernes Ideal ist und die gegenwärtige Welt nicht im Feuerschein des jüngsten Tages ihre Umrisse verliert. So kann man nicht sagen, daß die Frage: »Ist es recht, dem Kaiser die Kopfsteuer zu zahlen oder nicht?« (Mk 12, 14) ihn nichts anginge. Wohlgemerkt, es geht in dieser Frage nicht um jegliches Steuerzahlen und die Ansprüche jedweder politischen Obrigkeit, sondern um die Kopfsteuer, die der römische Caesar in seinen Provinzen für den kaiserlichen Fiskus einziehen ließ, dem Juden in besonderer Weise peinlich und ärgerlich, weil der Kaiserdenar das kaiserliche Bildnis trug und so verstärkt an das Joch der Fremdherrschaft erinnerte. Die verfängliche Frage der Gegner stellt Jesus also vor die Wahl zwischen der Loyalität gegenüber den Machthabern und der Popularität in seinem Volk[25].

Jesus läßt sich den römischen Silberdenar mit Bild und Inschrift des Kaisers reichen und fragt die Pharisäer: »Wessen ist dieses Bild und die Aufschrift?« »Sie antworteten ihm: des Kaisers. Da sprach Jesus zu ihnen: Gebet dem Kaiser, was des Kaisers ist, und Gott, was Gottes ist!« Aus der Prägung der Münze also entnimmt er Macht und Recht des Kaisers, die ihm nicht streitig gemacht werden sollen[26]. Aber erst dies macht die Antwort schlagend und für die Fragenden beschämend: das wird nicht theoretisch erörtert, sondern die Gegner werden bei einer Entscheidung behaftet, die sie ja längst schon getroffen haben. Munter treibt man Handel und stößt sich nicht an Bildnis und Kaiseremblemen, solange man mit der Münze Geschäfte machen kann. Erst wenn es ums Steuerzahlen geht, wird man leidenschaftlich und sieht sich zum »Bekenntnis« aufgerufen.

Aber es geschieht mehr in der Antwort Jesu. Von dem Standort aus, auf den die Fragenden so energisch zurückverwiesen wurden, werden sie vor eine Frage gestellt, die bisher noch nicht in ihrem Blickfeld stand. Die Diskussion bekommt auf einmal einen neuen Horizont. Ginge es wirklich nur um die von den Gegnern gestellte Frage, die Antwort brauchte nur zu lauten: »Gebet dem Kaiser, was des Kaisers ist«. Aber Jesus fügt die Hauptsache, auf die es ankommt, nun erst hinzu: »Und erstattet Gott, was Gottes ist«. Dahin zielt sein Wort, und die ganze Frage der Gegner mitsamt den vermeintlich so frommen Empfindungen und religiösen Skrupeln wird vor diesem Eigentlichen zum Schweigen gebracht.

Man darf die Einfachheit, mit der hier entschieden wird, auf keinen Fall problematisieren und braucht dem hier begegnenden Wort »Erstatten« nicht den Gedanken der »Rückerstattungspflicht« unterzulegen. Derlei Reflexionen haben freilich schon die Kirchenväter angestellt. Aber das Verbum (apodidonai) ist technischer Ausdruck für jederlei Schuld- und Steuerzahlung. Sicher wird man ihn hier am besten so einfach wie möglich verstehen und ihn gerade nicht mit tiefem prinzipiellem Gehalt füllen dürfen, so daß die »höchst positive und imperative Lektion« daraus wird, auch das Gottesvolk habe seinen Beitrag zur Erhaltung des Kaiserreiches zu leisten, wie es umgekehrt – das soll nach dieser Deutung der Nachsatz besagen – auch seinen Beitrag zur Tempelsteuer leisten soll. Der Sinn von Jesu Wort soll dann geradezu der sein, Jesus habe Kaiserreich und Gottesreich in eine grundsätzliche Beziehung zueinander gebracht: »Das Imperium Caesaris ist der Weg, das Imperium Dei ist das Ziel der Geschichte« (Stauffer)[27]. Hier werden die Gewichte des Doppelspruches Mk 12,17 offenbar verhängnisvoll verschoben. Formell ist das Wort allerdings nach dem sogenannten »Parallelismus der Glieder« gebildet. Aber es kann ja im Ernst kein Zweifel sein, daß es sich um einen »ironischen Parallelismus« (A. Schweitzer, M. Dibelius)[28] handelt. In Wahrheit hat die zweite Hälfte alles Gewicht, und gerade um ihretwillen wird der ersten ihr Gewicht genommen. Das heißt: die von den Gegnern so tragisch genommene und so verfänglich gestellte Frage nach der Kaisersteuer wird an den Rand geschoben, zwar sicher nicht für belanglos erklärt und dem Belieben des einzelnen überlassen, aber doch als eine Frage abgetan, die längst schon entschieden ist. Nicht entschieden ist dagegen die Frage, was es denn heißt: Gott geben, was Gottes ist. Es heißt: die Münze gehört dem Kaiser, ihr selbst aber gehört Gott. Wahrscheinlich liegt sogar ein noch konkreterer Gedanke darin: die Münze, die des Kaisers Bild trägt, seid ihr dem Kaiser schuldig, euch selbst aber, den Menschen, der Gottes Bild trägt, schuldet ihr Gott[29]. Das ist nicht im Sinne einer zeitlos-allgemeinen Sentenz gemeint, sondern gilt wie alle Verkündigung im Angesicht der anbrechenden Königsherrschaft Gottes, die in Jesu Wort und Tat schon Gegenwart ist und sich zu verwirklichen anhebt[30]. Von diesem so verstandenen »Gott geben, was Gottes ist« bekommt das andere den Sinn einer vorläufigen, interimistischen, bald endenden Verpflichtung. Denn die Herrschaft des Caesar vergeht, die Herrschaft Gottes aber kommt und vergeht nicht.
Schon die älteste Geschichte der Auslegung unseres Wortes zeigt, wie schnell dieser Hauptton vergessen und das Logion sehr bald im Sinne einer vorbehaltlosen Pflichterfüllung gegen die staatlichen Gewalten verstanden wurde. Nun wird der Spruch zitiert (z.B. bei Justin, Apol

I, 17), um die Christen als die loyalsten Staatsbürger zu empfehlen, und von jener letzten Begrenzung staatlicher Macht verlautet nichts mehr.

Jesu Wort darf also ganz und gar nicht im Sinne eines salomonischen Urteils verstanden werden, das schiedlich-friedlich-säuberlich die Bereiche des Politischen und Religiösen voneinander abgrenzt. Eine so *entstellte* »Zwei-Reiche-Lehre«, die wie zur Genüge bekannt oft genug zur Proklamation der schlechthinigen Eigengesetzlichkeit des Staates und zu einer verhängnisvollen Verwechslung des Gottesreiches mit einer Civitas Platonica, einem fernen Reich der Ideale, führte, hat kein Recht, sich auf Jesus zu berufen[31]. Zur Frage des Staates ist also, wie es scheint, in Jesu Wort kaum etwas gesagt. M. Dibelius hat darum nicht zu Unrecht bemerkt, daß Mk 12, 17 wohl ein Wort sei, das politische Verhältnisse berührt, aber nicht eigentlich ein politisches Wort. Aber gerade dies, daß die ganze Problematik des Staates hier so an den Rand gedrängt ist, ja ihre grundsätzliche Problematik nicht aufkommen darf, ist offenbar ein sehr wesentliches Wort zur Sache. Denn es bedeutet, daß dem Hörenden um der Gottesherrschaft willen die Freiheit gegeben wird, sich von dieser vermeintlichen Problematik im Grunde nicht anfechten zu lassen. Als solche den Menschen vom Grunde her beunruhigende Frage kann sie nur aufkommen, solange er den Anruf der Herrschaft Gottes und die Vorläufigkeit dieser Welt nicht wahrhaben will. Damit stellt sich Jesu Wort gegen alle Versuche, sei es jüdisch, sei es christlich, revolutionär oder konservativ-loyal, der Welt mit Ideologien aufhelfen zu wollen.

5. Gott der Vater und seine Kinder

Man muß sich von dem Gedanken freimachen, Jesus habe zum erstenmal in der Geschichte der Religionen Gott den Vater genannt und als erster die Idee der Gotteskindschaft aller Menschen zum Mittelpunkt seiner Botschaft gemacht. Der Gedanke des Vaterseins der Gottheit ist in sehr verschiedenen Variationen in zahlreichen Religionen geläufig. So etwa in mythischen Religionen wie der griechischen, wo Zeus das Oberhaupt einer Götterfamilie ist; bekanntlich wird seine väterliche Autorität in diesen Göttermythen nicht selten auf schwere Proben gestellt. Philosophisch geläutert begegnet der Gedanke in der Stoa, wo die Gottheit als Vater des Kosmos und die Menschen als die ihm verwandten Kinder, die seiner Fürsorge und Vorsehung gewiß sein dürfen, verstanden sind. So in einem der großartigsten Dokumente stoischer Frömmigkeit, in dem Zeus-Hymnus des Kleanthes (geb. 330 v. Chr):

»Zeus, der du aus dunkler Wolke
herrschest mit dem Flammenblitze,
Geber alles Guten, löse
von des Irrtums Fluch die Menschen,
daß wir die Wahrheit erkennen,
deine Weisheit,
Vater, in der du das All
lenkest mit Gerechtigkeit.«[32]

»Gott zum Schöpfer und Vater und Pfleger zu haben, sollte uns das nicht von Leid und Furcht freimachen?« fragt Epiktet (geb. etwa 60 n. Chr.)[33].

Auch im Alten Testament und Judentum wird Gott Vater genannt, aber in einem völlig andern Sinn. Weder gibt es hier den Gedanken einer physischen Abstammung von Göttern, Halbgöttern oder Heroen von einem göttlichen Vater noch auch die Idee einer Gotteskindschaft aller Menschen, die als vernunftbegabte Wesen inmitten eines vernunftdurchwalteten Kosmos Gott ihren Vater nennen. Mit dem Vatersein Gottes ist im Alten Testament das exklusive Verhältnis der Erwählung Israels durch Jahwe bezeichnet. So heißt das Volk Israel der erstgeborene Sohn Gottes (2. Mos 4, 22f.) und Jahwe Israels Vater (Jer 31, 9). Das kann als Trost sogar die sonst im alttestamentlich-jüdischen Glauben so bedeutungsvolle Abkunft des Volkes von seinen irdischen Stammvätern in den Schatten stellen: »Denn du bist unser Vater! Abraham weiß ja nicht von uns, und Israel (das heißt Jakob der Stammvater) kennt uns nicht. Du, Herr, bist unser Vater, ›unser Erlöser‹ ist dein Name von Urzeit an« (Jes 63, 16). Im ausgezeichneten Sinn gilt der König des Volkes als Gottes Sohn. So schon in der alten Nathan-Verheißung im Blick auf den künftigen Sproß des Davidshauses: »Ich will ihm Vater sein, und er soll mir Sohn sein« (2. Sam 7, 14; Ps 89, 27ff.). Und so auch in dem Königsspruch, der an vielen Stellen des Neuen Testaments, auf den verheißenen Messias gedeutet, zitiert wird: »Du bist mein Sohn, heute habe ich dich gezeugt« (Ps 2, 7)[34]. Wie immer im Alten Testament liegt dabei nicht der Gedanke wunderbarer irdischer Erzeugung zugrunde, sondern der Gedanke der göttlichen Einsetzung des Königs in die Rechte des Sohnes. Das wird im 2. Psalm schon darin deutlich, daß das Wort dem Herrscher als »Beschluß Jahwes« (v. 7) bei seiner Thronbesteigung eröffnet wird.

Im Judentum erst wird der Gedanke auch auf das Verhältnis des einzelnen Frommen zu Gott übertragen, freilich auch hier nicht aufgrund einer allgemeinen Idee vom Menschen, zu dessen Natur und Wesen es gehört, Kind Gottes zu sein, vielmehr als Trost und Verheißung

für den, der Gottes Geboten gehorcht: »Sei den Waisen wie ein Vater und ihrer Mutter Stellvertreter des Gatten, so wirst du sein wie ein Sohn des Höchsten und er wird dich mehr lieben als deine Mutter« (Sir 4, 10 griech). Entsprechend lautet auch der Spott der Gottlosen über den Frommen: »Prahlerisch nennt er Gott seinen Vater. Laßt uns doch sehen, ob seine Reden wahr sind, und die Art seines Ausgangs abwarten. Denn wenn der Gerechte ein Sohn Gottes ist, so wird er sich seiner annehmen und ihn aus der Hand seiner Widersacher erretten« (Weish 2, 16ff.). So sehr hier der einzelne nicht mehr nur als Glied des Volksverbandes gesehen ist, so darf man doch in keiner Weise von einer Ausweitung des Vater- und Sohn-Gedankens aus völkischer Beschränkung zu einer menschheitlich-universalen Bedeutung sprechen. Im Gegenteil, er ist vom Volk auf den einzelnen Frommen im Volk eingeengt. Auf diesem Wege konnte er freilich auch auf das Volk wieder angewendet werden, nun aber nicht mehr im Sinn der schon erfolgten Erwählung, sondern einer das ganze Volk wieder umspannenden Endhoffnung: »Sie werden nach meinem Gebote tun, und ich werde ihr Vater sein, und sie werden meine Kinder sein« (Jubiläenbuch 1, 24).
Die Verwendung des Vaternamens für Gott in Jesu Mund bedeutet also nicht die Einführung eines neuen Gottesgedankens. Und doch zeigt sie Besonderheiten, die im engsten Zusammenhang stehen mit Jesu ganzer Botschaft. Schon ist dies bezeichnend, daß das Vater-Sohn-Verhältnis nirgends auf das Volk bezogen wird, wie denn überhaupt auf das Volk und seine Geschichte nie im Sinne einer Heilsgarantie von Jesus Bezug genommen wird. Kindschaft ist aber auch nicht das Vorrecht der Frommen. Gott ist Vater »über Böse und Gute, Gerechte und Ungerechte« (Mt 5, 45; 21, 28-32). Das schließt die Forderung nicht aus, sondern begründet sie gerade: »Liebet eure Feinde und betet für eure Verfolger, damit ihr Söhne eures Vaters im Himmel seid ... Seid vollkommen wie euer Vater im Himmel vollkommen ist« (Mt 5, 44ff.).
Wieder ist es das ganz unmittelbare Dasein, Gegenwärtigsein und Sich-gegenwärtig-erweisen Gottes, was diese Worte kennzeichnet. »Kein Sperling fällt zur Erde ohne euren Vater. Bei euch aber sind auch die Haare des Hauptes alle gezählt« (Mt 10, 29f.). Er weiß, was ihr bedürft, ehe ihr ihn bittet (Mt 6, 8). Er macht auch euer Sorgen zur Torheit (Mt 6, 32). Erst recht aber erweist sich seine Güte in seinem Verhalten gegenüber dem Verlorenen. Unvergleichlich redet von Gottes Vatersein Jesu Erzählung vom verlorenen Sohn (Lk 15, 11ff.). Man darf sich den Blick ja nicht dafür trüben lassen, daß in diesem Gleichnis der Vater die Hauptgestalt ist, so viel in ihm auch von dem Schicksal der beiden Söhne erzählt wird. Der Vater, der den jüngeren

ziehen läßt auf seinem Weg in die Freiheit, als dieser ihm das Teil seiner Güter abfordert und den Vater behandelt, als wäre er schon tot. Der Vater, der seinem Sohne nicht nachjagen läßt und nachläuft und doch in der Erinnerung des Sohnes gegenwärtig ist, als dieser in Elend und Hunger bei seiner Schweineherde zu sich kommt. Denn nicht die Reue über begangene Sünden, sondern zunächst sehr einfach die Einsicht, daß er am Ende ist, bringt den Sohn zur Umkehr. Aber keineswegs nur dies, sondern die Erinnerung an das Haus seines Vaters, in dem noch der geringste Tagelöhner Brot die Fülle hat, und die Hoffnung auf das Vaterhaus lassen ihn aufbrechen, freilich eine Erinnerung, die ihm nicht nur sagt: wie schön wäre es, sondern: du hast seine Güte verschmäht, und eine Hoffnung, die ihm nicht nur sagt: vor dir liegt das Vaterhaus, sondern zugleich: du hast dein Recht verwirkt. So geschieht der Aufbruch: »Ich will mich aufmachen und zu meinem Vater gehen«. Und so bildet sich dem Verlorenen das Bekenntnis seiner Schuld: »Vater, ich habe gesündigt gegen den Himmel und vor dir; ich bin hinfort nicht mehr wert, daß ich dein Sohn heiße; mache mich zu einem deiner Tagelöhner«, Bekenntnis und Bitte, die dann alsbald dieselbe Güte des Vaters, die sie geweckt hat, erstickt (vgl. Lk 15,19 und 21). Denn der Vater hat nicht in seinem Hause gewartet, sondern den Sohn gesehen, als er noch ferne war. So faßt ihn das Erbarmen, und er läuft ihm entgegen, fällt ihm um den Hals und küßt ihn. Die Begegnung mit dem gebietenden, von Freude überquellenden Wort des Vaters, das keine Abrechnung hält, keine Bedingungen stellt und keine Bewährungsfrist setzt: »Bringet schnell das beste Kleid und zieht es ihm an und gebet ihm einen Ring an die Hand und Schuhe an die Füße, und holet das gemästete Kalb, schlachtet es und laßt uns essen und fröhlich sein; denn dieser mein Sohn war tot und ward wieder lebendig, er war verloren und ward gefunden«.

Man achte darauf, wie hier und gerade hier die Freude gleichsam mit den saftigsten Farben gemalt wird, während die Darstellungen unserer Erzählung in der Kunst an dieser Stelle allermeist versagen[35]. Nur Rembrandt, der das Gleichnis mehrfach radiert und gemalt hat, ist ein echter Interpret. Auf einer Radierung von 1630 sieht man Vater und Sohn beide in gleicher Weise dem Beschauer zugekehrt, den Sohn in seiner Elendsgestalt, in die Knie gesunken, und den Vater mit großem, stürmischem Schritt dem Sohn entgegeneilend und ihn umarmend. Auf einem späteren Ölbild des Künstlers in der Petersburger Eremitage aber sind dem Beschauer nur noch Gestalt und Antlitz des Vaters zugewandt; vor ihm der kniende Sohn, der dem Beschauer abgewandt sein Gesicht im Schoße des Vaters birgt, von den Händen des Vaters gehalten.

Die Hauptgestalt im Gleichnis ist der Vater auch in der letzten Szene, in seiner Begegnung mit dem älteren Bruder. Auch da geht der Vater heraus, um den älteren nicht weniger bangend und werbend als um den jüngeren Bruder. Weiß der Ältere denn nicht, was geschehen ist? Er scheint in der Erzählung am meisten zu wissen. Ihm ist es vorbehalten, davon zu reden, wovon in der ganzen Geschichte noch nicht die Rede war, daß der Jüngere, dem er den Brudernamen verweigert, seine Habe mit Dirnen durchgebracht hat. Die Tiefe aber dessen, was geschehen ist, kennt in Wahrheit nur der Vater: »Dieser dein Bruder war tot und ist lebendig geworden; er war verloren und ist wiedergefunden worden«.

Wie nur irgendwo wird in diesem Gleichnis sichtbar, daß auch das Vatersein Gottes nur als Wunder und Geschehen verstanden werden kann, das jetzt sich ereignet. Darum trifft die bekannte Dichtung von A. Gide »Der verlorene Sohn« an dem Gleichnis gerade im wesentlichen vorbei, denn der Dichter endet mit einem Gespräch zwischen dem Heimgekehrten und einem dritten, hinzugedichteten jüngsten Bruder, der bezaubert von den Abenteuern des Zurückgekehrten von ihm sich nicht halten läßt und denselben Weg antritt. So ist aus dem Gleichnis eine Dichtung des Ewig-Menschlichen geworden; damit ist es um sein Eigentliches gebracht: die Kunde von dem Wunder eines letzten Geschehens.

Die Nähe Gottes ist das Geheimnis des Vater-Namens im Munde Jesu. Das spricht sich auch darin aus, daß Jesus als Anrede im Gebet einen Ausdruck wählt, der jedem Juden zu unfeierlich und respektlos als Anrede Gottes erschienen wäre. Abba – Vater ist das Wort Jesu (Mk 14, 36), das noch die hellenistische Gemeinde in seiner aramäischen Urgestalt aus der ältesten Jesus-Tradition übernahm (Röm 8, 15; Gal 4, 6). Es ist, in religiöser Sprache durchaus ungebräuchlich, die vertraute Anrede des Kindes an seinen irdischen Vater. Doch schließt die Nähe des Vaters in seiner Güte die Majestät Gottes nicht aus, des fordernden Königs (Mt 12, 50) und kommenden Richters (Mt 10, 33; 16, 27). Dem entspricht die Anrede in dem Gebet, das Jesus seine Jünger lehrt: »Unser Vater – in den Himmeln« (Mt 6, 9), Vertrauen und Ehrfurcht zugleich umfassend.

Aber noch ein letzter Zug will zum Verständnis des Vaternamens in Jesu Verkündigung beachtet sein. Wohl finden sich zahlreiche Stellen, wo Jesus »mein Vater (im Himmel)« und »dein Vater« oder »euer Vater« sagt, aber nirgends eine Stelle, wo er sich mit seinen Jüngern zu einem »unser Vater« zusammenschließt. Dieser in der Überlieferung sich durchhaltende Sprachgebrauch beweist, daß die glaubende Gemeinde zu Recht das Geheimnis des Vaterseins Gottes und das Geheimnis der Kindschaft als ein Wunder verstand, nicht als eine natürliche Gegebenheit. Darum redet Paulus von den »Söhnen

Gottes« nie anders als so, daß er zugleich von der Sendung »des Sohnes« spricht (vgl. Gal 4,1ff.), und nennt die Gemeinde Gott »den Vater unseres Herrn Jesu Christi« (2. Kor 1,3; Eph 1,3 u. ö). Nicht kraft ihres natürlichen Seins, sondern in der Kraft des »Geistes«, der in ihrem Herzen schreit, rufen die Glaubenden: »Abba-Vater« (Röm 8,15; Gal 4,6).

6. Glaube und Gebet

Als Jesus von dem Vater eines kranken Kindes gebeten wird: »Wenn du etwas vermagst, erbarme dich unser und hilf uns!«, ist seine Antwort: »Wenn du vermagst? (sagst du) – Alles ist möglich dem, der glaubt« (Mk 9,22f.). Entsprechend sagt ein anderer Spruch: »Wenn ihr Glauben habt wie ein Senfkorn, so werdet ihr zu diesem Berge sagen: Geh fort von hier, dorthin! Und er wird fortgehen« (Mt 17,20). Was bedeutet dieser Glaube? Glauben bedeutet bei Jesus noch nicht die gehorsame Annahme einer Heilsbotschaft oder das Fürwahrhalten einer Lehre über Gott den Einen und Allmächtigen und das Kommen seines Messias. Die Gestalten, von deren Glauben wir in den Evangelien hören, sehen nicht so aus, als ob sie ein solches Glaubensexamen bestehen würden: der heidnische Hauptmann, der für seinen Knecht bittet (Mt 8,5ff.), die Syrophönizierin, die sich um ihrer kranken Tochter willen an Jesus wendet und sich nicht von ihm abweisen läßt (Mk 7,24ff.; Mt 15,21ff.), der Vater in der Geschichte des epileptischen Knaben (Mk 9,21ff.). Man kann mit Sicherheit sagen: Wo in der Überlieferung das Wort Glauben auf die Heilsbotschaft und auf Jesus als Messias bezogen ist oder Glaube in diesem Sinn absolut, ohne jeden Zusatz, gebraucht wird, liegt die Sprache der späteren Gemeinde und ihrer Mission vor. In zahlreichen Fällen wird das schon durch einen synoptischen Vergleich erhärtet[36].

Aber diese erste negative Feststellung darf nicht darüber wegtäuschen, daß das Wort Glauben in Jesu Botschaft für den modernen Menschen darum keineswegs sofort zugänglicher und weniger befremdlich wird. Es meint alles andere eher als nur die Haltung eines allgemeinen Gottvertrauens, auf die sich etwa die Stoiker, wie Epiktet und andere zeigen, vorzüglich verstanden. Glauben hat es in der Jesus-Überlieferung immer mit Macht und Wunder zu tun. Sehr einfach und beispielhaft drücken das die Worte des Hauptmanns von Kapernaum aus, als Jesus kommen und seinem Knechte helfen will: »Herr, ich bin nicht wert, daß du unter mein Dach gehst; aber sprich nur ein Wort, und mein Knecht wird gesund werden« (Mt 8,8)[37]. Was Macht des Wortes ist, weiß der Hauptmann aus seinem soldatischen Beruf. Wie er selbst der Gewalt des Befehls untersteht, so beweist er sie täglich an seinen Untergebenen. Der Kaiser in Rom befiehlt, und die Legionen an den fernen Grenzen des Reiches setzen sich in Bewegung. Und so nicht anders in dem kleinen Befehlsbereich des Hauptmanns. So weiß er von der Macht des Wortes, aber erfährt an dem Krankenlager seines Knechtes zugleich ihre Grenze. Sein Glaube ist nichts anderes als das Zutrauen zu Jesu Befehlsgewalt, die hier nicht am Ende ist. Das setzt Jesus in dieser Geschichte in Erstaunen: »Als Jesus das hörte, wunderte er sich und sprach zu denen, die ihm nachfolgten: Amen, ich sage euch, bei keinem in Israel habe ich solchen Glauben gefunden« (Mt 8, 10). Mit dem gleichen Zutrauen zu Jesu Macht wendet sich die Syrophönizierin für ihre besessene Tochter an Jesus und fängt ihn, als er sie abweist, in seinem eigenen Wort: »Da sprach er zu ihr: laß zuerst die Kinder satt werden; denn es ist nicht recht, den Kindern das Brot zu nehmen und es den Hunden hinzuwerfen. Sie aber sagte zu ihm: Gewiß, Herr. Doch auch die Hündlein unter dem Tisch essen von den Brocken der Kinder« (Mk 7, 27f.).

Mit der Macht Jesu, die keine Grenze kennt, und dem Wunder, das er zu vollbringen vermag, wo keine menschliche Hilfe mehr zureicht, rechnen alle, die sich im Glauben an ihn wenden, auch die Träger, die den Gelähmten bringen (Mk 2, 1ff.), die Aussätzigen (Mk 1, 40ff. u. ö.), die Blinden am Weg (Mt 9, 27ff.; 20, 29ff.), die große Sünderin (Lk 7, 36ff.). Die Wundergeschichten aller Evangelien wollen zeigen, daß Jesus diese Erwartungen nicht enttäuscht und daß diese Macht ihm gegeben ist. Man wird schwerlich bezweifeln können, daß solche physischen Heilkräfte von Jesus ausgegangen sind, wie er selbst die Austreibung der Dämonen durch ihn als Zeichen der anbrechenden Gottesherrschaft verstanden hat (Lk 11, 20; Mt 12, 28). Ebensowenig wird man freilich bezweifeln dürfen, daß gerade auf diesem Felde der Überlieferung auch vieles legendär ausgestaltet ist und Legenden hinzugedichtet sind. Das dürfte besonders, aber nicht ausschließlich, für die »Naturwunder« im engeren Sinne gelten[38]. Der Vergleich der überlieferten Texte untereinander, das Anwachsen der Tradition schon innerhalb der vier Evangelien, der Stil der Erzählungen und die nicht wenigen Parallelen aus außerchristlicher antiker Literatur nötigen zu diesem kritischen Urteil. Es liegt aber auch nichts daran, hier im einzelnen die Historizität dieser oder jener Geschichte sicherstellen zu wollen, und vollends absurd ist es, wenn auch in weiten »christlichen« Kreisen bis heute verbreitet, die Anerkennung ihrer Historizität für einen Beweis des Glaubens und ihre Bestreitung für Unglauben zu halten.

Gleichwohl kann kein Zweifel daran bestehen, daß der Glaube, den Jesus fordert und den allein er als solchen bezeichnet, es mit Macht und Wunder zu tun hat. Und dies nicht in dem allgemeinen Sinn, daß Gott allmächtig ist und Wunder tun kann, sondern sehr konkret: Glaube als ein sehr bestimmtes Rechnen und Trauen, daß Gottes Macht nicht am Ende ist, wo menschliche Möglichkeiten erschöpft sind. Dieser Glaube ist immer ein Geschehen zwischen Macht und Ohnmacht. Er ist das Widerspiel alles Zweifelns (Mk 11, 22 f.). Darum wehrt Jesus in der Geschichte des epileptischen Knaben das so bescheiden klingende und nach allen früheren Erfahrungen so verständliche Wort des Vaters: »Wenn Du es vermagst« ab und erkennt dem Glauben ein Vermögen zu, das keine Grenzen kennt: »Alles ist möglich dem, der glaubt« (Mk 9, 22f)[39]. Wird der Bittende damit überfordert und also die Hilfe ihm entzogen? Durchaus nicht. Aber das weitere Gespräch mit dem Vater zeigt, wie dieser Glaube sich nur äußern kann. »Da schrie der Vater des Kindes: Ich glaube – hilf meinem Unglauben!« (Mk 9, 24). Ich glaube! – damit ist der Bittende in der Tat sich selbst voraus und sagt mehr, als was er an sich selbst zu erkennen vermag. Hilf meinem Unglauben! – damit gibt er sich selbst als den, der hinter diesem Glauben zurückbleibt, der Macht und Hilfe, die ihm in Jesus begegnet, hin. In dieser Paradoxie von Glaube und Unglaube wird, wie die Geschichte zeigen will, der Glaube echt und fähig, das Wunder Gottes zu empfangen. Wo Jesus diesen Glauben nicht findet, kann er kein Wunder tun (Mk 6, 1-6). Das heißt gewiß nicht, daß der Glaube selbst die Wunder wirkende Kraft ist, so sehr er für christliche Anschauung auch selbst zu Wundertaten befähigt wird (Apg 2, 43; 5, 12; Mk 6, 7; 1. Kor 13, 2; 2. Kor 12, 12). Hier aber geht es um die Bereitschaft, das Wunder zu empfangen. Sie ist für Jesu Tun so unerläßlich, daß er wiederholt dem Geheilten und Geretteten – denn beides gehört unlöslich in dem Wort »Rettung« zusammen – sagen kann: »Dein Glaube hat dich gerettet« (Mt 9, 22; Mk 10, 52; Lk 17, 19).

Die Paradoxie, von der wir soeben aus der Bitte des Vaters »Ich glaube – hilf meinem Unglauben« hörten, bedeutet also nicht die Zerstörung des Glaubens. Auch ist der Vater des Knaben nicht halb gläubig, halb ungläubig. Zum Wesen echten Glaubens gehört es, daß er ganzer Glaube ist. Darum empfängt schon der Glaube, so groß wie ein Senfkorn, die ganze Verheißung. Lukas versteht das Wort bezeichnenderweise als Jesu Entgegnung auf die zunächst verständlich erscheinende und doch widersinnige Bitte der Jünger: »Mehre uns den Glauben« (Lk 17, 5 f.). Der Glaube wird freilich, so wie er sich aus der Anfechtung erhebt, auch weiter auf die Probe gestellt. Die Evangelien reden davon vielfältig: Der Satan will den Glauben zum Erliegen bringen (Lk 22, 31 f.), Drangsal und Verfolgung, die Sorgen der Welt, der Betrug des Reichtums, die Begierde fechten ihn an und ersticken ihn (Mk 4, 14ff.). Er reicht auf einmal nicht zu, wenn es darauf ankommt, er ist gleichsam zu kurz geraten. Das heißt in Jesu Wort »Kleinglauben«. Er ist etwas völlig anderes als der »Senfkornglaube«. Der Kleinglaube wird sichtbar in der Sorge (Mt 6, 31), im Hunger (Mt 16, 8), in Wogen und Sturm (Mt 8, 26; 14, 31).

Bedarf der Glaube des Wunders? Diese Frage wird offen erst im Johannes-Evangelium gestellt und hier eindeutig entschieden. Der Glaube, der erst auf das Wunder hin sich zum Glauben entschließt, ist kein wirklicher Glaube. Darum entzieht sich Jesus dem Volk, das nur um der Zeichen willen glaubt, die er tut (Joh 2, 23ff.). Darum sein erstes Wort an den königlichen Beamten, der um die Heilung seines Sohnes bittet: »Wenn ihr nicht Zeichen und Wunder seht, glaubt ihr nicht« (4, 48). Denn »Selig sind die, welche nicht sehen und doch glauben« (Joh 20, 29). Aber auch die synoptische Überlieferung berichtet davon, daß Jesus nicht als »Wundertäter« verstanden sein will, sich dem Volke entzieht und den Geheilten Schweigen gebietet (Mk 1, 35ff.; 1, 44 u.ö.). Vor allem aber zeigt die Verweigerung des »Zeichens«, das die Pharisäer von ihm fordern (Mk 8, 11f. u. ö.), daß Jesus das Wunder nicht als Beweis göttlichen Wirkens und göttlicher Vollmacht gelten läßt, der erst gefordert werden kann, um danach zu glauben. Eine solche Forderung ist eine Herausforderung Gottes, Vertrauen und Gehorsam sind hier gleicherweise in der Wurzel zerstört. Dies sagt schon die Geschichte der Versuchung Jesu (Mt 4, 1ff.). Das Ende der ersten Versuchung zeigt Jesus als den, der auch in der schier ausweglosen Not des Hungers Gott das Wunder zutraut und darum nicht selbst vollbringt. Denn es ist das Wort aus 5. Mos 8, 3, das er dem Teufel entgegenhält: »Nicht von Brot allein lebt der Mensch, sondern von jedem Wort, das aus Gottes Munde kommt« (Mt 4, 4). Nichts deutet darauf, daß man es anders verstehen dürfe, als es die Urstelle meint, bezogen auf das Wunder der Mannaspeisung nach vierzig Jahren der Wanderung des Volkes in der Wüste[40]. Nun faßt der Teufel Jesus bei diesem Vertrauen, gleichsam folgend auf den Standort, auf den Jesus selbst getreten ist, und will ihn, den Gott-Vertrauenden, zum Wunder verführen, noch dazu unter Aufgebot derselben Schrift, die Jesus dem Versucher soeben vorgehalten hat: »Er wird seinen Engeln deinetwegen Befehl geben. Und auf Händen werden sie dich tragen, daß du deinen Fuß nicht an einen Stein stößest« (Ps 91, 11ff.; Mt 4, 6). Aber Jesus wehrt dem Versucher noch einmal mit einem Schriftwort: »Du sollst den Herrn deinen Gott nicht versuchen« (5. Mos 6, 16; Mt 4, 7)[41]. Das Wunder herausfordern heißt mit Gott experimentieren.

Vertrauen und Gehorsam gehören nach Jesu Weisung zum echten *Gebet*. Darum verbietet er das Plappern der Heiden, die »meinen, sie werden erhört werden, wenn sie viele Worte machen« (Mt 6, 7). Das plappernde Gebet ist Ausdruck von Vermessenheit und Angst zugleich. Es will vermessen Gott mürbe machen (fatigare deos)[42] und wähnt zugleich angstvoll, Gott müsse erst ins Bild gesetzt werden über die Not des Beters. »Also macht euch ihnen nicht gleich; denn euer Vater weiß, was ihr bedürft, ehe ihr ihn bittet« (Mt 6, 8). Aber es ist wichtig zu sehen, daß Jesus mit diesem Wort das Gebet *begründet* und nicht für unnötig erklärt. In der stoischen Frömmigkeit wurde gerade die gegenteilige Folgerung aus dem Satz von der Allgüte und Vorsehung der Gottheit gezogen und das Bittgebet für nichtig erklärt, weil es der göttlichen Allmacht und Allwissenheit widerspricht[43]. Für Jesus aber gehört das Bittgebet zum Recht der Kinder Gottes. Der Gedanke der Allmacht Gottes meint also nie so etwas wie die höhere Warte Gottes, zu der der Mensch in allgemeiner Betrachtung sich aufschwingen soll. Vielmehr wird der Mensch festgehalten in den Grenzen seiner Bedürftigkeit, besser gesagt: es wird ihm die Freiheit gegeben, im Gebet nicht ein Phantom, auch nicht ein Trugbild eigener Gerechtigkeit aus sich selbst machen zu müssen. Gerade so wird dem Menschen das Gebet freigegeben. Jesus gibt ihm die bestimmte Verheißung der Erhörung: »Bittet und es wird euch gegeben werden; suchet und ihr werdet finden; klopft an und es wird euch geöffnet werden. Denn jeder, der bittet, empfängt, und der Suchende findet, und dem Anklopfenden wird geöffnet werden« (Mt 7, 7f.; Lk 11, 9f.). Man achte wohl darauf, wie hier dieselben Worte in Gebot und Zusage wiederkehren und also gebietendes Wort und Ermutigung zum Gebet geeint sind. Sinngemäß ließe sich in etwas kühner Anlehnung an das Gleichnis von dem bittenden Freund (Lk 11, 5-8) geradezu sagen, daß Gott selbst in Jesu Wort gleichsam in der Rolle des zudringlich Bittenden erscheint und sich nicht abweisen läßt von dem Menschen, der in seinem verschlossenen Gehäuse seine Ruhe haben will. So schlagen und klopfen die Imperative wie gegen eine Tür, die aufspringen soll. Es dürfte dabei für uns heute lehrreich sein, wie anders Jesu Wort die Lage des Beters sieht, als es modernem Empfinden entspricht. Der moderne Mensch meint ja gemeinhin, das Gebet sei Sache eines, der nicht mehr ein Suchender ist, sondern gefunden hat, nicht mehr als Anklopfender draußen steht, sondern die Schwelle zu dem Lebenskreis eines ungebrochenen Herüber und Hinüber von Gott zu dem Betenden und dem Betenden zu Gott überschritten hat. So aber wird die Lage des Beters von Jesus nicht gesehen. Noch Paulus sagt darum vom Gebet des Christen, der unter der Macht des göttlichen Geistes steht: »Wir wissen nicht, was wir beten sollen, wie sich's gebührt« (Röm 8, 26). Der Beter steht darum nicht in einer Sphäre der Heiligkeit, sondern in der unverstellten Wirklichkeit, in der Profanität seines Daseins und seiner Welt.

Darum wird in dem Gleichnis vom bittenden Freund mit so erfrischender Unheiligkeit gesprochen: »Ich sage euch: Wenn er auch nicht aufstehen und ihm geben wird, weil er sein Freund ist, so wird er doch um seiner Unverschämtheit willen aufstehen und ihm geben, soviel er bedarf« (Lk 11, 8). Dasselbe meint das verwandte Gleichnis von der bittenden Witwe, die vor dem Richter um ihr Recht klagt, bis er sich endlich erweichen läßt aus Furcht, das Weib könne am Ende noch tätlich werden (Lk 18, 1-5). Beide Gleichnisse sagen: wenn es schon auf Erden so zugeht und der bei Nacht Gestörte und der ungerechte Richter sich überwinden lassen, sollte Gott nicht erst recht erhören? Mit dieser Zusage aber sind beide Gleichnisse eine Ermutigung und Aufforderung zum unermüdlichen Gebet[44]. Sie scheinen im Widerspruch zu stehen zu Jesu Wort über das Viele-Worte-machen der Heiden (Mt 6, 7), in Wahrheit aber sind auch sie ein Ruf zu unbeirrtem Vertrauen.

Wie in allen anderen Gleichnissen (s. o. S. 61 ff.) wird also auch hier der Hörende behaftet in der höchst profanen Wirklichkeit seines Lebens, dort gestellt, wo er ist, und zur Antwort auf die Frage genötigt: »Wer unter euch?« Immer steht hier der Angeredete an der Stelle, an der in der Sachhälfte des Gleichnisses Gott selbst steht[45]. Das meinen auch die Worte, die Matthäus und Lukas gleicherweise in diesem Zusammenhang überliefern, von dem Vater, der seinem bittenden Kind für ein Brot nicht einen Stein, für einen Fisch keine Schlange, für ein Ei keinen Skorpion geben wird (Mt 7, 9 ff.; Lk 11, 11 ff.).

So »unheilig« redet Jesus vom Gebet und verscheucht damit den Nebel »frommer« Gedanken, die sich von jeher des Gebetes bemächtigt haben: in der Mystik, die es als Übung der Läuterung und Versenkung versteht, in der stoischen Frömmigkeit, die ihm nur die Funktion gibt, mit der Vorsehung Gottes im Lobpreis eins zu werden, im jüdischen Denken, wo das Gebet zur Leistung des Frommen gehört. Gottes Vatersein will beim Wort genommen werden. Darum kann nicht menschlich genug von ihm gesprochen werden, soll er nicht in die Ferne einer nebelhaften Heiligkeit entrückt und also zum Gespenst gemacht werden. Auch Jesu Worte über das Gebet sind Verkündigung der Nähe Gottes.

Immer muß man freilich bedenken, daß dieser nahe Gott nicht aufhört, der Heilige, der *himmlische* Vater, der kommende Richter zu sein. Sein Vatersein, seine Nähe *ist* vielmehr der Erweis seiner Majestät. Es bedarf darum kaum eines Wortes, daß Jesu Aufforderung zum *unverschämten* Bitten nicht die Aufforderung zum *schamlosen*

Bitten ist. Für letzteres gibt es in Jesu Predigt ja auch Beispiele. Die Bitte des verlorenen Sohnes: Gib mir, Vater, das Teil der Güter, das mir gebührt! ist ein solches. Der Sache nach gehört aber auch das vermessene »Gott muß« eines Erwählungsglaubens hierher, der sich auf seine Abrahamskindschaft oder seine Werke (Lk 18,9ff.) verläßt, sowie das »Herr, Herr!« der Gläubigen, die vor dem Weltrichter auf ihre Machttaten pochen (Mt 7,21ff.). Äußere Unterscheidungszeichen zwischen dem gebotenen »unverschämten« Gebet und jenem »schamlosen« Gebet gibt es nicht. Es kann sie auch nicht geben, denn die Unterscheidung liegt in dem Betenden selbst vor Gott.

Wer Jesu Worte über das Beten überblickt, dem mag auffallen, daß die so viel gestellte Frage nach den unerhörten Gebeten nirgends auftaucht. Läßt sie sich überhaupt beantworten? Sicher ist jedenfalls, daß sie sich nicht wie in modernem Denken üblich an den Anfang stellen läßt. Stellt sie sich da, wo der Beter den Aufruf zum Bitten wirklich gehört hat, wird er merken, daß die Erfahrung der Nichterhörung ihn mindestens nicht zum Schweigen, sondern erst recht zum Gebet führen will, freilich unter der Bitte, die Jesus im Gethsemanegebet spricht: »Dein Wille geschehe!« (Mk 14,36) und im Vaterunser die Jünger lehrt: »Es geschehe Dein Wille wie im Himmel so auch auf Erden!« (Mt 6,10). Diese Bitte ist nirgends außer Kraft gesetzt und umschließt jegliches Gebet, wo immer Jesus von ihm redet.

Als eine Zusammenfassung aller Worte Jesu über das Gebet darf man gewiß das Vaterunser bezeichnen, das er seine Jünger beten lehrt. Aber es ist mehr, nicht mehr nur ein Wort *über* das Gebet und ein Aufruf *zum* Gebet, sondern selbst ein Gebet. Es ist in den Evangelien zweimal, in einer längeren und kürzeren Fassung erhalten (Mt 6,9ff.; Lk 11,2ff.), – ein Zeichen, wie wenig die Gemeinde ein Interesse daran hatte, auch solche Worte Jesu gleichsam archivarisch zu hüten[46]. Es redet, wenn wir hier den Matthäus-Text zugrunde legen, in den drei ersten Bitten von Gottes Sache (»dein ...«), in den letzten vier von unserer Sache (»uns ...« »unsere Schulden« ... usw.). Fast für jede Bitte lassen sich aus dem Schatz jüdischer Gebete, vor allem dem Achtzehn-Bitten-Gebet (s.o. S. 32), Parallelen beibringen. Auch erkennt man bei der Rückübersetzung ins Aramäische eine Art Reim in der gleichförmigen Wiederholung derselben Endsilben (Suffixe) – »dein« (1. bis 3. Bitte), »uns«, »unser« (4. bis 7. Bitte) –, ein Stilgesetz, das viele spätjüdische Gebete zeigen[47]. Und doch ist auch hier der Unterschied tiefgreifend. Im Gegensatz zu jüdischen Gebeten ist das erste Kennzeichen des Vaterunsers schon seine große Einfachheit und Schlichtheit, fernab von allem Pomp der Anreden Gottes und der

Huldigung vor ihm. Vor allem aber ist die völlig andere Anordnung der Bitten im Vaterunser gegenüber dem Achtzehn-Gebet kennzeichnend. Dieses, eingerahmt von Lobpreisungen, Dank und Segen, hat in seiner eigentlichen Mitte zwölf Bitten, die sich zunächst auf das Leben des jüdischen Volkes jetzt in der Welt beziehen, dann erst folgen Bitten für die Zukunft, höchst konkret um Wiederherstellung der politischen Souveränität des Volkes, um Beendigung der Fremdherrschaft, Heimführung der Zerstreuten und die Sendung eines nationalen Messias. Jesu Gebet beginnt mit eschatologischen Bitten, und zwar ganz unter Verzicht auf völkische Hoffnungen und apokalyptische Ausmalung. Daß Gottes Name geheiligt werde, seine Herrschaft komme und sein Wille geschehe, ist in dreifach-einer Wendung ihr Inhalt. Diese ersten drei Bitten beten gleichsam das Offenbarwerden Gottes und seiner Herrschaft heran, während die folgenden Bitten um Befreiung aus den Nöten bitten, die den Beter jetzt aufhalten und bedrohen: leibliche Sorge[48], Schuld, Versuchung und die Gewalt des Bösen. Dabei ist auch hier bezeichnend, wie einfach und bestimmt der Beter in den engen Grenzen seiner Bedürftigkeit belassen wird, der einzelne vor Gott in seiner Not und Gefahr inmitten der Welt, und doch gerade so die Schar der Beter zu einer Gemeinschaft zusammengeschlossen, die allein in dem »Unser Vater« begründet ist[49]. So wird das Gebet zu einer Summa laudis divinae (Bengel), einem Inbegriff alles Lobes Gottes, und bleibt zugleich die Bitte der »Pilger und Kämpfer«, die noch nicht ans Ziel gelangt sind[50].

7. *Der Lohn Gottes*

Jesus verheißt denen, die den Willen Gottes tun, Gottes Lohn im Himmelreich. Er spottet der Heuchler, die ihre frommen Werke zur Schau stellen, ihr Almosen ausposaunen lassen, zu den Gebetszeiten an möglichst sichtbaren Stellen in den Synagogen oder an den Straßenecken ihre Gebete verrichten, mit sauertöpfischem Gesicht, damit die andern es sehen, ihr Fasten halten. »Sie haben ihren Lohn dahin«. »Habt acht, daß ihr eure Gerechtigkeit nicht übt vor den Leuten, um von ihnen gesehen zu werden; wo nicht, so habt ihr keinen Lohn bei eurem Vater im Himmel« (vgl. Mt 6, 1-18). »Sammelt euch Schätze im Himmel, wo weder Motte noch Rost sie vernichten und wo Diebe nicht einbrechen und stehlen. Denn wo dein Schatz ist, da wird auch dein Herz sein« (Mt 6, 20 f.). Zahllose Worte und Gleichnisse enthalten selbstverständlich und mit höchstem Nachdruck diesen Gedanken des Lohnes[51]. Er ist nicht erst für Jesu Verkündigung kennzeichnend. Längst schon spielt der Lohngedanke im Alten Testament und erst recht im späteren Judentum eine gewichtige Rolle. Alle Schuld fordert Strafe, jedes Verdienst seinen Lohn. Jesus und der urchristliche Glaube haben diesen Gedanken nicht preisgegeben, denn er spricht selbstverständlich und einfach Grunderkenntnisse aus, die auch in Jesu Botschaft ständig wirksam sind. Sie betreffen die Stellung des Menschen vor Gott.

Gott ist der Herr und der Mensch sein Knecht. Streng genommen schließt das Knechtsverhältnis des Menschen zu Gott freilich den Lohngedanken aus oder schränkt ihn mindestens ein. Denn der Knecht ist der leibeigene Sklave, der seinem Herrn mit Leib und Leben gehört und also keinen besonderen Anspruch auf Lohn zu stellen hat. Darum gilt: »So sollt auch ihr, wenn ihr alles getan habt, was euch befohlen war, sagen: Wir sind armselige Knechte; wir haben nur unsere Pflicht und Schuldigkeit getan« (Lk 17,10)[52]. Der Herr hat das Recht, seinen Knecht ganz zu beanspruchen. Darum ist das »Zwei Herren dienen« (Mt 6,24) eine Absurdität. Der Herr kann dem Knecht Geld und Gut anvertrauen, wie es ihm beliebt (Mt 25,14ff.), er kann es von ihm auch wieder fordern, wann er will (Mt 18,23ff.; Lk 16,1ff.). Von dem Sklaven aber gilt, daß das Arbeitsfeld, auf das er gestellt ist, nicht sein ist, die ihm anvertrauten Güter ihm nicht gehören und der Dienst, zu dem er verpflichtet ist, nicht in seinem Belieben steht. Darum ist Treue von ihm gefordert, und zwar gegenüber dem fremden, über ihm stehenden Willen seines Herrn (»Treue zu sich selbst« ist auch sonst im Neuen Testament keine menschliche, sondern eine Gott vorbehaltene Möglichkeit; vgl. 2. Tim 2,13). Im strengen Sinn gehört der Lohngedanke also überhaupt nicht in das Verhältnis zwischen Herrn und Sklaven hinein, denn dieser hat kein Eigentum, sondern ist Eigentum seines Herrn. Anders ist die Rechtsstellung der »Arbeiter«, die, wie auch Jesu Gleichnisse zeigen, von einem Bauern oder Weingutsbesitzer in der Erntezeit zusätzlich in die Arbeit eingestellt werden. Sie treten aufgrund eines regulären Kontraktes zu dem Herrn für eine befristete Zeit in ein nach Leistung und Gegenleistung geordnetes Arbeitsverhältnis, um darauf nach erfolgter Entlohnung wieder entlassen zu werden (Mt 20,1ff.). So haben sie zwar ein Recht, Ansprüche zu stellen, stehen aber darum auch nicht in dem gleichen persönlichen Vertrauensverhältnis zu dem Herrn wie die Sklaven. Mit den Arbeitern verkehrt der Herr nicht direkt, sondern durch seine Knechte (Mt 20,8; 21,33ff.). Diese allein gehören wirklich zu ihm, erfahren seine Strenge und seine Güte (Lk 12,35ff.; Mt 18,23ff.; 25,14ff.), wie sie auch am eigenen Leib die Schmach, die man ihrem Herrn antut, erleiden (Mt 21,33ff.; 22,1ff.). Von hier aus wird begreiflich, daß allermeist der Begriff des Sklaven für die Boten Gottes verwendet wird, der Begriff »Arbeiter« dagegen sehr selten,

nur gelegentlich unter dem Gesichtspunkt der zu leistenden Arbeit (Mt 9, 38). Der Lohn, der in Jesu Gleichnissen dennoch auch den Knechten verheißen wird, rückt damit von vornherein in ein anderes Licht. Er verliert den Charakter der geschuldeten Bezahlung und wird zu einer Auszeichnung, die den bewährten Knecht nur mit noch größerem Vertrauen beschenkt (praemium, nicht pretium). Das zeigen die Gleichnisse von den wartenden Knechten (Lk 12, 35ff.) und den anvertrauten Talenten (Mt 25, 14ff.; Lk 19, 11ff.). »Ich will dich über viel setzen!« »Gehe ein zu deines Herrn Freude!« – Damit wird der Knecht nicht entlohnt und entlassen, sondern in die engste und bleibende Gemeinschaft mit dem Herrn aufgenommen.
Ein zweites Grundmotiv, das der Lohngedanke ausspricht, ist die Erwartung des göttlichen Gerichts. Mit allen seinen Entscheidungen, seinen Gedanken und Taten geht der Mensch der ewigen Entscheidung Gottes entgegen. Vor Gott ist, was hier Vergangenheit wird und der Mensch für abgetan wähnt, in Ewigkeit Gegenwart – auch das bescheidenste Werk, ein Becher Wassers, den Geringsten gereicht (Mt 10, 42), wie jedes unnütze Wort, das Menschen geredet haben (Mt 12, 36). Diese Erwartung gibt allem Tun und Lassen sein Gewicht auf Leben und Tod. Der Richterspruch des kommenden Gottes entscheidet allein über des Menschen Sein und Tun – wie soll es hier noch ein Reden von einem Wert der Tat in sich selbst geben? Das ist die eigentliche Realität, auf die hin der Mensch lebt, ob er es weiß oder nicht, wahrhaben will oder nicht. Wie nichtig und jämmerlich wird von dieser jenseitigen Wirklichkeit her das irdische Leben des Reichen, vor dessen Tür Lazarus lag, und wie zeitlich und leicht die Trübsal, die eben Lazarus hier ertrug (Lk 16, 19ff.). Wie armselig der Besitz des törichten Kornbauern, der nach reicher Ernte seine Scheunen erweitert und selbstzufrieden-behäbig nun seinen Vorrat auf viele Jahre zu haben meint und mit dem Tode nicht rechnet (Lk 12, 16ff.). Wie fragwürdig der Reichtum der Reichen, denen der Weheruf Jesu gilt (Lk 6, 24ff.), und wie gering die Todesnot der Jünger, die hier ein Opfer ihrer Verfolger werden, dort aber gerettet werden von dem, der Leib und Seele in die Hölle verderben kann (Mt 10, 28). So ist der Lohngedanke ein unveräußerlicher Bestandteil der Gerichtserwartung. Er stellt den Menschen als einzelnen vor den himmlischen Richter, Ausdruck für die unlösbare Bezogenheit seines zeitlichen, irdischen Daseins auf die ewige Entscheidung Gottes.
Will man noch ein drittes Motiv nennen, das im Lohngedanken wirksam ist, so könnte man wohl sagen, daß auch die Ohnmacht des Geschöpfes vor dem Schöpfer in ihm ihren klaren und bestimmten Ausdruck findet. Dies dritte variiert ja freilich nur die ersten beiden Grunderkenntnisse, von denen wir sprachen. Wo der Lohn Gottes verheißen

und erwartet wird, ist damit ernst gemacht, daß der Mensch, der sich selbst nicht das Leben gab und seiner Lebenslänge keine Elle zusetzen kann (Mt 6, 27), in jedem Augenblick darauf angewiesen ist, daß Gott der Schöpfer und Vater ihm gibt, was er braucht, und die Erfüllung seines Daseins ihm nicht versagt. Alles das wird in Jesu Worten, die von dem Lohn Gottes reden, unmittelbar deutlich.

Der Lohngedanke als solcher ist ihm fraglos aus alttestamentlich-jüdischer Tradition überkommen. Aber es zeigt sich sofort, wie anders er dort begegnet. Er hat sich zumal im späteren Judentum qualvoll verfestigt und ist versteinert in einem Vergeltungsdogma, das die Rätsel der Geschichte und des einzelnen Lebens aufhellen soll. Wie kommt es, daß der Fromme leiden muß und es dem Gottlosen wohlgeht, ist die seit den Psalmen unermüdlich gestellte Frage. Unglück und Leid sind doch Gottes Strafe und weisen zurück auf menschliche Schuld. Schon das Buch Hiob zeigt, daß die Rechnung nicht aufgeht (vgl. auch Ps 73). So lehrt das jüdische Dogma: erst das Jenseits wird einen Ausgleich bringen. Darum soll der Fromme schon hier auf Erden geduldig die gottverhängten Leiden ertragen im Bewußtsein, daß dadurch das Strafmaß im Jenseits sich mindert, und durch gute Werke sich einen Schatz in der jenseitigen Welt aufspeichern, damit er dort in den ungetrübten Genuß ewiger Seligkeit gelangt.

Jesu Lehre bricht den Lohngedanken radikal aus dem heillosen Geflecht dieser jüdischen Dogmatik heraus. In Jesu Verkündigung hat er Ursprung und Platz weder in der Reflexion über Gottes Gerechtigkeit in der Geschichte – wie denn überhaupt das notvolle Problem der »Theodizee« seinem Denken und Lehren fremd ist –, noch auch in der Reflexion über die Verdienste des Gesetzesfrommen und seine jenseitige Entlohnung. Vielmehr ist der Lohngedanke jetzt ganz in die Botschaft von der kommenden und schon anbrechenden Gottesherrschaft hineingenommen. Ja, die Gottesherrschaft selbst ist jetzt der »Schatz im Himmel«, für den es gilt, alle irdischen Bindungen fahren zu lassen. Was die alttestamentlichen Psalmen gerade unter der Qual des Theodizee-Problems als äußerste Gewißheit erreichen: »So bist du doch Gott allezeit meines Herzens Trost und mein Teil« (Ps 73, 26), ist darum in Jesu Verkündigung Inbegriff alles Lohnes. Aller Verdinglichung des Lohngedankens ist damit gewehrt. Der Lohn, der den Anruf Gottes Hörenden und seinem Willen Gehorchenden verheißen wird, ist dieser, daß Gott für sie da sein wird: er gibt den Verfolgten Anteil am Jubel der kommenden Welt (Mt 5, 12); er wird die bewährten Knechte aufnehmen in seine Freude (Mt 25, 14ff.). Das ist der Lohn, den die Jünger zu erwarten haben. Paulus hat später diesen Lohn den »Lohn der Gnade« genannt im Unterschied zu allem »Schuldigkeitslohn«, auf den der Mensch einen Anspruch hat (Röm

4, 4), und damit auch den Lohngedanken Jesu in seinem eigentlichen Sinne getroffen.

Im Gegensatz zum vulgären Denken, das hierin dem modernen Menschen seit Kant moralisch und religiös mit Recht besonders anstößig ist, weil es den Lohn zum Motiv des sittlichen Handelns macht und ihn nur in der Korrelation zum Verdienst des Menschen zu denken vermag, löst ihn Jesus völlig aus dieser Verflechtung. Ein niederer Eudämonismus macht ja das Urteil über Gut und Böse von den Folgen abhängig, die unser Handeln hat. Lohn und Strafe in Jesu Verkündigung bestimmen dagegen niemals den Inhalt der sittlichen Forderung. Was gut und böse ist, sagt Gottes Gesetz und ergibt sich nicht erst aus den Folgen der guten und bösen Tat. Nicht weil der Mammon den Menschen ins Verderben führt, ist er böse, sondern weil er seinen Besitzer zum Sklaven macht und von Gott abwendet, darum bringt er den Menschen in die Hölle.

Jesus hat die vergiftende Wirkung des Lohngedankens für alles Handeln schon der Menschen untereinander vor allem in der Bergpredigt unmißverständlich gezeigt: »Liebet eure Feinde, tut wohl und leihet ohne etwas dafür zu erhoffen, so wird euer Lohn groß sein und ihr werdet Kinder des Höchsten sein« (Lk 6, 35). Hier gerade scheiden sich unechte und echte Liebe. Jene ein Verrechnen von Leistung und Gegenleistung, Liebe, die auf Gegenliebe spekuliert. Diese die Liebe, die frei ist von sich selbst und aufgeht in dem, was dem andern hilft, ja, so völlig darinnen aufgeht, daß sie auch den Gedanken des Lohnes nicht mehr kennt. Denn echte Liebe ist nicht nur frei von dem Spekulieren auf Bewunderung und Beifall, sie ist sogar vor dem Liebenden selbst verborgen. Niemals kann er sich berechnend über sein eigenes Tun erheben: »Wenn du aber Almosen gibst, soll deine linke Hand nicht wissen, was die rechte tut, damit dein Almosen verborgen sei; und dein Vater, der ins Verborgene sieht, wird es dir vergelten« (Mt 6, 3 f.). So wenig also kann der Lohn Gottes den echten Gehorsam der Liebe begründen. Wir erinnern uns hier noch einmal der Weltgerichtsschilderung Mt 25, 31 ff., wo die »Gesegneten« Gottes auf das Urteil des Weltenrichters nur erstaunt, fast im Sinne einer Selbstbeschuldigung antworten können, als wollten sie sagen: du irrst dich! Wir haben gar nicht dich erkannt und gemeint, sondern wirklich nur jenen Notleidenden, und unser Tun verdient es nicht, jetzt in der Stunde des Gerichtes genannt zu werden, während die Verfluchten mit der gleichen Antwort sich selbst *ent*schuldigen: hätten wir gewußt, um was es in den alltäglichen Begegnungen ging, wir hätten gewiß nicht versagt. So werden die einen belohnt, gerade weil sie nicht geliebt haben um des Lohnes willen, und die anderen verworfen, weil sie ohne die Aussicht auf Lohn oder Strafe sich nicht zur Tat der Liebe bewegen ließen.

Am deutlichsten ist der Gedanke der Verdienstlichkeit der guten Werke und des menschlichen Anspruches vor Gott erschüttert und aufgehoben in dem Gleichnis von den Arbeitern im Weinberg (Mt 20, 1-16). Man beachte, mit welcher Sorgfalt hier, zunächst ganz nach Ordnung und Vorstellung allgemein gültigen Rechtes, das Dingen der Arbeiter auf dem Markt zu den verschiedenen Stunden des Tages und der Abschluß eines Mietvertrages geschildert wird, in dem die zu leistende Arbeit, Arbeitszeit und Lohn genau geregelt werden. Dies alles aber ist nur die höchst wirksame Folie für den überraschenden Schluß des Gleichnisses: am Ende gibt der Herr allen den gleichen Lohn und stellt die zuletzt Gemieteten den Ersten, die den ganzen heißen Tag über sich geplagt haben, gleich. Ein Verhalten, das alle Grenzen bürgerlicher Ordnung und Gerechtigkeit durchbricht. Die zuerst so sorgfältig geschilderte Lohnordnung bekommt durch diesen Ausgang der Geschichte einen vernichtenden Stoß, gegen den die Ersten nur ihren erstaunten Protest anmelden können. Gerade so aber wird deutlich, daß dieses Gleichnis im Gegensatz zu allen menschlichen Begriffen von Leistung und Lohn, von Recht und Billigkeit die Souveränität Gottes verkünden will, die in seiner Güte sichtbar wird: »Es ist aber mein Wille, diesem Letzten zu geben wie auch dir. Steht es mir nicht frei, mit dem Meinen zu tun, was ich will? Oder ist dein Auge neidisch, weil ich gütig bin?« (Mt 20,14f.). Das also heißt Gottes Herrschaft (20,1): Gottes Barmherzigkeit kennt keine Grenze. Gottes Herz wird hier offenbar. Aber auch des Menschen Herz, gerade des »rechtlich« denkenden Menschen, der sich nicht freuen kann an Gottes Gnade – so, wie auch der ältere Bruder im Gleichnis vom verlorenen Sohn nur murren kann über die Güte, die dem heimgekehrten Bruder zuteil wird (Lk 15,28ff.; s. o. S. 113).
Der Lohngedanke hat damit einen völlig neuen Sinn bekommen. Gelöst von Verdienst und Anspruch des Menschen ist er zum Ausdruck göttlicher Gerechtigkeit und Gnade geworden, auf die der Mensch, nun erst recht zu Einsatz und Treue gerufen, gewiesen und geworfen ist.

VI. Kapitel

Jüngerschaft

Die Evangelien geben einen deutlichen Eindruck von der starken Bewegung, die Jesus vor allem in der Zeit seiner galiläischen Wirksamkeit im Volke auslöst. Immer wieder hören wir, daß die Menge ihn umdrängt, hinter ihm herzieht und Jesus sich ihrer nur mit Mühe erwehren kann. Sie hört ihm begierig zu, staunt über die »Vollmacht« seiner Lehre, sucht für die Kranken seine heilende Kraft und preist die Wunder, die er tut. Das ist das Bild, mit dem die Evangelien zahlreiche Einzelszenen der Geschichte Jesu umrahmen. Aber dieses Volk ist noch nicht seine Jüngerschaft, Hinterherziehen bedeutet noch nicht Nachfolge.

Ein enges Verhältnis zwischen Lehrern und Schülern gibt es auch im Judentum[1]. Ein gefeierter Rabbi hat Schüler um sich, die von ihm in das Verständnis der Tora eingeführt werden, ihn begleiten und zur Dienstleistung gegenüber dem Lehrer verpflichtet sind. So wie die Begriffe Rabbi, Lehrer, Meister entstammen auch die neutestamentlichen Begriffe »Jünger« (das heißt Schüler) und »Nachfolgen« dem jüdischen Sprachschatz. Nicht zufällig hören wir gelegentlich auch von den »Jüngern« der Pharisäer (Mt 22, 16). Aber freilich, den Besonderheiten *dieses* Rabbi (s.o. S. 81, 85) entspricht die Eigenart des Verhältnisses, in dem Jesu Jünger zu ihrem Meister stehen. Sie werden nicht durch freien Entschluß seine Jünger, sondern durch Jesu »Berufung«. Auch erfahren wir nirgends, daß er die Jünger nach Art jüdischer Lehrer in einen besonderen Gesetzesunterricht nimmt und sie zu Vertretern einer innerjüdischen Schulrichtung macht. Vor allem aber ist ihre Jüngerschaft nicht ein Durchgangsstadium, das mit ihrem eigenen selbständigen Lehrersein endet. Ein für allemal gilt: »Der Jünger ist nicht über dem Meister und der Knecht nicht über dem Herrn. Es ist genug für den Jünger, daß er ist wie sein Meister und daß der Knecht ist wie sein Herr« (Mt 10, 24f.). Auch dieses »Wie sein Meister – wie sein Herr« bedeutet nicht das Aufrücken des Jüngers in den Stand des Meisters, sondern die Bereitschaft, die gleiche Schmähung, die schon den Herrn und Meister traf, als die höchste Ehre anzunehmen. Im Sinne dieses bleibenden Abstandes hat die spätere Gemeinde des Matthäus-Evangeliums das Herrenwort sich zur Regel gemacht: »Ihr aber sollt euch nicht Rabbi nennen, denn einer ist euer Meister, ihr aber seid Brüder« (Mt 23, 8) und sich damit scharf von der Ämter- und Ehrenordnung der Synagoge abgegrenzt. Klar und erschöpfend hat diesen Sinn der Jüngerschaft das Johannes-Evangelium in der ihm eigenen Sprache zum Ausdruck gebracht: »Wenn ihr in meinem Worte bleibt, seid ihr in Wahrheit meine Jünger und werdet die Wahrheit erkennen, und die Wahrheit wird euch frei machen« (Joh 8,31 f.).

Eine näherliegende geschichtliche Analogie als die Rabbinenschüler sind für die Jüngerschaft Jesu die Jünger Johannes des Täufers, von denen wiederholt in den Evangelien die Rede ist (Mk 2,18; Mt 11,2; Lk 11,1; Joh 1,35). Auch hier weist die Verwendung des Ausdrucks »Jünger« darauf zurück, daß die Täufer- wie die Jesusbewegung im Rahmen des Judentums entstanden ist und nicht als Gründung einer eigenen, von ihm abgelösten Religionsgemeinschaft verstanden werden darf. Aber schon die Johannes-Jünger sind nicht mehr »Schüler« im schulmäßigen Sinn, sondern die Anhänger der von Johannes entfachten Bewegung. Wie Jesus selbst aus ihr hervorgegangen ist, sind auch Jünger aus der Gefolgschaft des Täufers zu ihm übergegangen (Joh 1,35ff.; vgl. auch Apg 19,1ff.). Für die Besonderheiten der Jesusjüngerschaft, von denen wir sprachen, bietet aber auch der Kreis der Johannesjünger keine zureichende Parallele.

Mit aller Klarheit sagen die Evangelien, daß Jüngerwerden und Jüngersein auf Jesu souveräner Entscheidung beruht, nicht auf dem freien Entschluß einzelner, besonders von ihm ergriffener Menschen. Das zeigen alle Berufungsgeschichten (Mk 1,16ff.; 2,14; Lk 5,1ff.; Joh 1,35ff.). Jesus ruft am See Gennesaret die beiden Brüderpaare Simon und Andreas und die Zebedäussöhne Jakobus und Johannes, und sie verlassen Boot, Netze, Vater und Tagelöhner und folgen ihm[2]. An der Art, wie die Evangelien berichten, wird deutlich, daß sie beispielhaft zeigen wollen, was Berufung zur Jüngerschaft heißt[3]. Darum erzählen sie nicht, wie jeder Historiker verfahren würde, individualisierend, die Vorgeschichte und die psychologische Vorbereitung der Berufenen schildernd, auch nicht an ihrer heroischen Entschlossenheit interessiert. Die Hauptsache ist der berufende Meister. Sein Wort erklingt: »Auf – mir nach!« (Mk 1,17) und stellt die Berufenen in die engste Lebensgemeinschaft mit ihm. So geschieht auch die Berufung des Levi (Mk 2,14). Wieder liegt auch hier alles an Jesu souveränem Wort. Aber der hier Berufene ist ein Zöllner, und so bedeutet Jesu Ruf das Durchbrechen der Schranke zwischen Reinen und Unreinen und wird zum Gnadenhandeln[4].

So wenig diese Berichte wie ein Stück Chronik gelesen werden wollen, weil sie beispielhaft sichtbar machen, was Jüngerschaft bedeutet, so bewahren sie doch etwas Einmaliges und Unwiederholbares. Jesus ruft, beruft, erwählt aus dem Volk, ja sogar aus seiner Anhängerschaft bestimmte Menschen und heißt sie ihm folgen. Der Jünger-

kreis ist keineswegs auf die Zwölf beschränkt. Diese Einengung des Begriffs »Jünger« geschieht erst im Verlauf der Überlieferung. Ursprünglich ist er viel weiter gefaßt. Gleichwohl sind damit nicht alle aus dem Volke gemeint, die Jesu Wort hören, von ihm ergriffen und geheilt sind oder wie die Menge sonst hinter ihm herziehen. Jüngerschaft bedeutet Entscheidung, Jesu Entscheidung über bestimmte Menschen, aber dann nicht minder auch ihre Entscheidung für ihn. Sie besteht höchst konkret in der Entschlossenheit, alles hinter sich zu lassen und – zunächst in einem ganz wörtlichen Sinn – mit Jesus zu ziehen, von Ort zu Ort, und das notvolle Schicksal der Wanderschaft auf sich zu nehmen.
Was solche »Nachfolge« erfordert, will rechtzeitig bedacht sein. Das muß sich der Mann sagen lassen, der in Jesu Nachfolge treten will und zur Antwort bekommt: »Die Füchse haben Höhlen und die Vögel des Himmels Nester, aber der Menschensohn hat nicht, wo er sein Haupt hinlege« (Mt 8, 20). Nicht anders warnt vor einer unbedachten Bereitschaft zur Nachfolge das Doppelgleichnis: »Wer von euch, der einen Turm[5] bauen will, setzt sich nicht zuerst hin und berechnet die Kosten, ob er genug habe zur Ausführung? Damit nicht etwa, wenn er den Grund gelegt hat und es nicht zu vollenden vermag, alle Zuschauer anfangen über ihn zu spotten: dieser Mensch fing an zu bauen und vermochte es nicht zu vollenden! Oder welcher König, der ausziehen will, um mit einem anderen König Krieg zu führen, wird sich nicht zuerst hinsetzen und Rat halten, ob er imstande sei, mit zehntausend gegen den anzutreten, der mit zwanzigtausend gegen ihn anrückt? Wenn aber nicht, so schickt er, während jener noch fern ist, eine Gesandtschaft und bittet um Frieden. So nun kann keiner von euch, der nicht allem entsagt, was er hat, mein Jünger sein« (Lk 14, 28-33). »Wenn jemand zu mir kommt und nicht seinen Vater und seine Mutter und sein Weib und seine Kinder und seine Brüder und seine Schwestern, ja auch sein Leben haßt, der kann nicht mein Jünger sein. Wer nicht sein Kreuz trägt und mir nachzieht, kann nicht mein Jünger sein« (Lk 14, 26f.). »Meint nicht, daß ich gekommen bin, Frieden zu bringen. Ich bin nicht gekommen, Frieden zu bringen, sondern das Schwert« (Mt 10, 34; vgl. Lk 12, 49). Alle diese Worte sind von äußerster Schärfe, sie fordern das Letzte[6]. Einer, der ihm nachfolgen will, aber erst seinen Vater begraben möchte, bekommt die Antwort: »Folge mir nach und laß die Toten ihre Toten begraben!« Einem anderen, der erst von den Seinen Abschied nehmen will, gilt das Wort: »Wer die Hand an den Pflug legt und rückwärts schaut, der taugt nicht für die Gottesherrschaft!« (Lk 9, 59-62).
Jesus richtet diese Forderung nicht an alle. Andere läßt er in ihrem Lebenskreis zurück, ohne sie aus Heimat, Beruf und Familie zu

lösen. Sie werden darum nicht als die Unentschlossenen und Halben getadelt und von der Gottesherrschaft ausgeschlossen. Nirgends wird die Jüngerschaft in diesem Sinne exklusiv gegen sie abgegrenzt. Gerade solchen Tendenzen scheint das Wort zu wehren: »Wer nicht wider uns ist, ist für uns« (Mk 9, 40)[7]. So ist denn auch in den Evangelien nirgends die Absicht sichtbar, ohne weiteres die Zöllner und Sünder und die, welche Jesu heilende Kraft erfahren haben, seinen Jüngern zuzurechnen, obwohl auch sie in ihrem Bereich Zeugen Jesu sind und er in ihren Häusern einkehrt (Mk 14, 3ff.).
Alles das zeigt, daß die Jünger als eine engere Gruppe von Jesu Anhängerschaft im weiteren Sinn zu unterscheiden sind. Die Forderung, unter die sie gestellt werden, ist zwar in der Sache keine andere als die, die schon Jesu Ruf zur Umkehr im Angesicht der kommenden Gottesherrschaft für alle erhebt. Alles hinter sich lassen und der Einladung folgen (Lk 14, 16ff.), alles verkaufen für die eine köstliche Perle (Mt 13, 45f.), war der Ruf, der allen galt. Er kehrt wieder in dem Ruf, der die Jünger in die Nachfolge ruft, wie denn oft sich nicht mehr mit ganzer Sicherheit ausmachen läßt, ob die Angeredeten eines Wortes alle oder speziell die Jünger sind, und dem Nachfolge-Wort an den reichen Jüngling im Matthäus-Evangelium unmittelbar das allgemein gültige Wort über die Fesseln des Reichtums folgt: »Kinder, wie schwer ist es, in die Gottesherrschaft einzugehen. Leichter geht ein Kamel durch ein Nadelöhr als ein Reicher in die Herrschaft Gottes« (Mt 19, 24). Die besondere Forderung an die Jünger darf also ganz und gar nicht als eine Elite-Ethik verstanden werden, als Proklamation eines asketischen Ideals, das Jesus nur wenigen zumutet, so wenig er auch sonst das Irdische – Beruf und Eigentum, Geschlechtlichkeit, Ehe und Familie – als solches verwirft. Allein die Gottesherrschaft begründet Jesu Ruf zur Nachfolge. Sie stellt die Jünger unter einen besonderen Auftrag, ein besonderes Schicksal, aber auch unter eine besondere Verheißung. An diesem Auftrag und dieser Verheißung scheitert der Reiche, der in der Erzählung Mk 10, 17-22 Jesus nach dem Weg zum ewigen Leben fragt. Jesu Antwort weist ihn zurück auf die Gebote Gottes. Nichts deutet darauf, daß dies nicht als klare, erschöpfende Antwort gemeint sei. Erst als der Reiche sich mit ihr nicht zufrieden gibt und erklärt, dies alles von Jugend auf gehalten zu haben, gibt Jesus ihm die zweite Antwort: »Eins fehlt dir! Geh, verkaufe alles, was du hast, und gib es den Armen, so wirst du einen Schatz im Himmel haben. Dann komm und folge mir nach!« Sicher ist das Eine, das Jesu Wort von ihm fordert, nicht als ein zusätzliches elftes Gebot gemeint. Auch sollten wir nicht sofort den Gedanken eintragen, daß dem Reichen beschämend zu Bewußtsein gebracht werden soll, wie schlecht es in Wahrheit um

seinen Gehorsam etwa gegenüber dem ersten Gebot bestellt sei. Nein, woran dieser Reiche scheitert, ist der Ruf des Gottesreiches an ihn, der jetzt im Rufe zur Nachfolge Jesu an ihn ergeht[8]. So scheitert er an dem unerhörten Angebot des »ewigen« Lebens und sinkt in die Trauer seiner irdischen Güter zurück.

Den Auftrag der Jünger spricht deutlich das Wort aus, mit dem Jesus sie aus ihrem Fischerhandwerk herausruft: »Ich will euch zu Menschenfischern machen!« (Mk 1,17; Lk 5,10), ein Wort, das wie so oft in seiner Drastik überrascht. Denn »Menschen fangen« ist in der profanen Sprache – im Jüdischen wie im Griechischen – ein derbes, zuweilen scherzhaft, zuweilen abfällig gebrauchtes Wort, wie auch wir sagen können: einen Menschen einfangen, kapern, ihn angeln. Man wird auch in Jesu Wort das Derbe, Frappierende heraushören müssen, freilich ohne – das braucht kaum gesagt zu werden – jenen Beigeschmack der Überlistung. Schon die Propheten gebrauchen drohend das Bild von den Fischern und Jägern, die Jahwe aussenden wird, wenn die Tage seines Gerichtes kommen (Jer 16,16ff.; Ez 47,8ff.)[9]. Hat es diesen Sinn auch in Jesu Wort? Menschen zu fangen für das kommende Gottesreich, heißt es sicher auch in seinem Mund. Aber dies hat bei ihm zuerst den rettenden Klang der Verheißung. Nur dem, der das Heil ausschlägt, wird es zum Gericht. Die Nähe der Gottesherrschaft zu verkünden und ihre heilenden, schon gegenwärtigen Kräfte zu erweisen, das ist der Dienst, der von ihnen auch die Bereitschaft zu Armut und Leiden fordert (Mt 10,6ff.). Den Frieden, das Heil in die Städte, Dörfer und Häuser zu bringen, ist darum der erste Auftrag der Jünger: »Wenn ihr aber in das Haus eintretet, so grüßet es! Und wenn das Haus würdig ist, soll euer Friede über dasselbe kommen. Ist es aber nicht würdig, so soll euer Friede zu euch zurückkehren« (Mt 10,12f.).

So sind die Jünger nicht nur die Empfänger der in Jesu Wort und Tat schon gegenwärtig-mächtigen Heilskräfte des anbrechenden Gottesreiches, sondern sie werden höchst aktiv in den Dienst seiner Verkündigung und der Ausrichtung seines Sieges mit hineingenommen (Mk 3,14f.; Lk 10,17ff.). Wir haben sicher damit zu rechnen, daß in die Darstellung der Jünger, ihrer Aussendung und ihrer geistgewirkten Taten, auch die Erfahrungen der Urgemeinde mit eingegangen sind. Doch schließt dies keineswegs aus, daß schon der irdische Jesus seinen Jüngern Anteil an seiner Vollmacht gab. Von hier aus läßt sich wohl begreifen, daß unter ihnen die Frage nach einem besonderen Lohn aufkommen konnte, freilich eine sehr menschliche Frage, die ihnen von Jesus, wie seine Antwort auf die Bitte der Zebedaiden zeigt, kräftig verwehrt wird (Mk 10,35ff.).

Die Verheißung, die Jesus seinen Jüngern gibt, ist in dem Worte beschlossen: »Wer sich zu mir bekennt vor den Menschen, zu dem wird sich auch der Menschensohn bekennen vor den Engeln Gottes. Wer mich aber verleugnet vor den Menschen, der wird verleugnet werden vor den Engeln Gottes« (Lk 12, 8f.; vgl. Mk 8, 38). Treue und Untreue ihrem Meister gegenüber hier auf Erden werden am Tage des Gerichtes Bestätigung und Antwort finden. So verheißungsvoll – so bedrohlich ist die Gemeinschaft, in die sie als Jesu Jünger eingetreten sind.

Nach Darstellung der Evangelien hat Jesus einen engeren Kreis von zwölf Jüngern um sich geschart, »daß sie mit ihm seien und er sie aussende zu predigen und Vollmacht hätten, Dämonen auszutreiben« (Mk 3, 14f.). Dieser Kreis hat noch in der frühen Kirche weit über Jerusalem hinaus in hohem Ansehen gestanden. Schon Paulus nennt ihn Jahrzehnte vor Abfassung der Evangelien unter den ersten Zeugen der Auferstehung Christi (1. Kor 15, 5). Die Überlieferung hat die Zwölf allmählich mit Jesu Jüngern gleichgesetzt und aus ihnen die zwölf Apostel gemacht – ein Prozeß, der das gängige Bild sowohl der vorösterlichen Geschichte Jesu wie auch der Anfänge der nachösterlichen Gemeinde stark beeinflußt hat. Doch ist diese Anschauung doppelt unrichtig: weder läßt sich die Schar der Anhänger Jesu auf einen Zwölferkreis eingrenzen, noch trifft die Bezeichnung »Apostel« auf ihre Gesamtzahl zu. Beweis dafür ist schon der Sprachgebrauch der synoptischen Evangelien selbst. An zahllosen Stellen ist in ihnen von den Jüngern ohne zahlenmäßige Beschränkung die Rede, viel seltener dagegen von den Zwölf, und ganz vereinzelt – nur bei Lukas häufiger als bei Markus und Matthäus – werden die letzteren ausdrücklich Apostel genannt. Diese Beobachtung ist von einiger Bedeutung, weil sie keineswegs nur ein variables Vokabular erkennen läßt, sondern sich in der allmählichen Verschmelzung der drei von Hause aus unterschiedenen Größen: Jünger, Zwölf und Apostel eine Überlagerung der Berichte durch nachösterliche Gemeindetraditionen abzeichnet. Neuere Forscher haben darum die Entstehung des Zwölferkreises überhaupt erst in die Zeit nach Ostern verlegt und seine Einsetzung durch Jesus selbst bestritten. Freilich schwerlich zu Recht. Gegen diese Annahme spricht vor allem, daß die Zugehörigkeit des Verräters Judas zu den Zwölf für die spätere Gemeinde sichtlich ein schwerer Anstoß war.

Welche Bestimmung aber hat Jesus den Zwölf gegeben? Die Antwort darauf gibt die Symbolzahl, der die Gruppe ihren bleibenden Namen verdankt. Sie symbolisiert die zwölf Stämme Israels (Mt 19, 28; Lk 22, 30) und bezeichnet damit die Zwölf als Repräsentanten des neuen Gottesvolkes der Endzeit. Das heißt jedoch keineswegs, daß Jesus seine Jünger als einen nach Art der Qumrangemeinde vom übrigen Israel abgesonderten »heiligen Rest« gesammelt habe, wohl aber hat er vermutlich durch die Einsetzung der Zwölf seinen Ruf an die verlorenen Schafe vom Hause Israel (Mt 10,6; 15,24) im Ausblick auf die kommende Gottesherrschaft versinnbildlicht. (Näheres s. Exkurs IV.)

Von der Individualität der einzelnen Jünger hören wir in den Evangelien aufs ganze gesehen sehr wenig. Außer den bereits genannten Brüdern begegnen an mehreren Stellen Listen[10] ihrer Namen (Mk 3,16ff.; Mt 10,2ff.; Lk 6,14ff.; Apg 1,13), die im einzelnen voneinander abweichen. Auffallend ist, daß nach Apg 1,14 auch Frauen zu ihnen gehören. Viele der in den synoptischen Evangelien Genannten bleiben ganz im Dunkel – erst die spätere Legende hat sich ihrer angenommen. Es sind jüdische und griechische Namen. Matthäus, in dem wohl der Mk 2,14 (vgl. Mt 9,9) berufene Levi wiederzuerkennen ist, ist ein Zöllner, Simon der Kananäer, wie sein Beiname zeigt (vgl. Mk 3,18 und Lk 6,15), ein Zelot – ihrer Herkunft nach also Todfeinde. Die am stärksten profilierten Gestalten unter den Jüngern sind Simon mit dem Beinamen »Petros«[11] und Judas Ischarioth, der Verräter Jesu: Simon Petrus, leidenschaftlich in seiner Hingabe und doch in entscheidender Stunde schwankend, der Wortführer der anderen Jünger, der erste Zeuge des Auferstandenen und nach Jesu Tod und Auferstehung der Führer der Kirche, und die unheimliche Gestalt des Verräters, beide begreiflicherweise für die Erinnerung der Gemeinde von besonderer Bedeutung.

Überblickt man die in den Evangelien Genannten – im Johannes-Evangelium tritt vor allem noch die Gestalt des Nathanael hinzu –, so zeigt sich, daß sie alle nicht den führenden Schichten entstammen. Es sind Fischer und Zöllner, vielleicht auch einige Handwerker und Bauern Galiläas. Ihr Bild bleibt in den ersten beiden Evangelien ohne idealisierenden Glanz. Nur Lukas mildert und beseitigt, wo er kann, die anstößigen Züge[12]. Auch die Jünger verstehen immer wieder Jesus nicht, werden mutlos, wo es zu glauben gilt, sie wehren die Kinder ab, die man zu Jesus bringt (Mk 10,13ff.), oder den blinden Bettler, der am Wege schreiend nach ihm verlangt (Mk 10,48). Sogar die drei des engsten Jüngerkreises halten die Wache des Gebets mit ihrem Herrn im Garten Gethsemane nicht durch und schlafen ein. Petrus verleugnet, Judas verrät den Herrn. Sie fliehen, als es zur Gefangennahme Jesu kommt. Und doch sind sie von Jesus »erwählt«, und Petrus kann von ihnen sagen: »Siehe, wir haben alles verlassen und sind dir nachgefolgt« (Mk 10,28).

In den Jüngern, die Jesus auf seinem irdischen Wege nachfolgen, hat die spätere Gemeinde ihr eigenes Bild wiedererkannt. Sie verstand sich selbst als das Gottesvolk der Endzeit, als das neue Israel, aber

sah sich in ihrem irdischen Dasein auch nach Ostern in der gleichen Lage wie die Jünger, von ihrem Herrn zu Opfer und Bewährung ihres Glaubens gerufen. So wird der Jüngername zur Bezeichnung der Glaubenden überhaupt (Apg 6, 1; 9, 1.10.19 u.ö.). Anfechtung und Not der Jünger von einst wurde damit zum Bild auch der Not und Verheißung der späteren Gemeinde. So konnte Matthäus zum erstenmal die Geschichte von der Stillung des Sturmes, wie ein Vergleich mit den Berichten der beiden anderen Evangelien zeigt, als Beispiel und Sinnbild für Nachfolge und Jüngerschaft überhaupt verstehen (Mt 8, 23-26)[13]. Mit Bedacht stellt er der Erzählung die beiden kurzen Nachfolgeszenen voran (Mt 8, 19-22) und verknüpft sie mit ihnen durch eben dieses Stichwort »Nachfolge«. Episodische Einzelheiten, die der Markus-Text bot, übergeht er. Dafür aber ist bei Matthäus der Ruf der Jünger ein wirkliches Gebet – nicht mehr nur wie bei den anderen ein Hilferuf in Angst und Befremden –: »Herr, rette uns, wir verderben!« Auch trifft die Jünger in der Matthäus-Erzählung der Vorwurf des Herrn: »Warum seid ihr so furchtsam, ihr Kleingläubigen?«, noch ehe Jesus Wind und Wogen Schweigen gebietet. Dies steht jetzt in der Mitte, und das Wunder selbst folgt. So sind Anfechtung, Glaube und Kleinglaube, aber auch die Vollmacht des Herrn, der mitten im Ansturm von Angst und Anfechtung die große Stille zu schaffen vermag, zum eigentlichen Inhalt der Perikope geworden, zu Beschämung und Trost der Glaubenden.
Wie die spätere Gemeinde im Bild der Jünger von einst sich selbst wiedererkannte, zeigen, um noch ein anderes Beispiel von vielen zu nennen, auch die Abschiedsreden des Johannes-Evangeliums. Hier werden Lage, Not und Verheißung der Jünger *vor* Tod und Auferstehung Jesu unmittelbar in eines geschaut mit der Lage der Glaubenden nach Ostern und vor seinem Wiederkommen (Joh 13, 31ff. und Kap. 14-17).

VII. Kapitel

Jesu Weg nach Jerusalem. Leiden und Tod

Schon die Zeit der galiläischen Wirksamkeit Jesu ist nicht nur eine Zeit des Erfolges, sondern auch des Mißerfolges. Romantisch von einem galiläischen Frühling zu reden, dem bald genug die Katastrophe in Jerusalem folgen sollte, wie es ältere Leben-Jesu-Darstellungen tun, haben wir keinen Anlaß. Andere rechnen mit einer Krise schon innerhalb dieser ersten großen Periode der Geschichte Jesu: Der Argwohn der Gegner verstärkte sich; das Volk enttäuschte ihn durch seine Unbußfertigkeit, und der Landesherr Herodes Antipas, der »Vierfürst« von Roms Gnaden, wurde auf ihn aufmerksam und beschloß, den »wiedererstandenen« Täufer zu beseitigen. Aber die Texte bieten für solche Darstellung einer Entwicklung im Leben Jesu keinen sicheren Anhalt. Auch geben sie kein Recht zu der Annahme, Jesus sei auf der Flucht vor Herodes zeitweise außer Landes gegangen und in das Gebiet des phönizischen Tyrus nach Norden in die Gegend von Caesarea Philippi und in das Land der Zehn Städte jenseits des Sees Gennesaret, das unmittelbar unter römischer Militärhoheit stand, entwichen und habe endlich den Zug nach Judäa und Jerusalem angetreten, um den Nachstellungen des Herodes zu entgehen[1]. Die Evangelien berichten darin doch wohl historisch getreu, daß Erfolg und Mißerfolg, Zulauf und Feindschaft von Anbeginn zu Jesu Geschichte gehören, auch wenn die nicht selten schematische Darstellung die Tendenz erkennen läßt, von Anfang an diese Geschichte als Leidensgeschichte zu schildern und auf die Passion am Ende auszurichten. (Schon Mk 3,6 redet von einem Todesbeschluß der Gegner.)
Jesu Kampf und die von ihm entfachte Bewegung richtete sich nicht gegen die politischen Machthaber, weder gegen Rom noch gegen Herodes. Bezeichnenderweise wird in den Evangelien, die doch sonst eine nicht geringe Zahl von Dörfern und Städten seiner galiläischen Wirksamkeit nennen – Nazareth, Bethsaida, Chorazin, Kapernaum, im Johannes-Evangelium noch Kana –, die nach dem römischen Kaiser Tiberius genannte Haupt- und Residenzstadt des Herodes Tiberias und das Nazareth benachbarte, hellenistische Sepphoris nirgends erwähnt. Nur gerüchtweise hört der Vierfürst von Jesus und will ihn beseitigen, offenbar weil er ihn, den vermeintlichen Johannes redivivus, für den Anführer einer aufrührerischen Bewegung hält. Eine kurze Szene erzählt, wie einige Pharisäer zu Jesus kommen und

ihn warnen: »Geh fort und zieh von hier weg, denn Herodes will dich töten«, und Jesus antwortet: »Geht hin und sagt diesem Fuchs: siehe ich treibe Dämonen aus und vollbringe Heilungen heute und morgen ... und am folgenden Tage muß ich wandern, denn es geht nicht an, daß ein Prophet außerhalb Jerusalems umkomme« (Lk 13, 31-33)[2]. Das in seinem Kern wohl echte Wort hat offenbar gerade darin seine Pointe, in Abwehr politischer Mißdeutung Jesu wahren Auftrag auszusprechen, aber zugleich seine Bereitschaft, sich dort mit diesem Auftrag der Entscheidung zu stellen, wo sie allein fallen soll – in Jerusalem.

Dieser Entschluß, nach Jerusalem zu ziehen, ist fraglos die entscheidende Wende in Jesu Geschichte. Man darf ihn freilich nicht sofort im Sinne der späteren Überlieferung verstehen, als habe Jesus in Jerusalem nur seinen Tod gesucht. So erscheint es nach den wiederholten Leidens- und Auferstehungsweissagungen (Mk 8, 31; 9, 31; 10, 33f.). Sie sind deutlich erst im Rückblick auf seine Passion formuliert, um Jesu wunderbares Vorauswissen der kommenden Ereignisse und den geheimnisvollen Ratschluß Gottes, der in ihnen waltet, zu bekunden. Besonders die dritte Weissagung ist zu einem ganzen Summarium der Passions- und Ostergeschichte ausgestaltet[3].

Der Grund für Jesu Zug nach Jerusalem, den er mit seinen Jüngern antritt, kann nicht zweifelhaft sein. Es galt, die Botschaft der kommenden Gottesherrschaft nun auch in Jerusalem, das Jesus selbst als Gottes Stadt, »die Stadt des großen Königs«, bezeichnet hatte (Mt 5, 35), auszurichten. Wie für jeden Juden ist also auch für Jesus Jerusalem nicht nur Landeshauptstadt, sondern der Ort, mit dem in besonderer Weise das Schicksal Israels verknüpft ist. Daß dieser Weg in neue, schwere Kämpfe mit den geistlichen und weltlichen Machthabern hineinführen und Jesus mit der bestimmten Möglichkeit seines gewaltsamen Endes rechnen mußte, haben wir keinen Anlaß zu bezweifeln, so berechtigte Gründe bestehen, die historische Echtheit der Leidens- und Auferstehungsweissagungen im einzelnen anzufechten. Von welchem Augenblick an diese Bereitschaft, auch den Tod auf sich zu nehmen, die Jesus ja auch von seinen Jüngern forderte, zur Gewißheit seines bevorstehenden Endes wurde, lassen die Quellen nicht mehr sicher erkennen. Zunächst aber dürfen wir annehmen, daß Jesu Weg nach Jerusalem vor allem den Sinn hatte, das Volk hier in der heiligen Stadt vor die Botschaft vom Reiche Gottes zu stellen und in letzter Stunde zur Entscheidung zu rufen. Ausdrücklich sagt Lukas an mehreren Stellen (19, 11; 24, 21; Apg 1, 6), daß für die Jünger sich mit diesem Zuge die Hoffnung verband, nun werde das Reich Gottes erscheinen. Ob Jesus früher schon in oder um Jerusalem gewirkt hat, wissen wir nicht. Sein Klagewort über Jerusalem: »Wie oft habe ich deine Kinder sammeln wollen wie eine Henne ihre Küchlein ...« (Mt 23, 37ff.) dürfte ein Zitat aus einer Weisheitsschrift sein, aber schwerlich ein Beleg für ein früheres Wirken Jesu in der Stadt. Auch der Evangelist Johannes, der den Schauplatz der Tätigkeit Jesu zwischen Jerusalem und Galiläa wechseln und ihn bei drei Passafeiern auftreten läßt, ist hier kein zuverlässiger historischer Zeuge, denn die Stätten des Wirkens Jesu haben bei ihm offenkundig sinnbildliche Bedeutung[3a]. Jedenfalls steht außer Zweifel, daß Jesu Zug mit den Seinen zum Passafest nach Jerusalem die Ereignisse auslöste, die nicht nur für ihn selbst, sondern auch für den Glauben seiner Anhänger von entscheidender Bedeutung werden sollten.

Der mit dem Einzug Jesu in Jerusalem einsetzende Bericht der Evangelien, vor allem die eigentliche Geschichte seines Leidens und Sterbens, unterscheidet sich von allen früheren Berichten schon durch seine Ausführlichkeit und den hier nun nicht mehr gleichgültigen Zusammenhang der Ereignisse. Das erweckt zunächst den Eindruck, daß für diesen letzten Abschnitt des Lebens Jesu den Evangelisten ausgiebigere und zuverlässigere Quellen zur Verfügung standen und sie hier dementsprechend auch in anderem Maße als zuvor historisch-biographisch erzählen konnten. Aber dieser Eindruck ist nur bedingt richtig. Auch hier ist das Grundelement der Berichte die Einzelperikope, und sogar in noch höherem Grade als zuvor ist die Darstellung hier geleitet von dem Glaubensinteresse der Gemeinde.

Wie nur irgendwo sonst ist darum hier das Historische ins Legendäre verwoben und so berichtet, daß darin und dahinter die Hand Gottes sichtbar wird und Jesus als der erscheint, der Gottes Ratschlüsse vollstreckt und ihre Erfüllung erleidet. Ständig begegnet daher das gleiche Motiv, daß in Jesu Tun und Leiden die »Schrift« erfüllt werden sollte. Propheten- und Psalmenworte durchziehen die Erzählung in großer Zahl, nicht nur in ausdrücklichen Zitaten, sondern auch in vielen Einzelzügen und Anspielungen. Der Einzug Jesu ist Erfüllung von Sach 9, 9: »Frohlocke laut, Tochter Zion! Jauchze, Tochter Jerusalem! Siehe, dein König kommt zu dir, gerecht und siegreich ist er. Demütig ist er und reitet auf einem Esel, auf dem Füllen einer Eselin.« Die Tempelreinigung erfüllt das Wort Jes 56, 7: »Mein Haus soll ein Bethaus heißen für alle Völker.« Bei der Bezeichnung des Verräters sagt Jesus, daß der Menschensohn dahingeht wie von ihm geschrieben steht (Mk 14, 21), und kleidet die Ankündigung in die Worte des 41. Psalms: »Einer von euch wird mich verraten, einer, der mit mir ißt« (Mk 14, 18). Beim Abendmahl erklingt das alte Wort von dem »Blut des Bundes« (2. Mos 24, 8),

vor der Gefangennahme Jesu und der Flucht der Jünger Sach 13,7: »Ich werde den Hirten schlagen, und die Schafe werden sich zerstreuen.« In der Gethsemaneszene klingt das Wort: »Meine Seele ist zu Tode bekümmert« unmittelbar an Ps 43,5 an. Wer den Bericht vom Todesbeschluß des Hohen Rates hörte, sollte sich an Ps 31,14 erinnern: »Da sie sich wider mich versammelten, beschlossen sie, nach meinem Leben zu greifen«. Beim Verrat des Judas zitiert Matthäus ausdrücklich Sach 11,12f.: »Beliebt es euch, so gebt mir meinen Lohn ... da wogen sie mir meinen Lohn dar, dreißig Lot Silber.«[4] Bei Jesu Geißelung soll der Hörer an Jes 50,6 denken: »Meinen Rücken bot ich den Geißeln, meine Wange den Schlägern; mein Angesicht verbarg ich nicht vor Schmähung und Anspeien.« Vollends aber ist die Geschichte von Jesu Kreuzigung und Tod voll dieser Anklänge, wobei merkwürdigerweise sich nur wenige Anspielungen an das große prophetische Kapitel vom leidenden Gottesknecht (Jes 53) finden, um so mehr aber solche an die Leidenspsalmen. Es genügt hier, nur die wichtigsten zu nennen: »Sie gaben mir zur Speise Galle, und in meinem Durst tränkten sie mich mit Essig« (Ps 69,22). »Sie verteilten meine Kleider unter sich, und über mein Gewand warfen sie das Los« (Ps 22,19). »Alle, die mich sahen, verspotteten mich, redeten mit den Lippen, schüttelten das Haupt« (Ps 22,8; vgl. Klagel 2,15). Schon Lk 22,37 erinnert der Evangelist an das Wort: »Und er ist unter die Übeltäter gezählt worden« (Jes 53,12), das in einigen Textzeugen auch Mk 15,28 bei der Kreuzigung Jesu zwischen den Schächern zitiert wird. Auch das Wort des Gekreuzigten, das Markus und Matthäus als einziges überliefern, ist der Gebetsruf aus dem 22. Psalm: »Mein Gott, mein Gott, warum hast du mich verlassen?«, wie auch das von Lukas als letztes überlieferte Wort wieder ein Psalmwort ist: »In deine Hände befehle ich meinen Geist« (Ps 31,6).
Diese noch nicht einmal vollständige Aufzählung der in der Passionsgeschichte zitierten oder in Anspielungen wirksamen alttestamentlichen Schriftstellen zeigt, wie diese Geschichte erzählt und verstanden ist und also auch gelesen und verstanden werden will: nicht nur als eine Kette abrollender historischer Ereignisse, sondern als ein Gefüge göttlicher Ratschlüsse, sinnvoll im Lichte der Weissagungen Gottes trotz und inmitten alles irdischen Widersinns und Unrechts. Das große, geheimnisvolle »Muß« Gottes steht über ihr und macht auch die menschlichen Akteure dieses Geschehens, ohne ihnen damit die Verantwortung und Schuld abzunehmen, zu Gottes Werkzeugen. Zugleich soll aber darin sichtbar werden, daß das furchtbare Schicksal, das Jesus widerfährt, ihm nicht von ungefähr zustößt und ihn als den verheißenen Messias nicht widerlegt, sondern bestätigt, seiner

Würde also nicht widerspricht, sondern entspricht. »Mußte nicht Christus dies leiden, um in seine Herrlichkeit einzugehen?« fragt der Auferstandene die Jünger auf dem Weg nach Emmaus und legt ihnen »in allen Schriften aus, was von ihm handelt« (Lk 24, 26f.).

Diese Einsicht in das Geschichtsverständnis der Überlieferung nötigt uns freilich zu dem Eingeständnis, daß wir über diesen letzten Abschnitt der Geschichte Jesu im eigentlich historischen Sinn nur wenig Sicheres wissen. Denn es kann kein Zweifel sein, daß, in welchem Umfang auch immer, der Weissagungsbeweis nicht nur eine Zutat nachträglicher Reflexion und Deutung ist, sondern auch selbst geschichtszeugend gewirkt hat[5]. Auch zeigen die im einzelnen beträchtlichen Differenzen der Darstellung, wie vorsichtig und kritisch unser historisches Urteil über das Detail der Berichte sein muß. Wir können den Ablauf der geschichtlichen Ereignisse seit Jesu letztem Aufenthalt in Jerusalem bis zu seinem Ende also nur noch in Umrissen erkennen. Gleichwohl wäre nichts verkehrter, als den Berichten der Evangelien über Jesu Leiden und Sterben jede Geschichtlichkeit abzusprechen, nur weil der Glaube der Gemeinde gerade an diesem Stück der Überlieferung besonderes Interesse nahm und mit Hilfe alttestamentlicher Schriftstellen sie gestaltete.

Zu dieser letzten Geschichte Jesu gehört bereits sein Einzug in Jerusalem im Kreis seiner Anhänger (Mk 11, 1ff.). Es ist die Zeit des Passa, wo riesige Pilgerscharen zur Feier der Rettung des Volkes aus Ägypten in der heiligen Stadt zusammenströmen und eschatologische Hoffnungen, wie wir auch aus späteren Zeugnissen wissen, in besonderer Weise lebendig waren. Die Erwartung der kommenden Gottesherrschaft erfüllt auch Jesus und seine Begleiter, die ihn, den Propheten aus Galiläa, mit jubelndem Zuruf als den Messias feiern. Wie weit Jesus selbst diesen Zug als Demonstration seiner Messiaswürde gemeint hat, mag umstritten bleiben. Die spätere Überlieferung hat ihn jedenfalls so verstanden und mit wunderhaften Zügen, die ihm diese Bedeutung verleihen, ausgestattet. Indessen, wenn man auch hier den späteren Glauben der Jünger in Rechnung stellt, denen der tiefere Sinn des Geschehens erst aufging, »als Jesus verherrlicht war« (Joh 12, 16), sicher ist doch schon dieser Einzug Jesu mit seinen Anhängern nicht ohne seinen machtvollen Anspruch zu denken, daß mit seinem Wort das Gottesreich anbricht und an ihm selbst die letzte Entscheidung fällt. Der Kampf gegen die geistlichen Führer des Volkes war damit von ihm selbst eröffnet.

Das bekundet auch die Tempelreinigung (Mk 11, 15ff.), die diesem Einzuge folgt, auch sie bald, wie die Darstellung bei Johannes zeigt (2, 13ff.)[6], von der deutenden Überlieferung gleichsam messianisch »überbelichtet«. Und doch ist sie schon nach dem Bericht der Synoptiker mehr als eine reformatorische Tat, die nur dem Gottesdienst im Tempel seine Reinheit wiedergeben soll. Das Bild, das sich Jesus im Vorhof des Tempels bot, war für keinen Juden besonders anstößig. Es entspricht dem Treiben, das heute noch zu allen Wallfahrten gehört. Krämer und Geldwechsler machen ihre Geschäfte, bieten Opfertiere an und tauschen das fremde Geld der Pilger in althebräische oder phönizische Währung, die für Handel und Tempelsteuer vorgeschrieben war. Daß die heiligen Bereiche des Tempels davon nicht berührt wurden, dafür war ja gesorgt. Aber Jesus macht mit geschwungener Geißel diesem Treiben ein Ende und reinigt das Heiligtum für den Anbruch der Gottesherrschaft. Man darf auch hier diesen eigentlichen Horizont des Geschehens nicht außer acht lassen, noch den Anspruch, der diese Tat begründet. Durchaus sinngemäß verbinden alle Evangelien darum mit der Geschichte der Tempelreinigung das Kampfgespräch Jesu mit den Oberen des Volkes über die »Vollmacht«, die ihn zu solcher Tat berechtigt (Mk 11,27ff.)[7].

Die Evangelien lassen diesen beiden Szenen jetzt nicht sofort die Geschichte der Verhaftung, der Verhöre und des Leidens Jesu folgen, sondern eine lange Reihe von Streitgesprächen, Gleichnissen und endlich die große apokalyptische Rede, in der Jesus Jerusalem und dem Tempel die Vernichtung ankündigt. An der zeitlichen und örtlichen Zuordnung dieser Stücke ist im einzelnen nichts gelegen. Sie könnten auch in anderem Zusammenhang stehen, wie schon ihre abweichende Einordnung bei Lukas zeigt[8]. Auf alle Fälle aber wollen die Evangelien einen Eindruck davon geben, wie der Konflikt Jesu mit seinen Gegnern jetzt seine äußerste Spannung bekommt und die Ankündigung des Gerichtes über das Volk mit letzter Schärfe geschieht, zugleich aber die Jünger für das Ende zugerüstet werden. Die eigentliche Leidensgeschichte setzt in den ersten drei Evangelien erst mehrere Kapitel darnach ein, in ihrer Entscheidungsschwere schon dadurch beleuchtet, daß sie auf die Rede vom Untergang Jerusalems und vom Weltgericht folgt. Indessen sind diese letzten Beobachtungen wohl für das Verständnis der Komposition der Überlieferung in den Evangelien wichtig, nicht aber unmittelbar zur Rekonstruktion der Geschichte selbst verwendbar.

Fragen wir hier zunächst weiter nach dem Ablauf der Ereignisse, so darf man mit Sicherheit annehmen, daß die jüdische Behörde vor allem durch die sie herausfordernden Szenen beim Einzug und im Tempel sich zum Einschreiten veranlaßt sah. Jesu starke Wirkung auf das Volk mag der Grund dafür gewesen sein, daß die jüdische Obrigkeit nicht sofort zuschlug (vgl. Mt 21,14ff.; Lk 19,47f.; Joh 12,19). Aber schnelles Handeln schien ihnen geboten – noch vor dem Fest, »damit kein Aufruhr des Volkes entstehe« (Mk 14,2). In dieser wichtigen Notiz des Markus- und Matthäus-Evangeliums hat sich eine Erinnerung daran erhalten, daß Jesu Verhaftung und Ende noch vor dem eigentlichen Passafest sich ereigneten. Sie steht in deutlichem Gegensatz zu der sonst in den Synoptikern bezeugten Chronologie der Ereignisse, derzufolge Jesus am Gründonnerstag-Abend noch das Passamahl mit seinen Jüngern feiert, in der Festnacht verhaftet und von dem Hohen Rat und Pilatus abgeurteilt wird und an dem ersten hohen Feiertag – nach jüdischem Kalender am 15. Nisan – den Kreuzestod stirbt. Diese Chronologie weicht von der des Johannes-Evangeliums ab, wonach Jesus schon am 14. Nisan stirbt (Joh 18,28). Beide Zeitangaben lassen sich nicht in Übereinstimmung bringen[9]. Zwar kann mit Recht darauf hingewiesen werden, daß die johanneische Zeitangabe sich mit einem symbolischen Sinn verbindet – Jesus stirbt als das »Lamm Gottes« (Joh 1,29.36) an dem Tag, wo die Passalämmer geschlachtet wurden –, gleichwohl wird ihr Recht dadurch nicht einfach in Frage gestellt. Wir hätten demnach für seinen Tod mit einem Datum dicht vor dem Beginn des Festes zu rechnen. Daß die letzten Ereignisse seiner Leidens- und Todesgeschichte sich nicht innerhalb der Festzeit abgespielt haben, schimmert aber auch bei den Synoptikern noch durch. Wir werden davon gleich im Zusammenhang der Fragen des letzten Mahles Jesu, der Gefangennahme und des Verhörs vor dem Hohen Rat zu sprechen haben. Der Beschluß der Behörde, ihn vor dem Fest zu beseitigen (Mk 14,2), dürfte also wirklich zur Ausführung gekommen sein. Die Möglichkeit dazu, ihn »mit List« zu verhaften, gab ihr das Angebot des Judas Ischarioth, eines seiner Jünger, Jesus sicher und unauffällig in ihre Hand zu bringen.

In der Gewißheit seines Endes hält Jesus mit seinen Jüngern das letzte Mahl[9a]. Wir können seinen historischen Hergang nicht mehr mit Sicherheit ausmachen, denn die Texte sind in ihrer vorliegenden Gestalt ein Niederschlag der Mahlfeier der späteren Gemeinde und ihrer Liturgie. So viel aber lassen sie deutlich erkennen: Jesus feiert das Mahl mit den Jüngern in der Erwartung des kommenden Reiches und seines Abschieds. »Amen, ich sage euch, ich werde nicht mehr von dem Gewächs des Weinstockes trinken bis zu dem Tage, wo ich es neu trinke im Reiche Gottes« (Mk 14,25)[10]. Dieses Wort ist in die spätere liturgische Überlieferung des Herrenmahles, wie schon Paulus 1. Kor 11,23-25 zeigt, nicht eingegangen und dürfte schon damit seine Echtheit erweisen. Es stellt das Ende Jesu in das Licht der kommenden Herrschaft Gottes, es unterscheidet Jesus und sein Schicksal von dem der Jünger – »Ich werde nicht mehr trinken . . .« –, aber es schließt die zurückbleibenden Jünger untereinander zusammen und gibt ihrer Gemeinschaft die Verheißung neuer Verbunden-

heit mit ihm im Reiche seines Vaters. Was diese Gemeinschaft bedeutet und worin sie gründet, sagt die Überlieferung der vorangehenden Einsetzungsworte, auch wenn sie in der vorliegenden Gestalt die liturgische Tradition der Gemeinde widerspiegelt: Jesus gibt den Seinen unter Brot und Wein Anteil an seinem in den Tod gegebenen Leib und an seinem für »viele« (d.h. für alle)[11] vergossenen Blut (Mk 14, 24; 1. Kor 10, 16). Sein Tod bekommt damit die Bedeutung der Erneuerung des am Sinai geschlossenen Gottesbundes (2. Mos 24, 8) oder, wie es der Paralleltext 1. Kor 11, 25 sagt, der Begründung des »neuen«, von Jeremia (31, 31 ff.) verheißenen Bundes, der neuen Heilsordnung Gottes. Sicher ist in diesen schon innerhalb der Evangelien wachsenden Aussagen der gestaltende Glaube der feiernden Gemeinde am Werk, der Jesu Tod rückschauend als Erlösung für die Welt versteht. Aber die Tatsache dieses Abschiedsmahles in dem Sinn, den schon das eschatologische Wort am Ende ausspricht, ist dadurch nicht in Zweifel gezogen.
Daß dieses Mahl, so sicher es in die zeitliche Nähe des Passafestes gehört, auch selbst als Passamahl gehalten wurde, ist dagegen sehr zweifelhaft. Was wir sicher wissen, ist nur, daß die ersten drei Evangelisten es als ein solches verstanden und schildern wollten. Aber schon die Erwägungen, die wir zu Mk 14, 2 anstellten (s. o. S. 141), ließen daran Bedenken aufkommen. Der eigentliche Stiftungsbericht selbst verstärkt sie. Denn ihm fehlt, was zu jedem jüdischen Passaritual bis heute gehört, die Deutung, die der Hausvater beim Mahl mit den Seinen dem Passabraten in Erinnerung an die einstige Rettung des Volkes aus Ägypten gibt, und die Deutung des ungesäuerten Brotes, das an die Eile des Aufbruchs damals oder auch an die Elendszeit in der Wüste erinnern soll. Davon verlautet kein Wort. Statt dessen gibt Jesus, was völlig ohne Analogie zur Passafeier ist, unter Brot und Wein sich selbst, als den in den Tod Gegebenen. Es ist darum nicht verwunderlich, daß Paulus keinerlei Beziehung zwischen Herrenmahl und Passa behauptet. Zwar kennt auch er den altchristlichen Gedanken, daß Christus das für uns geopferte Passalamm ist (1. Kor 5, 7), aber wo er davon redet, fehlt jeder Hinweis auf das Sakrament, wie er umgekehrt dort, wo er in Anlehnung an alttestamentliche Texte vom Herrenmahl spricht, zwar an den Wüstenzug Israels, seine wunderbare Speisung mit dem himmlischen Manna und seine wunderbare Tränkung aus dem wasserspendenden Fels, aber eben nicht an die eigentliche Passa-Geschichte erinnert (1. Kor 10, 1 ff.)[12]. Das Verständnis des letzten Mahles Jesu als Passamahl dürfte also auf die Theologie der Urgemeinde und die ersten drei Evangelisten bzw. der hinter ihnen stehenden Gemeinde zurückzuführen sein. Sie ist nicht einmal in ihre eigenen Einsetzungstexte

eingedrungen, sondern bestimmt nur den sie umgebenden Rahmen. Das Motiv dieser Deutung ist nicht zweifelhaft; es ist dasselbe, was wir auch hinter der Chronologie des Johannes erkannten (s. o. S. 141) und 1. Kor 5, 7 ausgesprochen fanden, nur daß es von den Synoptikern auf Jesu letztes Mahl, von Paulus und Johannes unmittelbar auf Jesu Tod angewendet wurde.

Auf das letzte Mahl Jesu mit seinen Jüngern folgt sein einsamer nächtlicher Gebetskampf im Garten Gethsemane (Mk 14, 32-42). Man darf auch diese Erzählung nicht sofort als historischen Bericht lesen. Schon die Tatsache, daß ja kein Mensch Zeuge dieses Ringens Jesu war, beweist das. Doch ist auch hier wieder die Erzählung ein Geschichtszeugnis höherer Art: Jesus in der Tiefe der Anfechtung, allein, von seinen Jüngern geschieden, nicht als ein »Gottwesen«, sondern gerade in seiner Menschlichkeit. Die Jünger können sich des Schlafes nicht erwehren und versagen in der Stunde der Anfechtung, Jesus dagegen ist der, der mit Zittern und Zagen den Willen seines Vaters im Gehorsam annimmt: »Abba, Vater, alles ist dir möglich; laß diesen Kelch an mir vorübergehen! Doch nicht wie ich will, sondern wie du willst« (Mk 14, 36)[13].

Gethsemane ist der Ort, wo Jesus von der Rotte seiner Gegner unter Führung des Judas verhaftet wird, eine Szene, in die nach Schilderung der Evangelien Jesus gerüstet, die Jünger ungerüstet hineingehen. Wie auch sonst in der Leidensgeschichte ist das Bild, das die Erzählung gibt, also nicht dieses: hier Jesus und seine Gefolgsleute, dort seine Feinde, sondern: hier Jesus allein und dort seine Feinde, geführt von einem der Zwölf, und rings umher der verstörte Haufe seiner Jünger, von denen nur einer jäh und hilflos sich dazwischen zu werfen versucht[14]. Die Szene ist schauerlich (Mk 14, 43-52): »Es hatte aber der, welcher ihn verraten wollte, ihnen ein Zeichen gegeben und gesagt: der, den ich küssen werde, der ist's; nehmt ihn fest und führt ihn sicher ab! Und wie er kam, trat er sogleich auf ihn zu und sagte: Rabbi! und küßte ihn. Da legten sie Hand an ihn und nahmen ihn fest.« Jesus läßt es geschehen. Sein einziges Wort – so nach dem ältesten Bericht[15] – lautet: »Wie gegen einen Räuber seid ihr ausgezogen mit Schwertern und Stöcken, um mich zu ergreifen. Täglich war ich bei euch im Tempel und lehrte, und ihr habt mich nicht festgenommen. Doch die Schriften müssen erfüllt werden.« Die Jünger fliehen, einer, ein Unbekannter, nackt, unter Zurücklassung seines Gewandes. Hier eine der wenigen Spuren eines Augenzeugen.

Die darauf folgende Szene des Verhörs Jesu vor dem Hohen Rat (Mk 14, 53-65) haben die Evangelien im Sinne des Christus-Bekenntnisses ausgestaltet. Dramatisch aufgebaut beginnt sie mit dem Aufgebot falscher, sich widersprechender Zeugen, hat in der Frage des

Hohenpriesters nach der Messianität und Gottessohnschaft Jesu und seinem, zum erstenmal öffentlichen messianischen Selbstzeugnis ihre Mitte und endet mit seiner Verurteilung zum Tode wegen Gotteslästerung. So wird der Bericht zum Christuszeugnis in machtvollem Kontrast zur Empörung und Grausamkeit seiner Feinde[16].

Dieser Charakter des Berichtes verbietet es von vornherein, ihn als eine Art Gerichtsakte zu lesen. Das wird auch durch eine Reihe anderer bis heute viel diskutierter historischer Bedenken bestätigt. Abgesehen von der sich erneut aufdrängenden Generalfrage nach den Gewährsleuten, die den Jüngern die Einzelheiten des Prozesses berichtet haben sollen, differiert die Darstellung schon bei den Synoptikern beträchtlich. Nach Markus und Matthäus wird Jesus in der einen Sitzung des Synhedriums in der Passanacht verhört und zum Tode verurteilt, bei Lukas dagegen findet am Morgen darauf eine Versammlung seiner Mitglieder statt und diese befragen Jesus; der Hohepriester wird dabei nicht erwähnt, ebensowenig das Todesurteil selbst (22, 66-71). Noch stärker weicht der johanneische Bericht ab, demzufolge nicht das Synhedrium in Aktion tritt, sondern Jesus zu dem Hohenpriester Hannas (nicht Kaiphas!) gebracht und von ihm über seine Lehre, jedoch nicht über seine Messianität und Gottessohnschaft befragt wird (18, 13f. 19-24). Gerade diese den Höhepunkt der synoptischen Berichte bildende Frage ist nicht zuletzt darum historisch anfechtbar, weil der Hoheitstitel Gottessohn eindeutig dem christlichen Bekenntnis entstammt, aber kein jüdisches Messiasprädikat war und zum anderen der Anspruch, der Messias zu sein, als solcher im Judentum durchaus nicht als todeswürdige Gotteslästerung galt. Endlich hat man des öfteren darauf hingewiesen, daß der synoptische Bericht der beiden ersten Evangelien in mehreren Punkten mit dem jüdischen Recht nicht in Einklang zu bringen ist. Doch ist das kein beweiskräftiges Argument, weil die dafür angeführte jüdische Prozeßordnung erst in einem späteren, pharisäische Rechtsanschauungen wiedergebenden Mischnatraktat kodifiziert worden ist und möglicherweise zur Zeit Jesu, als noch die sadduzäische Priesterpartei im Synhedrion führend war, noch nicht in Geltung stand.

Entscheidend ist jedoch in jedem Fall, daß der Statthalter Pontius Pilatus Jesus am Kreuz hinrichten ließ, damals die grausamste und schimpflichste Strafe, die der römischen Gerichtsbarkeit vorbehalten war und massenweise an politischen Rebellen vollstreckt wurde. Hat Pilatus das Todesurteil gesprochen, also nicht nur einen jüdischen Gerichtsspruch zur Vollstreckung freigegeben, so ist dennoch mit hoher Wahrscheinlichkeit anzunehmen, daß die jüdische Behörde den verhaßten Propheten aus Galiläa verhaftete, informell verhörte

und ihn als Führer einer politischen Revolte dem Römer auslieferte (Lk 23, 2; Joh 19, 12.15). Daß dabei etwa die Tempelreinigung und ein prophetisch-apokalyptisches Wort Jesu über den Untergang des Tempels (Joh 2, 19; Mk 14, 58; Apg 6, 14) eine Rolle spielte, läßt sich nicht beweisen, allenfalls vermuten (Flusser). Nach Darstellung der Evangelien geriet Pilatus durch die Übergabe Jesu in nicht geringe Verlegenheit. Ob hier ein historischer Zug festgehalten ist, bleibt fraglich. Zu dem aus außerbiblischen Quellen bekannten Portrait des »harten und in seinem Eigenwillen nicht zu besänftigenden« Pilatus (Philo) paßt er schlecht. Auch ist die Tendenz der Evangelisten unverkennbar, den Prokurator als Zeugen der Unschuld Jesu sprechen zu lassen, den Vertreter Roms zuungunsten der Juden zu entlasten und ihn zugleich zum willenlosen Werkzeug der von den jüdischen Oberen aufgewiegelten Menge zu machen[17]. Immerhin besteht kein zureichender Grund, das Angebot der Amnestierung Jesu durch Pilatus und die Entscheidung des aufgehetzten Volkes für den Zeloten Barrabas anzufechten und für ein Produkt späterer dichtender Phantasie zu halten. So fordern sie, vor die Wahl gestellt, die Freilassung des zu Recht für das Vergehen Verurteilten, das Jesus zu Unrecht vorgeworfen wurde.
So wird Jesus dem Hohn der römischen Soldateska übergeben, ausgepeitscht und zur Kreuzigung geführt, verlassen auch von seinen Jüngern. Der einzige, Petrus, der ihm nachging bis in den Hof des hohenpriesterlichen Palastes, hat ihn dort vor Mägden und Knechten verleugnet. Eine Magd, so heißt es, erkennt ihn als Gefolgsmann Jesu. Auch vor den übrigen Knechten verrät sich der Galiläer an seiner Sprache. Aber Petrus spricht unter Fluch und Schwur das Bannwort über Jesus: »Ich kenne diesen Menschen nicht«[18]. Eine Szene, wohl von Petrus selbst der späteren Gemeinde überliefert, für alle Zeiten für sie das unheimliche Beispiel der Untreue, gerade von dem Jünger seinem Herrn erwiesen, der ihm vor allen anderen das Gelöbnis der Treue bis in den Tod gegeben hatte (Mk 14, 31) und nun – nicht vor der maßgeblichen Instanz einer Behörde, sondern dem sehr unmaßgeblichen Forum einiger Knechte und Mägde zu Fall kam.
Vom Amtssitz des Pilatus, dem Herodespalast im Nordwesten der Stadt[19], wird Jesus vor die Stadt zu dem Hügel Golgatha, der Stätte des Hochgerichtes, gebracht. Auf dem Weg dahin, so erzählt der Bericht, begegnet dem Zug mit dem unter der Last des Kreuzes zusammenbrechenden Jesus ein vom Felde in die Stadt hereinkommender Mann, Simon aus Cyrene, der Vater von Alexander und Rufus (Mk 15, 21), der alsbald von den Soldaten gezwungen wird, Jesus nach Golgatha hinauf das Kreuz zu tragen. Was bedeuten diese nur von Markus genannten Namen? Nicht ausgeschlossen, daß beide

Brüder der Gemeinde, der der Evangelist diese Nachricht verdankt, vielleicht als ihre eigenen Glieder bekannt waren und ihr als Gewährsleute galten.
Es entsprach der Gepflogenheit, daß man dem Verurteilten vor der Kreuzigung einen Trunk stark gewürzten Weines anbot, um sein Bewußtsein zu betäuben und so seine Qualen zu lindern. Aber Jesus lehnt den Trunk ab. Auch die Verlosung der Kleidungsstücke an die Soldaten ist römische Sitte. Für die Evangelisten ist beides wichtig im Blick auf die Weissagung der Leidenspsalmen (Ps 69, 22; 22, 19), die, wie wir sahen, das älteste Passionsbuch der Urchristenheit waren. Vor allem entspricht es römischem Hinrichtungsbrauch, daß dem Delinquenten eine Tafel mit der Angabe seiner Schuld vorangetragen oder umgehängt wird. Hier wird sie am Kreuz angeheftet, nach Darstellung des Johannes in hebräischer, griechischer und lateinischer Sprache: »Jesus der Nazoräer, der König der Juden« (Joh 19, 19f.), vom vierten Evangelisten auch am stärksten in ihrer unheimlichen Ironie zur Geltung gebracht. Denn sie verkündet das Gericht über Israel, das jetzt seinen Messias verworfen hat. Darum der Protest der Juden, die von Pilatus eine Korrektur fordern: »Schreibe nicht: der König der Juden, sondern daß er gesagt habe: Ich bin der König der Juden« (Joh 19, 21). Aber Pilatus fügt sich ihrem Wunsche nicht, das Geschriebene abzuändern und die bloße Formulierung eines vermessenen illusionären Anspruches an seine Stelle zu setzen. So wird die Inschrift des Pilatus dem Unwillen der Juden zum Trotz und über die eigene Absicht des römischen Statthalters hinweg zur prophetischen Proklamation der Würde Jesu für die ganze Welt.
In der Schilderung des eigentlichen Kreuzigungsvorganges begnügen sich alle Evangelien mit den sparsamsten Worten: »Und sie kreuzigten ihn.« Jeder kannte den schauerlichen Vorgang der besonders für Sklaven gebräuchlichen Hinrichtungsart: der Verurteilte wurde an dem Querholz mit ausgebreiteten Armen angenagelt und dieses dann an dem aufgerichteten, mannshohen Pfahl festgemacht, wobei man die Füße mit Nägeln oder Stricken an einem besonders angebrachten Holze befestigte. Aber es ist wohl klar, daß die Kargheit der Beschreibung und der Verzicht auf alle Ausmalung in den Evangelien mehr als äußere Gründe hat.
Der Gekreuzigte wird, so berichten die Evangelien, verhöhnt und geschmäht: von dem vorübergehenden und zuschauenden Volk, von den Priestern und Schriftgelehrten und sogar von den Mitgekreuzigten zur Rechten und zur Linken. Wieder sollen wir uns an Ps 22, 7ff. erinnern und bedenken, daß hier der der Gotteslästerung Geziehene jetzt selbst verlästert wird und in ihm Gott. Nur bei Lukas ist die Szene weiter ausgestaltet und ein Unterschied gemacht zwischen dem

unbußfertigen Schächer zur Linken und dem reumütigen, Jesu Hilfe begehrenden zu seiner Rechten. Der Chor der Schmäher fordert von Jesus ein entsprechendes Wunder wie der Satan in der Versuchungsgeschichte (Mt 4, 1ff.): Steig herab vom Kreuz! Auch in ihrem Spott müssen sie noch die verirrte Wahrheit bekunden: »Andere hat er gerettet, sich selber kann er nicht retten!« In der Tat – dieser Sinn ist deutlich: dies kann er nicht, hier hat seine Macht ihre Grenze. Aber diese Grenze ist der Gehorsam, der Verzicht auf sein Recht und seine Macht. Dies gerade ist das Geheimnis seiner Messianität. Wie auch hier der Unglaube Jesu Macht und Würde höchst paradox bekunden muß, hat J. S. Bach in der Matthäus-Passion dadurch zum Ausdruck gebracht, daß er den wilden Chor der Schmähungen achtstimmig in dem Unisono enden läßt: »Denn er hat gesagt: Ich bin Gottes Sohn.«
Die Darstellung seines Sterbens weicht in den Evangelien nicht unerheblich voneinander ab. Nach den beiden ersten Evangelisten stirbt Jesus mit dem Ruf des 22. Psalms: »Eli, Eli, lema sabachthani« – »Mein Gott, mein Gott, warum hast du mich verlassen?« Ein Gebetsruf – gewiß nicht der Schrei eines an Gott Verzweifelten, und doch darf diesem Wort von seiner Härte und der Tiefe der Not, die der Sterbende nicht nur von den Menschen, sondern auch von Gott erleidet, nichts abgebrochen werden. Dieses Psalmwort läßt sich eben nicht einfach durch das andere ersetzen: »Wenn mir gleich Leib und Seele verschmachtet, bist du doch Gott allezeit meines Herzens Trost und mein Teil« (Ps 73, 26) oder auch das Sterbewort der Lukas-Passion (Ps 31, 6). Auch die Peiniger Jesu hören seinen Ruf, aber sie mißverstehen ihn, als habe er nach Elias, dem Nothelfer, geschrien, und versuchen – aus Hohn oder Neugier? – ihn mit einem Essigtrank zu erfrischen, um so noch Zeit für ein Mirakel im letzten Augenblick zu schaffen. Aber Jesus stirbt mit einem lauten Schrei.
Das Bild seines Sterbens ist bei Lukas anders. Nach Aufrichtung des Kreuzes schon spricht Jesus die Fürbitte für seine Feinde: »Vater, vergib ihnen, denn sie wissen nicht was sie tun« (Lk 23, 34)[20]. Danach, als der reuige Schächer Jesu Unschuld und Hoheit erkennt, die Zusage an ihn: »Amen, ich sage dir, heute wirst du mit mir im Paradies sein« (Lk 23, 43) und zuletzt das Wort des 31. Psalms: »Vater, in deine Hände befehle ich meinen Geist« (Lk 23, 46). Nach Johannes spricht der Sterbende drei andere Worte, die Worte an die Mutter und den Lieblingsjünger: »Weib siehe, dein Sohn« und »Siehe, deine Mutter« (Joh 19, 26f.), »Mich dürstet« (Joh 19, 28) und als letztes: »Es ist vollbracht« (Joh 19, 30).
Das sind drei große, in sich zutiefst verschiedene Bilder des Gekreuzigten, die man nicht als Fragmente eines historischen Berichtes verstehen und nicht zu einem Ganzen zusammenstücken darf, so

deutlich sie alle in und trotz ihrer Verschiedenheit das Geheimnis der Person, der Sendung und des Todes Jesu aussprechen.
Von diesem Geheimnis wollen auch die Wunder zeugen, die den Tod Jesu begleiten: Die Finsternis, die in seiner Todesstunde sich über das ganze Land breitet. Der plötzliche Riß durch den Tempelvorhang, der das Allerheiligste verhüllt, wo der Hohepriester am großen Versöhnungsfest das Versöhnungsopfer darbringt – Ausdruck und Sinnbild, daß jetzt eine alte, »greisenhaft gewordene« Ordnung zu Ende und eine neue Gottesordnung begründet ist (Hebr 8, 6-13).
Ein Wunder und Zeichen ist auch das Bekenntnis, das der römische Hauptmann im Anblick des Sterbens Jesu ausspricht: »Dieser Mensch ist wahrlich Gottes Sohn gewesen« (Mk 15, 39). In der Stunde, da Israel seinen Messias durch die Hand der Römer sterben läßt, erklingt das erste Bekenntnis zu ihm aus dem Munde des Heiden[21].
In der Regel tritt der Tod eines Gekreuzigten erst nach langer Zeit der Qual und Erschöpfung ein. Jesus stirbt nach sechs Stunden am frühen Nachmittag. Hingerichtete werden sonst abseits ohne Totenklage und Leichenzug verscharrt. Durch das mutige Eintreten eines angesehenen frommen Ratsherrn, Josef von Arimathia, kommt es zu dieser letzten Schande nicht (Mk 15, 42ff.). Er erbittet Jesu Leichnam von Pilatus und bestattet ihn in seinem eigenen Felsengrab. Zwei Frauen sind Zeugen. Ihre Namen und die Angabe der Grabstätte leiten bereits hinüber zu der Geschichte der Auferstehung. Der Bericht über Jesu Begräbnis ist knapp und nüchtern gehalten, ohne alle Tendenz. Gerade so aber konnte er der glaubenden Christenheit sagen, was J. A. Bengel in die Worte zusammenfaßte: sepultura mortem ratam facit – das Grab macht den Tod gültig[22].

VIII. Kapitel

Die Messiasfrage

Wir haben mit Bedacht eine Frage bisher noch unerörtert gelassen oder doch mindestens nicht ausdrücklich beantwortet, die häufig für die wichtigste in der Überlieferung gehalten wird, die Frage nämlich, ob und in welchem Sinn Jesus selbst sich für den Messias gehalten habe. Man nennt sie gemeinhin die Frage nach dem messianischen Selbstbewußtsein Jesu. Doch sollte man bei dieser verhängnisvoll psychologisierenden Formulierung bedenken, daß den Evangelien und ihrer Überlieferung zwar alles an der Sache, dem *Messias-sein* Jesu gelegen ist, aber daß sie sich äußerst spröde und abweisend verhalten gegenüber der modernen Frage nach Jesu »Bewußtsein«. Sache und Überlieferung setzen uns hier eine sehr bestimmte Grenze, die in keinem Augenblick vergessen werden darf. Auch ist von vornherein damit zu rechnen und wird durch die Quellen bestätigt, daß gerade an dieser Stelle der Glaube die Überlieferung wesentlich gestaltet hat. Aber kann man im Ernst bezweifeln, daß Jesus sich für den Messias gehalten und einen messianischen Anspruch erhoben hat? Die Frage ist, was gleich noch deutlicher werden soll, nicht so leicht und sicher zu beantworten, wie man gemeinhin annimmt.

Daß wir erst hier dieser Frage uns ausdrücklich zuwenden, mag manchen befremden. Viele sind der Meinung, daß sie an den Anfang gehört und ohne ihre klare Entscheidung sich auch nicht das Geringste aus Jesu Botschaft und Geschichte wirklich verstehen ließe. Darauf ist zu antworten: Nein, sie gehört nicht an den Anfang, und der Platz, den wir ihr zuweisen, bedeutet bereits, weit entfernt von allen bloßen Überlegungen über eine geeignete Disposition, eine sachliche Entscheidung, zu der uns Jesu Verkündigen und Wirken nötigen. Denn, so sahen wir bei unserer Darstellung von Anfang an, dies gerade gehört zu der Eigenart seiner Botschaft und seines Tuns, daß Jesus *in* seinem Wort und seinem Tun aufgeht und nicht seine Würde zu einem eigenen Thema seiner Botschaft vor allem andern macht.

Im Lichte des anbrechenden Reiches und der Gegenwart des fordernden Gottes hat allerdings jedes seiner Worte und jede seiner Taten eine jetzt und für immer entscheidende Bedeutung. Immer geht es um das Jetzt und Heute im Angesicht der Ewigkeit, sein Wort ist Tat und Ereignis und sein Wirken Zeichen der schon anbrechenden Herrschaft Gottes. In diesem Sinn ist alles, was er sagt und tut, Ausdruck seiner Sendung. »Heil den Augen, die sehen was ihr seht, und den

Ohren, die hören was ihr hört!« »Heil dem, der nicht an mir zu Fall kommt!« Gottes Geist ist in seinen Taten am Werk. Darum sagt er denen, die ihm vorwerfen, er sei mit dem Teufel im Bunde: »Amen, ich sage euch: alle Sünden und Lästerungen werden den Menschenkindern vergeben werden, soviele sie auch aussprechen; wer aber wider den heiligen Geist lästert, hat in Ewigkeit keine Vergebung, sondern er ist ewiger Sünde schuldig« (Mk 3, 28 f.)[1]. Er ist das Zeichen, das diesem »ehebrecherischen und sündigen Geschlecht« als einziges gegeben wird wie einst Jona den Niniviten, ehe die Katastrophe hereinbricht (Lk 11, 29 ff.; s. o. S. 61). Er aber ist auch Zeichen und Bringer des Heils für die Verlorenen, mit denen er zu Tisch sitzt (s. o. S. 72). Sein Wehe gilt den Städten, die Zeugen seiner Tat wurden und doch nicht zur Umkehr bereit waren (Mt 11, 20 ff.), aber durch sein Wort geschieht Vergebung und Rettung an den Kranken und Sündern, die im Glauben zu ihm kommen oder ihm gebracht werden. In ihm selbst wird der Anspruch der Gottesherrschaft Ereignis.

Auch in Jesu Stellung zum Gesetz und der Vergegenwärtigung des göttlichen Willens sind wir immer wieder auf den Anspruch und das Geheimnis seiner Sendung gestoßen. Das »Amen, ich sage euch« seiner Reich-Gottes-Predigt hat in dem »Ich aber sage euch« hier seine genaue Entsprechung. Die Berufung der Jünger, die Auswahl der Zwölf und die Bewegung, die er entfacht, sind nicht zu denken ohne diesen Anspruch. Sein Einzug in die heilige Stadt, der Kampf, den er hier eröffnet, die Reinigung des Tempels sprechen ihn aus. Aber nicht minder die Rufe der Kranken und die Schreie der Besessenen, die ihm entgegenklingen, die Erwartungen, die seine Anhänger auf ihn setzen, wie die Angst und Empörung der jüdischen Obrigkeit, die ihn an Pilatus ausliefert, und endlich seine Kreuzigung als »König der Juden«, alles das ist Antwort auf den Anspruch, der ihnen in Jesu Person entgegentritt.

Und doch ist die Frage nach diesem Anspruch damit erst gestellt und nicht schon beantwortet. Denn eben dies ist im höchsten Maße erstaunlich, daß Jesus diesen Anspruch nicht unmittelbar erhebt, sondern ihn aufgehen läßt in seiner Botschaft und seinem Wirken, ohne beides von einem gleichsam vorgegebenen Amte her zu rechtfertigen und ohne die Würde, die man ihm zuerkennen will, zu bestätigen. So wenig er die Forderung seiner Gegner nach einer Legitimation erfüllt, so wenig auch die Erwartungen seiner Anhänger.

In den Evangelien hat dieser sehr merkwürdige Sachverhalt seinen Ausdruck in der paradoxen Lehre vom »Messiasgeheimnis« Jesu gefunden. Wir begegnen ihr vor allem im Markus-Evangelium. Schon bei Matthäus und Lukas findet sie sich nur noch in abgemilderter Gestalt, während Johannes sie durch die nicht minder paradoxe Lehre von der »Herrlichkeit« des Offenbarers *in* seiner Fleischwerdung und *in* seinem Sterben ersetzt hat. So wie sie im Markus-Evangelium begegnet, verrät sie offenkundig die deutende Reflexion der nachösterlichen Gemeinde[2]. Jesu ganze Geschichte ist hier auf Ostern hin ausgerichtet. Bis dahin ist seine Messianität verborgen und soll nicht offenbar werden. Zwar bricht sie immer wieder in einzelnen Geschehnissen und Taten Jesu durch: die Dämonen erkennen ihn und merken angstvoll, daß hier der erschienen ist, der ihrem Regiment ein Ende bereitet, die Geheilten wollen seine Macht ausrufen, die Jünger möchten vor der Zeit ihn als Messias bekennen und verkünden. Immer wieder aber gebietet Jesus Schweigen und gibt Bekenntnis und Botschaft erst für die Zeit frei, wenn er gestorben und auferstanden ist. Beispielhaft sagt dies sein Wort an die Jünger, nachdem sie für einen Augenblick in der Geschichte seiner Verklärung schon Zeugen seiner künftigen Auferstehungsherrlichkeit waren: »Und als sie vom Berge herabstiegen, gebot er ihnen, sie sollten niemand erzählen, was sie gesehen hatten, bis der Menschensohn von den Toten auferstanden wäre« (Mk 9, 9). Die stereotypen, oft gar nicht durchführbaren, das ganze Evangelium durchziehenden Schweigegebote[3], auch die häufig wiederkehrenden Wendungen vom Unverständnis der Jünger (6, 52; 7, 18; 8, 17f. u. ö.) beweisen die einheitliche theologische Konzeption, nach der der Evangelist sein Werk gestaltet hat. Mit Recht hat man das älteste Evangelium darum paradox »ein Buch der geheimen Epiphanien« genannt[4].

Was aber steht geschichtlich dahinter? Die Tatsache, daß die Idee des Messiasgeheimnisses im Markus-Evangelium so offenkundig die Erfahrung von Karfreitig und Ostern voraussetzt und als theologischer und schriftstellerischer Leitfaden des Evangelisten sich erweist, sichtbar gerade dort, wo wir seine gestaltende Hand erkennen, verbietet es, sie ohne weiteres zu einer Lehre schon des historischen Jesus zu machen. Wir müßten für eine solche Annahme auch ganz andere Anzeichen in der Überlieferung finden, daß Jesus das traditionelle Messiasbild in seiner Verkündigung »vergeistigt« hätte. Aber so häufig das behauptet wird, so wenig bestätigen es die Quellen. So scheint nur die andere Erklärung übrig zu bleiben, hinter der dogmatischen Lehre vom Messiasgeheimnis sei verschleiert noch die Tatsache erkennbar, daß Jesu Geschichte ursprünglich eine unmessianische Geschichte war, die erst nach Ostern von der Gemeinde in das Licht ihres Messiasglaubens erhoben wurde[5]. Allein, auch gegen diese Annahme erheben sich die schwersten Bedenken. Bei aller gebotenen Bereitschaft zur Kritik der Überlieferung sahen wir keinen Grund zu bestreiten, daß Jesus tatsächlich durch sein Auftreten und Wirken messianische Erwartungen geweckt und den Glauben, er werde sich als der verheißene

Heilbringer erweisen, entfacht hat. Der Glaube, den die Emmausjünger aussprechen: »Wir aber hofften, er sei der, der Israel erlösen sollte« (Lk 24, 21), wird sehr genau die Überzeugung der Anhänger Jesu vor seiner Passion wiedergeben. Er erklärt auch allein das Verhalten der jüdischen Obrigkeit und das Urteil des Pilatus. Bedenkt man endlich, wie in den zahlreichen messianischen Bewegungen der Zeit sich im Munde ihrer Führer oder mindestens im Glauben ihrer Anhänger Prophetie und messianischer Anspruch unmittelbar vermählen, so wird auch von da aus das Bild, das die Evangelien bieten, durchaus glaubwürdig.

Wir haben darum nicht von einer »unmessianischen« Geschichte Jesu vor seiner Passion zu reden, wohl aber von einer Bewegung zerbrochener Messiaserwartungen und von einem als Messias Erhofften, der doch zugleich durch seinen Verzicht auf messianische Selbstdarstellung die Hoffnungen, die ihm entgegenschlugen, enttäuschte. Denn, dies ist das eigentlich Erstaunliche, es gibt tatsächlich keinen einzigen sicheren Beweis, daß Jesus einen der messianischen Titel, die ihm die Tradition anbot, für sich in Anspruch nahm. Nirgends jedenfalls spielt derlei in seiner Verkündigung vom Anbruch der Gottesherrschaft und in seiner Vergegenwärtigung des Gotteswillens eine Rolle, so gewiß doch an seinem Wort und seinem Tun die Entscheidung für Gegenwart und Zukunft fällt.

Man darf sich in dieser Erkenntnis nicht dadurch irremachen lassen, daß die Evangelien selbst viele eindeutig messianische Texte bieten. Wir haben in ihnen zunächst das Credo der Gemeinde und die Theologie der Urchristenheit wiederzuerkennen. Das gilt von den beiden in sich sehr verschiedenen Stammbäumen bei Matthäus und Lukas, die Jesus als Davidssohn und als das Kind der Verheißung darstellen wollen, von den Vorgeschichten derselben Evangelien, die in Legenden das Geheimnis seines Ursprunges schildern, von der Tauf- und Versuchungsgeschichte, die wieder nicht historische Berichte sind, sondern in Form von Lehrerzählungen Jesu Sendung und Wesen umschreiben. Daß die Überlieferung dabei an Szenen anknüpft, deren Historizität nicht generell bestritten werden darf, von der Taufe an bis zu Kreuzigung und Auferstehung, ist damit nicht geleugnet. Aber die Möglichkeit, in diesen Geschichten einen historischen Kern ausfindig zu machen, ist jeweils sehr verschieden groß und meistens gering, und jeder solche Versuch wird in der Regel nur damit erkauft, daß man sich um das, was der Text wirklich sagen will, betrügt. Jeder mag sich das etwa an einer Erzählung wie der Geschichte von der Verklärung Jesu verdeutlichen, die wirklich erst dann zu sprechen anfängt, wenn wir die Frage, was denn hier »historisch passiert« sei, nicht mehr stellen. Aber auch die benachbarte Erzählung vom Messiasbekenntnis des Petrus sollte man hier nicht ausnehmen. Zwar mag sie durchaus auf eine historische Szene weisen, schon wegen ihrer auffälligen Ortsangabe Caesarea Philippi. Aber so wie sie erzählt ist, ist sie ganz durchwoben von Bekenntnis und Reflexion der späteren Gemeinde, nicht mehr nur eine historische Szene, sondern ein Geschichtszeugnis höherer Art, in das Jesu Geschichte im ganzen von Kreuz und Auferstehung her hineingeschrieben ist, und damit zugleich die Geschichte eines Glaubens, der erst am Kreuze Jesu zerbrechen mußte, um in seinem Kreuz und seiner Auferstehung sich neu zu begründen.

Wir dürfen von dieser Betrachtung auch die überlieferten Herrenworte nicht ausnehmen, in denen messianische Titel – Messias, Gottessohn, Davidssohn, Menschensohn – als Selbstaussagen Jesu begegnen. Auch hier zeigt sich, daß sie aller Wahrscheinlichkeit nach ihre überlieferte Gestalt erst von dem Glauben der Christenheit empfingen, der durch die Auferstehung Jesu geweckt war. Das Recht zu dieser weitreichenden Behauptung kann nur eine kritische Prüfung der einzelnen Stellen ergeben, zu der wenigstens ein Exkurs im Anhang eine Anleitung bieten soll (Exkurs III). Bedenkt man, was wir des öfteren schon gesagt haben, daß die Überlieferung Jesu Wort nicht nur als ein Wort von einst verstand und weitergab, sondern als das Wort des Erhöhten und Gegenwärtigen, so begreift man, wie es zu dieser neuen Gestalt seiner Worte kommen konnte. Gerade weil der Auferstandene und Erhöhte für die Glaubenden kein anderer war als der irdische Jesus von Nazareth, konnten schon in die vorösterlichen Worte Jesu die Hoheitsnamen Eingang finden, die doch in Wahrheit das Ende seines Weges voraussetzen. Sie alle reden von der Vollmacht, die Gott diesem Jesus gab, von dem Heil, das Gott für Zeit und Ewigkeit durch ihn gewirkt hat, von seiner Würde, seinem Weg und seinem Werk, aber doch immer so, daß Ende und Vollendung hier ganz mit seinem irdischen Dasein zusammengeschaut sind (Kap IX). Damit ist nicht bestritten, daß in allen diesen Hoheitsnamen nachwirkt und nachklingt, was uns im vorösterlichen Wort Jesu schon ständig begegnet. Verkündigung und Anspruch Jesu, daß in ihm selbst und seinem Wirken die Herrschaft Gottes anbricht und hier die Entscheidung fällt für Heil und Gericht, und damit zugleich das Besondere und Einmalige seines Verhältnisses zum Vater, das viele seiner Worte aussprechen – alles das ist in die messianischen Namen, die die Gemeinde ihm gibt, mit eingegangen. Gleichwohl gehört zu diesem Besonderen, daß der irdische Jesus keinen dieser Titel selbst für sich in Anspruch nahm.

Dieses Urteil mag befremden, denn wir hören Mk 14,61f. in der Geschichte des Verhörs Jesu vor dem Hohen Rat, daß er auf die Frage des Hohenpriesters: »Bist du der Messias, der Sohn des Hochgelobten?« zum erstenmal offen antwortet: »Du sagst es.« Auch in der Szene des Petrusbekenntnisses nach Matthäus nimmt er das Messiasbekenntnis an (16, 17). Doch sind beide Stellen eine deutliche Widerspiegelung des Christusbekenntnisses der späteren Gemeinde[6]. Was für den Messiastitel gilt, gilt auch für den Titel des Sohnes. Das absolut gebrauchte »der Sohn« ist in urchristlichen Bekenntnistexten ein messianischer Hoheitsname (s. S. 198 f.). Dem Judentum als solcher noch unbekannt begegnet er in den synoptischen Texten nur an zwei Stellen, die beide, wie oft bemerkt, an die Sprache des Johannes-Evangeliums erinnern, aber wieder kaum für den historischen Jesus in Anspruch genommen werden dürfen. Auch findet sich kein Wort Jesu, in dem er den messianischen Titel Davidssohn für sich verwendet.

Eine besondere Stellung hat in den Selbstaussagen Jesu nur der Titel des Menschensohnes. Er stammt, wie wir früher sahen (s. S. 33), aus der spätjüdischen Apokalyptik und meint dort nicht, wie man leicht mißversteht, einen Menschen im Gegensatz zu einem Gott- und Himmelswesen, sondern eine mythisch-transzendente Gestalt; also ein Hoheitsname ohnegleichen, keineswegs ein Name für einen Menschen in Niedrigkeit. So schaut ihn der Seher des Danielbuches: »Einen, der einem Menschensohn glich«. Er kommt mit den Wolken des Himmels herab und empfängt ein ewiges Reich, die Herrschaft über alle Völker (Dan 7, 13 ff.). Der Apokalyptiker deutet ihn auf das Volk Israel, aber schon die späteren Apokalyptiker zeigen, daß diese seltsame Gestalt eine Person ist, gleichbedeutend mit dem Messias (Henoch 48, 2 f.; 62 f.; 4. Esra 13). In der Erwartung des Menschensohnes sprach sich eine Hoffnung aus, welche die engen Grenzen des jüdischen Nationalismus hinter sich ließ und die Welt umspannte. Er bringt das Ende dieses alten und den Anbruch eines neuen Äon. Es kann kein Zweifel sein, daß die frühe palästinensische Urchristenheit die Gestalt dieses Menschensohnes, der zum Gericht über die Welt und zur Erlösung der Seinen kommen soll, mit Jesus gleichsetzte. Diese Erwartung gehörte zur ältesten Christologie der Urkirche. Ihre Spuren verlieren sich jedoch bald, da vor allem mit dem Eintritt des Evangeliums in die hellenistische Welt der ursprüngliche Sinn des Menschensohn-Titels nicht mehr verstanden wurde und die Hoffnungen, die man mit ihm verband, erloschen oder, besser gesagt, einen anderen Ausdruck fanden. Nur die ersten drei Evangelien sind als Quelle der Menschensohn-Erwartung erhalten geblieben. Im Johannes-Evangelium tritt der Titel hinter zahlreichen anderen Hoheitsnamen zurück, wenngleich er auch hier noch in deutlicher Abhängigkeit von alter urchristlicher Tradition an einigen Stellen zu finden ist (Joh 1,51; 3,14; 5,27; 6,27). Schon bei Paulus findet er sich nicht mehr, von anderen urchristlichen Schriften – außer Apg 7,56; Offb 1,13 – zu schweigen.

Um so reichlicher aber erscheint der Menschensohn-Name eben in den ersten drei Evangelien und den von ihnen verarbeiteten Quellen. Und zwar immer in Jesu eigenen Worten; nie wird in der Erzählung von ihm als Menschensohn geredet, und nie wird er in Anrede oder Bekenntnissen so genannt. Das scheint mit Bestimmtheit darauf zu weisen, daß der Titel Menschensohn sicher und unbestreitbar eine Selbstbezeichnung Jesu gewesen sein muß. Aber auch hier ist einer historischen Betrachtung Zurückhaltung geboten. Sicher ist zunächst nur, daß es nicht wenige Menschensohn-Worte Jesu gibt, die ganz im Sinne der apokalyptischen Erwartung vom Menschensohn als dem auf den Wolken des Himmels Kommenden reden. Mancher dieser Sprüche mag, nur wenig verändert, aus jüdisch-apokalyptischer Tradition in die christliche Überlieferung aufgenommen sein. Andere dagegen gehen höchst wahrscheinlich auf Jesus selbst zurück[6a]. Dazu gehört vor allem das an die Jünger gerichtete Wort: »Wer immer sich zu mir bekennt vor den Menschen, zu dem wird sich auch der Menschensohn bekennen vor den Engeln Gottes. Wer mich aber verleugnet vor den Menschen, der wird verleugnet werden vor den Engeln Gottes« (Lk 12,8f.; vgl. Mk 8,38). Jesus nennt sich hier wohlgemerkt nicht selbst den Menschensohn, sondern redet von ihm in der dritten Person. Zugleich aber verbindet er doch das Urteil des Kommenden aufs engste mit seiner eigenen Person und stellt die Entscheidungen, die ihm gegenüber fallen, in engsten Zusammenhang mit den künftigen Entscheidungen des Weltrichters. Hier werden wir das Urgestein der Überlieferung, Jesu eigene Worte, vor uns haben. Die Tradition hat des öfteren die Unterscheidung zwischen Jesus selbst und dem Menschensohn aufgehoben, wie schon die Abwandlung zahlreicher Worte in den Evangelien zeigt.

Aber die Überlieferung verrät noch mehr. Sie bietet andere Menschensohn-Worte, die nichts von dem Kommen des Weltrichters sagen, um so mehr aber davon sprechen, daß der Menschensohn viel leiden, von den Ältesten, Hohenpriestern und Schriftgelehrten verworfen und getötet werden und nach drei Tagen auferstehen muß (Mk 8,31 u.ö.). Diese Worte sind in der apokalyptischen Literatur sonst ohne Beispiel. Sie sprechen eine Paradoxie ohnegleichen aus: der Menschensohn in der Menschen Händen (Mk 9,31), der Weltrichter selbst ein Gerichteter. Diese Leidensweissagungen sind nicht so sehr von der Erwartung des Kommenden geprägt als vielmehr von einer Erfahrung, die auf den Irdischen zurückblickt; das göttliche »Muß« in Jesu Leiden und Auferstehen ist ihr Inhalt. Bis in die Ein-

zelheiten hinein ist hier die Passions- und Ostergeschichte Jesu in sie eingegangen. Überlieferungsgeschichtlich heißt das: Diese Worte sind schwerlich schon von Jesus selbst gesprochen; sie gehören einer späteren Überlieferungsschicht an, in der die vollendete Geschichte Jesu auch seinem Wort eine neue Gestalt gab. Hat der Begriff des Menschensohnes damit seinen ursprünglichen Sinn verloren? Gewiß, er hat von Jesus her einen neuen Inhalt bekommen. Und doch wollen gerade diese Worte mit höchstem Nachdruck sagen: *dieser* ist der Erwartete und kein anderer; der Verworfene und Gekreuzigte und kein anderer ist der Träger der Vollmacht Gottes zu Heil und Gericht.
Wir verstehen von hier aus, daß noch andere Menschensohn-Sprüche der Überlieferung darum, ohne von seinem Kommen und ohne von seinem Leiden und Auferstehen zu sprechen, vom irdischen Jesus als dem Menschensohn reden können (Mk 2,10.28; Mt 8,20; 11,19). Wie selbstverständlich ist der Titel hier mit allem gefüllt, was von Jesus überhaupt gesagt werden konnte, denn »Menschensohn« und »Jesus« sind zu einer nicht mehr aufzulösenden Einheit geworden und können, wie die Überlieferung zeigt, nicht selten ausgetauscht werden.
Auf alle Fälle erkennt man aus den genannten Stellen, wie die Überlieferung gerade auch hier im Fluß war und in ihr nicht nur Jesu Wort weitergegeben wird, sondern in dieser Weitergabe sich zugleich die Aneignung und Deutung seiner Gestalt von seiner Vollendung her abzeichnet.
Ist das Gesagte richtig, so bedeutet das, daß der historische Jesus zwar sehr wahrscheinlich von dem kommenden Menschensohn-Weltrichter im Sinne der zeitgenössischen apokalyptischen Erwartung gesprochen hat, und dies mit der erstaunlichen Gewißheit, daß die Entscheidungen, die hier ihm und seinem Wort gegenüber fallen, beim Weltgericht bestätigt werden, aber doch sich selbst nicht mit dem Titel Menschensohn bezeichnete. Schwerlich darf man auch annehmen, daß sich der irdische Jesus als den zum himmlischen Weltrichter Bestimmten verstanden hat[7]. Man stützt diese in neuester Zeit häufig vertretene Annahme mit dem Hinweis auf die apokalyptische Lehre, daß der Menschensohn-Weltrichter bis zur Zeit seiner Offenbarung im Himmel bei Gott verborgen gehalten werde. Im Lichte dieses Verborgenheitsgedankens habe Jesus die Zeit seiner irdischen Niedrigkeit verstanden und sich als den gewußt, der zum künftigen, in Herrlichkeit erscheinenden Menschensohn designiert sei[8]. Aber welches Wort Jesu gibt uns ein Recht, die ganz andersartigen Vorstellungen und Gedanken von der Verborgenheit jenes Menschensohnes im Himmel, wie die Apokalyptik sie lehrte, und der Verborgenheit der Gottesherrschaft im Wort und Wirken Jesu, wie seine

Botschaft sie verkündet, miteinander zu verschmelzen? Nicht ein einziges seiner Worte redet vom Messias designatus.
So werden wir mit größerer Wahrscheinlichkeit annehmen dürfen, daß erst die älteste Überlieferung im Glauben an den Auferstandenen und zum Weltgericht Kommenden den Hoheitsnamen auch in Herrenworte eintrug, die ihn ursprünglich noch nicht enthielten. Auch sie spiegeln so denselben Prozeß gläubiger Aneignung und Deutung wider, den wir in vielen messianischen Texten erkennen konnten.
Das Ergebnis dieser Überlegungen ist keineswegs nur ein negatives, sondern auch ein höchst positives. Sie führen uns zu der Erkenntnis zurück, die uns bei unserer ganzen Darstellung der Botschaft und Geschichte Jesu beschäftigte, daß nämlich das »Messianische« seines Wesens *in* seinem Wort und seiner Tat und der Unmittelbarkeit seiner geschichtlichen Erscheinung beschlossen ist. Kein gängiger und geläufiger Begriff, kein Titel und Amt, welche jüdische Tradition und Erwartung bereit hielten, dient der Legitimation seiner Sendung und erschöpft das Geheimnis seines Wesens. Es läßt sich in keiner wie immer gearteten Logik eines vorgängigen dogmatischen Systems verrechnen. Wir lernen von hier aus verstehen, daß das Geheimnis seines Wesens sich den Jüngern erst in seiner Auferstehung erschließen konnte.

IX. Kapitel

Jesus Christus

Jesu Geschichte endet nicht mit seinem Sterben. Sie hebt von neuem an in seiner Auferstehung. Die zerstreute und verstörte Schar seiner Jünger sammelt sich und wird im Glauben an ihn und in der Erwartung seiner Wiederkunft zur Gemeinde. Der Geist des auferstandenen und erhöhten Herrn macht sie seiner Gegenwart und Zukunft gewiß. Ihr verschlossener Mund öffnet sich, und sie verkünden »die großen Taten Gottes« (Apg 2,11). Ihr Zeugnis weckt neuen Glauben, aber auch neuen Widerstand und Verfolgung. Die Geschichte der Kirche beginnt, ihre Mission und Ausbreitung über die Grenzen Palästinas hinaus in die ganze Welt. Eine höchst wechselvolle und spannungsreiche Geschichte, in der der Welt das Evangelium gepredigt wird, aber auch die Kirche von der Welt gefordert ist, die Botschaft von Jesus Christus in immer neuer Gestalt und neuen Sprachen auszurichten. Eine Geschichte mächtiger Wirkungen unter den Völkern und in Menschenherzen, aber auch des Versagens und Scheiterns, der Treue und der Untreue, der Erkenntnis und des Irrtums, der Siege und der Niederlagen, wobei oft genug, gemessen an Auftrag und Glauben, die augenfälligen Siege der Christenheit ihre Niederlagen und ihre Niederlagen Siege heißen könnten. Alles das eine Geschichte Jesu Christi, seiner Vollmacht, aber auch seiner niemals endenden Passion. Diese Geschichte liegt jenseits der Grenzen unserer Darstellung. Nur in Umrissen sollen ihre Anfänge hier noch zur Sprache kommen. Zu ihrem Ursprung gehört, daß der Verkündiger Jesus von Nazareth in die Botschaft des Glaubens eingeht und selbst zum Inhalt der Verkündigung wird; der, der zum Glauben rief, wird zum Geglaubten: »Wir haben geglaubt und erkannt, daß du der Heilige Gottes bist« (Joh 6,69). Eine verbreitete moderne Betrachtung meint diese entscheidende Wende, in der der christliche Glaube überhaupt geboren wird, etwa so begreiflich machen zu können: sie versteht das Ende Jesu am Kreuz als das tragische Ende eines Propheten, der unverstanden und verfolgt eine große Idee verkündigte und für diese Idee in den Tod ging, Opfer eines furchtbaren Mißverständnisses. Bis in jüngste Zeit konnte man darum den phantastischen Gedanken erörtern, den Prozeß Jesu wieder aufzurollen und den weltgeschichtlichen Irrtum jüdischer und römischer Justiz zu revidieren. Man kann bei solcher Betrachtung es dann etwa als das historische Verdienst seiner Jünger bezeichnen, daß sie der verhängnisvollen Hetze und

Propaganda gegen ihren Meister nicht erlagen, mutig der Bosheit und Lüge widerstanden und nach kurzer Zeit lähmenden Erschreckens sich tapfer aufrafften, um das verwaiste Erbe ihres Herrn anzutreten und seine Lehre in der Welt bekanntzumachen. Auch der Osterglaube der Jünger läßt sich, wie es scheint, bestens in eine solche Erklärung der Anfänge urchristlicher Geschichte mit einbeziehen und psychologisch verständlich machen als ein Niederschlag und eine Wirkung des überragenden Eindrucks, den Jesu Persönlichkeit auf seine Jünger gemacht hatte. »Er war zu groß, um sterben zu können!« (Lagarde).

Indessen, so plausibel vielen eine solche Betrachtung erscheinen mag, die neutestamentlichen Quellen sagen zu ihr Nein, und nicht nur der Glaubende, auch der Historiker wird hier erkennen müssen, wie wenig die Quellen, an die er gewiesen ist, solche Gedanken bestätigen und wie wenig die Kategorien, mit denen hier der geschichtliche Ursprung des Christentums bewältigt werden soll, zureichen. Aber hat der Historiker bessere zur Hand, um das Geheimnis der Auferstehung Jesu und des Ursprungs der Kirche zu fassen? Niemand wird leugnen können, daß dem historischen Fragen und Erkennen hier unverrückbare Grenzen gesetzt sind. Aber es ist schon viel gewonnen, wenn wir sie nicht im Sinne jener neunmalklugen Erklärung überschreiten.

1. Die Auferstehung

Das Ereignis der Auferstehung Jesu Christi von den Toten, sein Leben und seine ewige Herrschaft sind der Geschichtswissenschaft entzogen. Sie kann sie nicht wie andere Geschehnisse der Vergangenheit ermitteln und »dingfest« machen. Das letzte ihr erreichbare Datum der Geschichte ist der Osterglaube der ersten Jünger. Was die Botschaft und die Erfahrung, die ihn begründen, bedeuten, verschweigt das Neue Testament nicht. Dieser Glaube ist nicht das Sondererlebnis einiger Enthusiasten oder eine theologische Sondermeinung einiger Apostel, die im Laufe der Zeit das Glück hatte, sich durchzusetzen und Epoche zu machen. Nein, wo immer es urchristliche Zeugen und Gemeinden gab und wie immer sich ihre Botschaft und Theologie vielfältig unterschieden, sie alle sind eins in dem Glauben und Bekenntnis zum Auferstandenen. Paulus hat das mit allem Nachdruck ausgesprochen – und er redet hier repräsentativ für die ganze Urchristenheit: »Sei ich es nun, seien es jene (nämlich die andern Apostel), so predigen wir und so seid ihr gläubig geworden« (1. Kor 15,11). Derselbe Paulus sagt in eben diesem 15. Kapitel des 1. Korintherbriefes, daß mit dieser Botschaft von der Auferstehung

Christi der Glaube überhaupt steht und fällt: »Ist aber Christus nicht auferweckt worden, so ist unsere Predigt leer; leer auch euer Glaube. Dann ist erwiesen, daß wir falsche Zeugen Gottes sind, weil wir wider Gott bezeugt haben, er habe Christus auferweckt, den er nicht auferweckt hat« (15, 14f.). »Ist aber Christus nicht auferweckt, so ist euer Glaube eitel; so seid ihr noch in euren Sünden« (15, 17). Wir sind belogen und haben euch belogen, Lügner und Feinde Gottes, der mit dieser unserer Botschaft nicht das geringste zu tun hat. Dann lieber heute als morgen heraus aus diesem eingebildeten Christentum und zurück zu denen, die die scheinbar so unbefangen fröhliche und doch so hoffnungslos resignierte Parole vorziehen: »Laßt uns essen und trinken, denn morgen sind wir tot« (15, 32).

Paulus redet an dieser Stelle, wo er einen unheimlichen Katarakt schauerlicher Konsequenzen über seine Hörer hinweggehen läßt, freilich nicht als einer, der angstvoll sich in eine Illusion hineinsteigert, weil er der Härte dieser alles in nichts auflösenden Möglichkeiten entfliehen möchte, – im Gegenteil, er will sie lieber auf sich nehmen, als hier sich auf ein brüchiges Fundament zu stellen. Was er ihnen entgegensetzen kann, ist in höchster Einfachheit nur dies: »Nun aber *ist* Christus auferweckt und ein Erstling der Entschlafenen geworden« (15, 20).

Indessen, so gewiß es – auch in einem durchaus historischen Sinn – kein Evangelium, keine einzige Erzählung, keinen Brief im Neuen Testament, keinen Glauben, keine Kirche, keinen Gottesdienst, kein Gebet in der Christenheit bis heute gäbe ohne die Botschaft von der Auferstehung Christi, so schwer und unmöglich ist es doch, von dem Wie des Ostergeschehens eine zureichende Vorstellung zu gewinnen. Zu der Eindeutigkeit der Oster*botschaft* steht die Vieldeutigkeit und geschichtliche Problematik der Oster*berichte* in einer unverkennbaren Spannung. Davon kann hier nicht in allen Einzelheiten geredet werden. Jeder aufmerksame und kritische Leser des Neuen Testaments kann sich von dieser Problematik der Osterüberlieferung schon einen ersten Eindruck verschaffen, wenn er die Erscheinungen des Auferstandenen, die der Apostel in dem ältesten und zuverlässigsten, längst vor Paulus formulierten Ostertext aufzählt (1. Kor 15, 3ff.), mit den Ostergeschichten der Evangelien vergleicht[1]. Die alte, fast protokollarisch gehaltene Formel nennt zahlreiche Erscheinungen des Auferstandenen, die in den Evangelien keine Spur hinterlassen haben. Dagegen kennt sie z. B. die synoptischen Geschichten von den Frauen am leeren Grab und die Emmausjünger-Geschichte nicht. Wir hören aus der Paulusformel, daß Petrus der erste Zeuge des Auferstandenen gewesen sei, was auch durch Lk 24, 34 und die führende Stellung des Petrus in der Urgemeinde bestätigt wird, aber eine Geschichte, die von dieser ersten Erscheinung vor Petrus allein erzählte, besitzen wir jedenfalls in den kanonischen Evangelien nicht mehr[2]. Die meisten der von Paulus aufgezählten Erscheinungen weisen nach Galiläa, wohin mindestens ein Teil der Jünger Jesu nach seiner Kreuzigung zurückgekehrt ist, ehe die Gemeinde unter Führung des Petrus und der Zwölf in Jerusalem sich formierte. Aber auch mit Erscheinungen in und um Jerusalem haben wir zu rechnen. Diesen wurde bald, wie die Überlieferung zeigt, der Vorrang vor den galiläischen zuerkannt, was aus der Bedeutung gerade dieser Gemeinde in der heiligen Stadt sich ohne weiteres erklärt. Markus verrät noch, was Paulus bestätigt, daß Galiläa das Land der ersten Begegnung zwischen dem Auferstandenen und seinen Jüngern war (16, 7), denn die von ihm erzählte Geschichte von der Auffindung des leeren Grabes durch die Frauen ist noch keine Erscheinungsgeschichte. Erst bei Matthäus (28, 9f.) ist sie zu einer solchen geworden, und ebenso läßt Johannes, der im einzelnen freilich sehr anders als die Synoptiker erzählt, den Auferstandenen Maria aus Magdala und den versammelten Jüngern begegnen. Aber beide Evangelisten bieten daneben auch galiläische Ostergeschichten (Mt 28, 16ff.; Joh 21, 1ff.). Im Gegensatz zu den andern hat Lukas konsequent alle nach Jerusalem und seine nächste Umgebung verlegt[3].

Die Ostererzählungen der Evangelien differieren im einzelnen nicht unerheblich und weisen durchaus nicht auf eine annähernd so einheitliche Tradition zurück wie ihre Passionsgeschichten. Schon dies zeigt, daß die Überlieferung hier noch längere Zeit in Fluß war. Wir haben mit Lücken, aber auch mit legendärem Anwachsen zu rechnen. Die Osterbotschaft ist jedenfalls eher da als die Ostergeschichten und hat in ihnen einen sehr verschiedenen Niederschlag gefunden. Sie geben dem Geschehen der Auferstehung in einzelnen Erzählungen sinnenfälligen Ausdruck. Das gilt bereits für die Erzählung von den Frauen am leeren Grab. So wie sie erzählt ist, ist sie offensichtlich wie auch die Erzählungen aus dem Sondergut der anderen Evangelisten eine Legende, deren historische Schwierigkeiten im einzelnen hier nicht aufgezählt zu werden brauchen. Auch wird man der Wendung am Schlusse, daß die Frauen »niemanden etwas sagten« (Mk 16, 8), entnehmen dürfen, daß sie erst später in der Überlieferung auftauchte[5]. Freilich, wie ist die Geschichte erzählt! Mit höchster Zurückhaltung und Scheu wird nicht der wunderbare Vorgang der Auferstehung geschildert, sehr im Unterschied zu späteren Legenden, die das Mirakel ins Phantastische steigern und hemmungslos ausmalen und sogar Grabeswächter und Älteste zu seinen Zeugen machen[5]. Um so mächtiger erklingt die Osterbotschaft in dieser Geschichte aus dem Munde des Engels: »Entsetzt euch nicht! Ihr sucht Jesus von Nazareth, den

Gekreuzigten. Er ward auferweckt, er ist nicht hier. Siehe da die Stätte, wo sie ihn bestattet haben!« (16,6); »Was sucht ihr den Lebendigen bei den Toten?« (Lk 24, 5).

Daß Auferstehungsbotschaft und -glaube im Urchristentum nicht an einheitlichen Vorstellungen vom Wie des Ostergeschehens und der Leiblichkeit des Auferstandenen haften, erweist sich schon darin, daß die sicherlich älteste urchristliche Anschauung zwischen der Auferstehung Christi und seiner Erhöhung zur Rechten des Vaters nicht unterschied[6] und erst daneben die andere eines zeitweisen Erdenwandelns des Auferstandenen und seiner späteren Himmelfahrt sich ausbildete.

Aus dem Gesagten ergibt sich, daß wir auch die Ostergeschichten als Zeugnisse des Glaubens, nicht als Protokolle und Chroniken zu verstehen haben und also nach der *Osterbotschaft in den Ostergeschichten* fragen müssen. Wir sagen damit keinesfalls, daß die Botschaft von Jesu Auferstehung nur ein Produkt der glaubenden Gemeinde sei. Gewiß ist die Gestalt, in der sie uns begegnet, von diesem Glauben geprägt. Aber ebenso sicher haben die Erscheinungen des Auferstandenen und das Wort seiner Zeugen diesen Glauben allererst begründet. Was der Gemeinde darin aufging und zur Gewißheit wurde, war dies, daß Gott selbst mit allmächtiger Hand in das frevelhafte und empörte Treiben der Welt hineingegriffen und diesen Jesus von Nazareth der sich wider ihn erhebenden Macht der Sünde und des Todes entrissen und der Welt zum Herrn gesetzt hat. So ist Ostern nach urchristlichem Verständnis vor allem das Bekenntnis Gottes zu diesem Jesus, dem die Welt ihr Bekenntnis versagte und auch seine Jünger nicht die Treue hielten. Es ist damit zugleich der Einbruch der neuen Welt Gottes in diese von Sünde und Tod gezeichnete alte Welt. Aufrichtung und Anfang seiner Herrschaft. Ein Geschehen *in* dieser Zeit und Welt und doch zugleich ein Geschehen, das dieser Zeit und Welt Ende und Grenze setzt. Freilich erfährt es nur der Glaube (Apg 10,40ff.), denn es läßt sich nicht wie ein Geschehen in Raum und Zeit sonst beobachten und aufweisen. Und doch geht es als rettendes und richtendes Handeln diese Welt an und muß darum verkündigt werden bis an die Enden der Erde. Wir merken, wie hier Jesu eigene Botschaft vom kommenden Gottesreich in neuer Gestalt wieder erklingt, nur daß er selbst mit seinem Sterben und Auferstehen nun in diese Botschaft eingegangen und ihre Mitte geworden ist.

Der Gegensatz zwischen dem, was Menschen taten und tun, und dem, was Gott an diesem Jesus und durch ihn getan hat und vollbringt, gehört darum unveräußerlich zu allen neutestamentlichen Auferstehungszeugnissen. Die erste Christenheit weiß sich dabei keineswegs gleichsam in der Rolle eines Bundesgenossen Gottes und Kampfgefährten ihres Herrn. Sie verstehen sich selbst als die Überwundenen, die mit dem, was sie bis dahin geglaubt haben, gescheitert sind. Die Menschen, denen der Auferstandene in den Ostergeschichten begegnet, sind mit ihrer Weisheit am Ende, durch seinen Tod erschreckt und verstört, Trauernde, die mit ihrer hilflosen Liebe um das Grab ihres Herrn irren und mit armseligen Mitteln den Prozeß und Geruch der Verwesung aufhalten wollen wie die Frauen am Grab, Jünger, die sich angstvoll zusammengedrängt haben wie Tiere bei einem Gewitter (Joh 20, 19ff.). So auch die beiden am Abend des Ostertages nach Emmaus Hinausgehenden, denen ihre letzten Hoffnungen zerschlagen sind. Man müßte schon sämtliche Ostergeschichten auf den Kopf stellen, wollte man sie mit den Worten Fausts wiedergeben: »Sie feiern die Auferstehung des Herrn, denn sie sind selber auferstanden«. Nein, sie sind nicht selber auferstanden. Was sie in Furcht und Angst erleben und was erst allmählich in ihnen Freude und Jubel weckt, ist gerade dies: Sie, die Jünger, sind am Ostertag die vom Tod Gezeichneten, aber der Gekreuzigte und Begrabene lebt. Die ihn überlebt haben, sind die Toten, und der Tote ist der Lebendige.

Das Wunder der Auferstehung hat also nicht in der inneren Beschaffenheit der Jünger seine zureichende Voraussetzung und auch nicht – ein völlig unbiblischer Gedanke – in dem ewigen Stirb und Werde der Natur seine Entsprechung. Einst und Jetzt haben ihre Einheit allein in der Person Jesu selbst, dieses Menschen Jesus von Nazareth, den Gott durch Auferstehung und Erhöhung »zum Herrn und Christus gemacht hat« (Apg 2, 36). Der Auferstandene selbst öffnet darum erst das Geheimnis seiner Geschichte und seiner Person, vor allem den Sinn seines Leidens und Sterbens. Das ist bewegend geschildert in der Geschichte der Emmausjünger (Lk 24, 13ff.), denen unerkannt der Auferstandene sich auf ihrem Wege zugesellt. Sie erzählen dem Fremdling an ihrer Seite die schreckliche, alle ihre Hoffnungen enttäuschende Geschichte ihres Meisters, ja sogar die Geschehnisse des Ostermorgens, aber als eine hoffnungslose Geschichte, die jedermann kennt und nur dieser Fremdling nicht zu kennen scheint, bis er den Mund auftut und ihnen den tiefen, erlösenden Sinn dieser ganzen Geschichte aufschließt: »O ihr, die ihr unverständig und trägen Herzens seid, zu glauben an alles, was die Propheten geredet haben. Mußte nicht der Christus leiden, um einzugehen in seine Herrlichkeit?« (24, 25f.). So entfacht er das erloschene Feuer in ihren Herzen von neuem, und sie erfahren seine Gegenwart beim abendlichen Mahl. Freilich, auch die Emmausjünger können ihn nicht wie einen irdischen Weggefährten halten. Der Auferstandene ist nicht ihresgleichen. Er weicht wieder von ihnen. Aber sie haben in

dem Wort, das er ihnen gibt, und in dem Mahl, das er mit ihnen feiert, die Unterpfänder seiner Auferstehung und Gegenwart. So kehren sie als Zeugen in den Kreis ihrer Brüder zurück, aus deren Mitte ihnen schon das jubelnde Bekenntnis entgegenklingt: »Der Herr ist wirklich auferweckt und Simon erschienen« (24, 34).
Aus der Fülle neutestamentlicher Zeugnisse über Inhalt und Bedeutung der Auferstehung sei hier nur der Eingang des 1. Petrusbriefes noch genannt: »Gelobt sei Gott, der Vater unseres Herrn Jesu Christi, der nach seiner großen Barmherzigkeit uns wiedergeboren hat zu einer lebendigen Hoffnung durch die Auferstehung Jesu Christi von den Toten« (1, 3). Die Gemeinde, an die dieser Brief gerichtet ist, wird als eine Schar von Fremdlingen bezeichnet, ihr Glaube an den Gekreuzigten und Auferstandenen macht sie zu »Fremdlingen in der Zerstreuung« (1, 1), deren Bürgertum im Himmel ist (vgl. Phil 3, 20). Als solche aber sind sie »wiedergeboren«, mit dem Leben Christi beschenkt. Das erfüllt sie mit einer »lebendigen Hoffnung«, die nicht mehr wie irdische Hoffnungen über Nacht sich in Enttäuschungen wandelt. Der erste Petrusbrief kann darum, auch wenn er den Glaubenden die Schwere ihres irdischen Weges nicht verbirgt, von ihnen sagen: »Ihr, die ihr im Gewahrsam der Kraft Gottes geborgen seid« (1, 5).

2. Die Kirche

In der Auferstehung Jesu Christi hat die Kirche ihren Ursprung und Anfang. Das ist nicht im Sinne eines Kalenderdatums gemeint, sondern gilt aus der Sache heraus. Noch die Pfingstgeschichte des Lukas, der wie kein anderer Schriftsteller des Neuen Testamentes an geschichtlich-heilsgeschichtlichen Daten und Epochen interessiert ist und den Tag der Geistausgießung auf Pfingsten festlegt, zeigt, daß Auferstehung und Erhöhung Jesu und Geistessendung unlöslich zusammengehören (Apg 2, 32f.). Die Gründung der Kirche ist also nicht schon das Werk des irdischen Jesus, sondern des Auferstandenen. Das sagt unmißverständlich auch das berühmte, überlieferungsgeschichtlich umstrittene Wort Jesu, das im Sondergut des Matthäus überliefert ist[7]. Dort ist es Jesu Antwort auf das Messiasbekanntnis des Petrus: »Selig bist du, Simon, Sohn des Jona; denn Fleisch und Blut hat dir das nicht offenbart, sondern mein Vater im Himmel. Aber auch ich sage dir: du bist Petrus, und auf diesen Felsen *werde* ich meine Kirche bauen, und die Pforten des Totenreiches *werden* sie nicht überwältigen. Ich *werde* dir die Schlüssel des Himmelreiches geben; und was du auf Erden binden *wirst*, das *wird* im Himmel gebunden sein, und was du auf Erden lösen *wirst*, das *wird* im Himmel gelöst sein« (Mt 16,17-19). So viel ist an dem Wort, das wie nur eines Geschichte gemacht hat, deutlich: Jesus redet hier von einer Zukunft[8], die erst kommen soll, und zwar einer irdischen und einer endzeitlichen Zukunft. Der Bau der Kirche auf dem Felsen Petrus wird auf Erden geschehen, und die Entscheidungen, die er »bindend« und »lösend« hier auf Erden fällt, werden beim Endgericht Gottes im Himmel als gültig anerkannt werden.

Daß wir es in diesem Wort mit sehr alter Überlieferung zu tun haben, verrät bereits sein bis ins einzelne semitischer Sprachcharakter. So vor allem das Wortspiel mit dem Namen, das nur im Aramäischen möglich[9], im Deutschen nicht wiederzugeben ist (dagegen wohl im Französischen: Tu es Pierre et sur cette pierre je bâtirai mon église). Auch ist die Umschreibung der Amtsvollmacht des Petrus – »Binden« und »Lösen« – geläufiger jüdischer Ausdruck für die Lehr- und Disziplinargewalt der Rabbinen, wie auch das Wort Mt 23,13 von der von den Schriftgelehrten mißbrauchten »Schlüsselgewalt« redet. Gleichwohl erheben sich schwerste Bedenken dagegen, daß der historische Jesus selbst schon dieses Wort gesprochen hat. Nicht nur, daß es ohne Parallelen in den andern Evangelien ist und nur hier in der ganzen synoptischen Überlieferung das Wort ekklesia im Sinne von Gesamtkirche vorkommt – nur Mt 18,17 begegnet im Rahmen einer Gemeindeordnung dasselbe Wort ekklesia noch einmal, aber im Sinne von Gemeindeversammlung –, vor allem fügt es sich schwer in Jesu Verkündigung von dem in Bälde hereinbrechenden Gottesreich ein. Das Wort, das wir im Deutschen mit »Kirche« übersetzen, entstammt der alttestamentlich-jüdischen Sprache und bezeichnet das Gottesvolk der Endzeit, die Auserwählten, die Heiligen Gottes. Dieser Sinn liegt ohne Frage auch dem Begriff ekklesia in Mt 16,18 zugrunde, aber er hat sich hier bereits zur Institution verfestigt, die, mit Lehr- und Rechtsvollmacht ausgestattet und an die monarchische Amtsstellung eines bestimmten Apostels gebunden[10], ihren festumrissenen Platz zwischen Auferstehung und Weltgericht hat. Man wird darum den Spruch von der »Kirche« schwerlich dem irdischen Jesus zuschreiben können, vielmehr hat ihn die Überlieferung ihm erst in den Mund gelegt, und zwar eine nicht eben breite Sonderüberlieferung, die sich mit andern Nachrichten über Petrus und die Urgemeinde nur schwer zusammenreimen läßt[11].

Wie immer, auf alle Fälle ist das Wort Mt 16,18f. ein Zeugnis für die Begründung der Kirche in der Auferstehung Jesu und das Bewußtsein der ersten Christenheit, die Gemeinde der Endzeit zu sein, gegen die die Gewalten der Unterwelt nichts ausrichten können. In dieser Gemeinde ist die für die Endzeit verheißene Kraft des Geistes in Prophetie, Gebet und Wundertaten lebendig, wird auch die Taufe als

endzeitliches Sakrament zur Vergebung der Sünden und zur Aufnahme in das Volk Gottes wieder vollzogen, nun aber »auf den Namen Jesu«. In ihr wird auch das Mahl gemeinsam gehalten in Freude und Jubel in der Erwartung des kommenden Herrn.
Aber eben dieselbe Gemeinde, die den Kommenden erwartet und im Geist seiner Gegenwart schon gewiß ist, bindet sich zugleich bewußt an Weg und Botschaft des irdischen Jesus und nimmt seine Weisung und Verheißung für ihren eigenen Erdenweg an, nicht trotz ihrer auf die Zukunft gerichteten Hoffnung, sondern gerade wegen derselben. Ihre Erwartung des Kommenden gewinnt im Wissen um das Einst und Jetzt ihre Kraft und ihren Grund. Fortan ist es das große Thema urchristlicher Mission, die in Kreuz und Auferstehung geschehene Erlösung und die Herrschaft Jesu Christi über die Welt auszurufen und auszurichten.

3. Das Bekenntnis

Durch die Osterereignisse und die Gewißheit der Auferstehung Jesu Christi von den Toten wurde der Verkündiger des kommenden Gottesreiches, wie wir bereits sagten, zum Verkündigten, der zum Glauben Rufende zum Inhalt des Glaubens. Jesu Wort und das Evangelium von Jesus Christus sind zu einer Einheit geworden. Vielen will dieser Prozeß als der große Sündenfall des Christentums erscheinen. Von nun an, so sagt man, wurde die schlichte Verkündigung Jesu überwuchert von Mythologie und Dogmatik, so daß sie schon bei Paulus nicht mehr wiederzuerkennen ist. »Zurück zu Jesus!« wurde darum die große Losung. Man sollte dieser Parole jedoch nicht zu schnell zustimmen und es für ausgemacht halten, daß man auf diesem vermeintlich so sicheren Weg bei Jesus endet. Das Beispiel der Leben-Jesu-Theologie mag uns schrecken. Es dürfte geratener sein, nach Motiv und Sinn der urchristlichen Bekenntnisse zu fragen, in denen jener Glaube sich Ausdruck schuf.
Ihrem Wesen und Selbstverständnis nach sind diese Bekenntnisse, die das Urchristentum in mannigfaltiger Gestalt, in kurzen Glaubens- und Predigtformeln, in Hymnen und Gebeten formulierte, Antwort auf das zuvor ergangene Wort Gottes. Sie alle geben diesem Jesus von Nazareth einen Hoheitsnamen: Christus (Messias), Davids Sohn, Gottes Sohn, Menschensohn, Herr, und nennen ihn damit den Bringer des ewigen Heils. Geben sie ihm damit eine Ehre, die doch der irdische Jesus, wie wir sahen, nicht für sich begehrt hat? Auf diese Frage gibt das Johannes-Evangelium Antwort, indem es, wie es scheint sehr paradox, Jesus sagen läßt: »Ich suche nicht meine Ehre«

(8,50) und zugleich: »Wer den Sohn nicht ehrt, der ehrt den Vater nicht, der ihn gesandt hat« (5,23). In diesem Sinne wird Jesu Auferstehung und Erhöhung als Gottes Tat gepriesen, der den Erniedrigten, bis zum Tode am Kreuz Gehorsamen in sein Herrenrecht eingesetzt und ihm den »Namen über alle Namen«, den Namen des göttlichen »Herrn« gegeben hat: »Darum hat ihn auch Gott hoch erhöht und ihm den Namen verliehen, der über jeden Namen ist, damit in dem Namen Jesu sich beuge jedes Knie – derer, die im Himmel und auf Erden und unter der Erde sind – und jede Zunge bekenne: Herr ist Jesus Christus, zur Ehre Gottes des Vaters« (Phil 2,9-11). Entsprechendes gilt für andere Bekenntnisse. Gott hat ihm den Namen des Sohnes gegeben: »Mein Sohn bist du, heute habe ich dich gezeugt«, darum nennt ihn so das Bekenntnis (Hebr 1,5; 5,5 u.ö.). So bekommt auch Petrus auf sein Bekenntnis »Du bist der Christus, der Sohn des lebendigen Gottes« die Antwort: »Fleisch und Blut hat dir das nicht offenbart, sondern mein Vater im Himmel« (Mt 16,16f.). Wir verstehen von hier aus, warum die Überlieferung von Jesus Bericht und Bekenntnis zu einer Einheit verwoben hat. Sie bekundet damit, daß sie vor und in allen Worten Jesu ihn selbst als *das* Wort Gottes an die Welt verstand (Joh 1,1; 1.Joh 1,1), vor und in allen Taten Jesu ihn selbst als *die* Tat Gottes an der Welt, vor und in allen Geschichten ihn selbst als *die* entscheidende und letzte Geschichte Gottes mit der Welt.

So erklingt das Bekenntnis der urchristlichen Gemeinde in vielfältiger Gestalt bei Taufe und Herrenmahl, in Verkündigung und Lehre, aber auch im Kampf mit der Irrlehre, im Kampf mit dämonischen Mächten, wie auch im Zeugnis der Märtyrer[12].

Die Sprache, in der es erklingt, wandelt sich. Sie ist die Sprache einer bestimmten Zeit und Umwelt, anders dort, wo das Evangelium vor Juden verkündet wird, anders dort, wo es sich mit Mysterienreligionen, mit gnostischen Erlösungsgedanken, mit der Gebildeten-Religiosität der Stoa und mit dem Kaiserkult auseinanderzusetzen hatte. Der christliche Glaube bemächtigt sich, so könnte man sagen, heidnischer Gedanken und »tauft« sie, aber Heidnisches überfremdet auch vielfach das Christliche. So ist von Anfang an die Theologie auf den Plan gerufen, und das Ringen innerhalb des Christentums selbst hebt an, das der Wahrheit gilt und doch oft genug der Unwahrheit sich nicht erwehren kann. Das alles ist ein sehr vielschichtiger und verzweigter Prozeß, dem wir hier im einzelnen nicht nachgehen können.

Bleiben wir hier bei dem Anfang und den Motiven, die in ihm wirksam sind, so begreifen wir, daß die Bezeugung urchristlichen Glaubens so mannigfaltig lauten mußte, wie es schon die ersten drei Evangelien zeigen, aber vollends das vierte, wieder anders Paulus und die Schriften der nachapostolischen Zeit. Wir sahen bereits, wie der Name »Menschensohn« im hellenistischen Christentum nicht mehr verstanden wurde und bald verschwand. Auch das Wort »Christos«, d.h. der Gesalbte (Messias), wird weithin zum Eigennamen. Der Titel »Gottes Sohn« füllt sich in der griechischen Umwelt mit neuem Inhalt und wird zumal später in der Theologie zu einem Begriff, an den sich vielfache Spekulationen über göttliches Wesen und göttliche Natur des Heilands anschließen. Auch der Hoheitsname »Kyrios« (= Herr) macht beim Übergang vom jüdischen zum hellenistischen Christentum eine tiefgreifende Wandlung durch[13].

Wesentlich ist, daß keiner der aus dem Judentum überlieferten oder aus der religiösen Sprache des Hellenismus übernommenen Titel und Namen unverändert seinen Sinn behält. Wo immer sie zu Hoheitsnamen für diesen Jesus von Nazareth, den Gekreuzigten und Auferstandenen werden, nehmen sie das Geheimnis seiner Person und Geschichte in sich auf und bekommen einen neuen Sinn. »Messias-Christus« ist jetzt nicht mehr der, der mit Macht erscheint und Israels Hoffnungen erfüllt, sondern der »Demütige« (Mt 21,5; 11,29), der leiden muß, um einzugehen in seine Herrlichkeit (Lk 24, 26). »Davids Sohn« wird zur Kennzeichnung seiner irdisch-menschlichen Gestalt (Mt 1, 1ff.; s.u. zu Mk 12, 35ff. S. 199f.). Aus dem auf den Wolken des Himmels zum Weltgericht kommenden »Menschensohn« wird der Irdische, der in die Hände der Menschen ausgeliefert wird (S. 200ff.). Der »Gottessohn« ist der, der »versucht ward gleich wie wir, doch ohne Sünde« (Hebr 4,14f.), »von einem Weib geboren, dem Gesetz unterworfen« (Gal 4,4), der, »obwohl er der Sohn war, an dem, was er litt, den Gehorsam lernte« (Hebr 5,8; Mt 4,1ff.). Das gleiche sagt auch der Hymnus, den Paulus Phil 2,6ff. überliefert hat: Weg und Wesen Christi heißen Verzicht auf göttliche Gestalt, Selbstentäußerung, Knechtsgestalt. Gehorsam bis zum Tode am Kreuz. *Dieser* ist von Gott erhöht und trägt den Namen über alle Namen »Herr«. Wieder hat das Johannes-Evangelium dieser Paradoxie besonderen Ausdruck gegeben, wenn es in seinem Prolog bekennt: »Und das Wort ward Fleisch und wohnte unter uns, und wir schauten seine Herrlichkeit, eine Herrlichkeit, wie sie der Einzige vom Vater hat, voll Gnade und Wahrheit« (Joh 1,14), wenn Jesu Kreuzigung selbst hier seine Erhöhung genannt (3,14; 12,32f.) und der Auferstandene von seinen Jüngern an seinen Nägelmalen erkannt wird (20,24ff.).

Immer ist das Bekenntnis der Jünger die Antwort auf die Tat Gottes und das in Jesus Christus ergangene Wort. Jesus selbst ist der, der sie fragt: »Ihr aber, für wen haltet ihr mich?« (Mk 8,29; vgl. Joh 6,67). Die Antwort, die sie geben, ist das Nein zu den Wegen, die ihnen die

Welt bietet, und gerade so das Ja zu Jesus Christus: »Herr, zu wem sollen wir gehen? Du hast Worte des ewigen Lebens, und wir haben geglaubt und erkannt, daß du der Heilige Gottes bist« (Joh 6, 68 f.). Im selben Evangelium gibt Jesus seinen Jüngern die Verheißung, daß die Erkenntnis der Glaubenden weitergehen wird. Der Geist, den er senden wird, soll sie in alle Wahrheit leiten (Joh 16, 13). Aber dieser Weg in die Zukunft wird nie ein anderer sein als zugleich der Weg zu Jesu Wort zurück, denn der Geist »wird euch an alles erinnern, was ich euch gesagt habe« (14, 26).

Abkürzungen

Zeitschriften, Sammelwerke, Kommentarreihen

ZNW	=	Zeitschrift für die Neutestamentliche Wissenschaft und die Kunde der Alten Kirche
BZ	=	Biblische Zeitschrift
NTS	=	New Testament Studies
JBZ	=	Journal of Biblical Literature
EvTh	=	Evangelische Theologie
ZThK	=	Zeitschrift für Theologie und Kirche
ThLZ	=	Theologische Literaturzeitung
ThR	=	Theologische Rundschau
RGG[3]	=	Die Religion in Geschichte und Gegenwart, 3. Aufl.
LThK	=	Lexikon für Theologie und Kirche
RAC	=	Reallexikon für Antike und Christentum
ThW	=	Theologisches Wörterbuch zum NT
Wtb	=	Walter Bauer, Griech.-deutsches Wörterbuch zu den Schriften des NT ([5]1958)
Meyer-K	=	Kritisch-exegetischer Kommentar über das NT, begr. von H. A. W. Meyer
HNT	=	Handbuch zum Neuen Testament, begr. von H. Lietzmann
ThHK	=	Theol. Handkommentar zum NT
NTD	=	Das Neue Testament Deutsch
RNT	=	Das NT übersetzt und kurz erklärt (Regensburger NT)

Griechische Textausgaben und deutsche Übersetzungen

Novum Testamentum Graece, hrsg. von E. Nestle - K. Aland ([25]1968)
The Greek New Testament, hrsg. von K. Aland, M. Black, B. M. Metzger, A. Wikgren ([2]1968)
Synopse der drei ersten Evangelien, hrsg. von A. Huck - H. Lietzmann ([10]1950)
Synopsis Quattuor Evangeliorum, hrsg. von K. Aland ([7]1970)
Zürcher Bibel
C. H. Peisker, Zürcher Evangelien-Synopse ([12]1973)
U. Wilckens, Das Neue Testament, übersetzt und erklärt ([2]1971)
Das Neue Testament. Einheitsübersetzung der Heiligen Schrift (1972)

Neuere Literatur (Auswahl)

* = allgemein verständlich

I. Kommentare und Monographien zu den synoptischen Evangelien und ihren Quellen

Markus: E. Klostermann, HNT (^{4}1950); E. Lohmeyer, Meyer-K (^{10}1937, Ergh ^{2}1963); V. Taylor (^{2}1966); W. Grundmann, ThHK (^{6}1973); *J. Schniewind, NTD (1933 = Siebenstern); *E. Schweizer, NTD (1967); *J. Schmid, RNT (^{5}1963); E. Haenchen, Der Weg Jesu (^{2}1968); W. Wrede, Das Messiasgeheimnis in den Evangelien (^{4}1969 = 1901); J. M. Robinson, Das Geschichtsverständnis des Markus-Evangeliums (1956); W. Marxsen, Der Evangelist Markus (^{2}1959); J. Roloff, Das Markusevangelium als Geschichtsdarstellung, EvTh 27 (1969) 73-93; E. Schweizer, Die theologische Leistung des Markus, in: Beitr. z. Theol. des NT (1970) 21-42; M. Horstmann, Studien zur markinischen Christologie (1969); K. Kertelge, Die Wunder Jesu im Markusevangelium (1970); H. W. Kuhn, Ältere Sammlungen im Markusevangelium (1971); M. Sabbe (Hrsg.), L'Évangile selon Marc. Tradition et rédaction (1974).

Matthäus: E. Klostermann, HNT (^{4}1971 = ^{2}1927); E. Lohmeyer, hrsg. von W. Schmauch, Meyer-K (1956; unvollständig); W. Grundmann, ThHK (^{3}1972); *J. Schniewind, NTD (^{12}1968 = 1937); *E. Schweizer, NTD (1973); A. Schlatter, Der Evangelist Matthäus (^{6}1963); *J. Schmid, RNT (^{5}1965); G. D. Kilpatrick, The Origins of the Gospel acc. to St. Matthew (^{2}1950); K. Stendahl, The School of St. Matthew (^{2}1968); G. Bornkamm - G. Barth - H. J. Held, Überlieferung und Auslegung im Matthäusevangelium (^{6}1970); W. Trilling, Das wahre Israel (^{3}1964); R. Hummel, Die Auseinandersetzung zwischen Kirche und Judentum im Mt-Ev (^{2}1966); G. Strecker, Der Weg der Gerechtigkeit (^{3}1971); R. Walker, Die Heilsgeschichte im ersten Evangelium (1967); E. Schweizer, Matthäus und seine Gemeinde (1974).

Lukas: E. Klostermann, HNT (1975 = ^{2}1929); *K. H. Rengstorf, NTD (^{9}1962); W. Grundmann, ThHK (^{2}1961); H. Conzelmann, Die Mitte der Zeit (^{4}1965); H. Flender, Heil und Geschichte in der Theologie des Lukas (1965).

*S. Schulz, Die Stunde der Botschaft. Einführung in die Theologie der vier Evangelisten (^{2}1970).

Spruchquelle: D. Lührmann, Die Redaktion der Spruchquelle (1969); S. Schulz, Q. Die Spruchquelle der Evangelisten (1972); P. Hoffmann, Studien zur Theologie der Spruchquelle (^{2}1975).

Form und Entwicklung der Jesusüberlieferung: M. Dibelius, Die Formen des Evangeliums (^{6}1971); R. Bultmann, Geschichte der synoptischen Tradition (^{8}1970, Ergh ^{4}1971); *R. Bultmann, Die Erforschung der synoptischen Evangelien (^{5}1966); G. Bornkamm, Evangelien, formgeschichtlich, RGG^{3} II 749-753; Evangelien, synoptische, RGG^{3} II 753-766; H. Köster - J. M. Robinson, Entwicklungslinien durch die Welt des frühen Christentums (1971).

II. Literaturgeschichte und Theologie des NT

*M. Dibelius, Geschichte der urchristlichen Literatur I/II (1926, Nachdruck in Vorbereitung); W. G. Kümmel, Einleitung in das NT (^{17}1973); W. Marxsen, Einleitung in das NT (^{3}1965); *G. Bornkamm, Bibel NT (1971); E. Lohse, Entstehung des NT (1972); R. Bultmann, Theologie des NT (^{6}1968); H. Conzelmann, Grundriß der Theologie des NT (^{2}1968); *W. G. Kümmel, Die Theologie des NT nach seinen Hauptzeugen, NTD ErgR (1969); J. Jeremias, Neutestamentliche Theologie I, Die Verkündigung Jesu (1971); E. Lohse, Grundriß der neutestamentlichen Theologie (1974); L. Goppelt, Theologie des NT I, Jesu Wirken in seiner theologischen Bedeutung (1975).

III. Neuere wissenschaftliche Jesusdarstellungen

M. Goguel, Das Leben Jesu (deutsch 1934); *R. Bultmann, Jesus (1926; Siebenstern 1964); *M. Dibelius, Jesus (^{4}1966, mit Nachtrag von W. G. Kümmel); H. Conzelmann, Jesus Christus, RGG^{3} III 619-653; K. Niederwimmer, Jesus (1968); *D. Flusser, Jesus (rororo 1968); *H. Braun, Jesus (^{2}1969); N. Perrin, Was lehrte Jesus wirklich? (1972); J. Blank, Jesus von Nazareth. Geschichte und Relevanz (1972).

Anmerkungen

Kapitel I: Glaube und Geschichte in den Evangelien

Zu den Problemen des ersten Kapitels vgl. C. H. Dodd, History and the Gospels (1928); E. Käsemann, Das Problem des historischen Jesus, in: Exeg. Versuche und Besinnungen I (1964), 187-214; ders., Sackgassen im Streit um den historischen Jesus, ebd. II (1964) 31-68; G. Ebeling, Jesus und Glaube, in: Wort und Glaube (1960) 203-254; Historischer Jesus und Christologie, ebd. 300-318; E. Fuchs, Zur Frage nach dem historischen Jesus, Ges. Aufsätze II (1960); J. M. Robinson, Kerygma und historischer Jesus (1960); H. Ristow - K. Matthiae (Hrsg.), Der historische Jesus und der kerygmatische Christus (Sammelband 1960); F. Hahn, W. Lohff, G. Bornkamm, Die Frage nach dem historischen Jesus ([2]1966). Weiteres im Nachwort dieses Buches.

1 M. Kähler, Der sogenannte historische Jesus und der geschichtliche biblische Christus ([2]1896), Neudruck (1953) 59f. Anm. 1.
2 Vgl. O. Cullmann, La Tradition (1953) 13ff.
3 Jeder erinnert sich der in Predigt und Unterweisung beliebten Wendung: »Jesus hatte soeben ... «, mit der der Prediger die Rekapitulation der seinem Text vorangehenden Perikope einzuleiten pflegt und eine besonders anschauliche Einführung in den eigentlichen Text zu geben meint. Man kann bei solchen Passagen sicher sein, daß von der Sache, die ausgerichtet werden soll, noch nicht die Rede ist.
4 Außer der oben genannten Literatur vgl. K. L. Schmidt, Der Rahmen der Geschichte Jesu (1919 = [2]1969); V. Taylor, The Formation of the Gospel Tradition (1935 = [2]1957); F. C. Grant, The earliest Gospel (1943); ders., The Gospels, their Origin and their Growth (1957); G. Iber, Zur Formgeschichte der Evangelien, Th.R., N.F. 24 (1957/58) 283-338.

Kapitel II: Zeit und Umwelt

Literatur: E. Schürer, Geschichte des jüdischen Volkes im Zeitalter Jesu Christi I-III ([4]1901-1911); A. Schlatter, Geschichte Israels von Alexander d. Gr. bis Hadrian ([3]1925); J. Jeremias, Jerusalem zur Zeit Jesu ([3]1963); J. Leipold / W. Grundmann, Umwelt des Urchristentums I-III (1965-1967); R. Bultmann, Das Urchristentum im Rahmen der antiken Religionen ([2]1962); B. Reicke, Neutestamentliche Zeitgeschichte ([2]1968); E. Lohse, Umwelt des Neuen Testaments (1971); M. Hengel, Judentum und Hellenismus ([2]1972); W. Bousset / H. Greßmann, Die Religion des Judentums im Späthellenistischen Zeitalter ([4]1966); G. F. Moore, Judaism in the first Centuries of the Christian Era I-III (1927-1930); P. Billerbeck, Kommentar zum Neuen Testament aus Talmud und Midrasch I-IV (1922-1928); Indexbände: V (1956) VI (1961); P. Volz, Die Eschatologie der jüdischen Gemeinde ([2]1934 = 1966); H. H. Rowley, Apokalyptik. Ihre Form und Bedeutung zur biblischen Zeit ([3]1965); G. Baumbach, Jesus von Nazareth im Lichte der jüdischen Gruppenbildungen (1971).

1 Ausführliche Behandlung der außerchristlichen Quellen bei M. Goguel, Das Leben Jesu (deutsche Ausgabe 1934), 20ff.

2 Die dürftigen Kenntnisse des Josephus über das Christentum werden damit zusammenhängen, daß die Jerusalemer Gemeinde schon vor Ausbruch des jüdischen Krieges ins Ostjordanland ausgewandert und nicht in diesen verstrickt war. – Auf spätere christliche Interpolationen in dem Geschichtswerk des Josephus brauche ich hier nicht einzugehen. Sie finden sich vor allem in der slawischen Übersetzung seiner »Altertümer«, vgl. M. Goguel, a.a.O., 23 ff., 27 ff.

3 Vgl. H. L. Strack, Jesus, die Häretiker und die Juden (1910); A. Meyer, Handbuch zu den Neutestamentlichen Apokryphen (1904) 47 ff.; J. Klausner (jüd.), Jesus von Nazareth (deutsche Ausgabe ^{3}1952) 18 ff.; S. Krauß (jüd.), Das Leben Jesu nach jüdischen Quellen (1902).

4 Über die nichtkanonischen Evangelien aus späterer Zeit und die verstreuten apokryphen Herrenworte vgl. u. S. 195.

5 Erste spärliche Versuche einer Einordnung der Geschichte Jesu in den Rahmen der Weltgeschichte finden sich nur bei Lukas (2, 1 ff.; 3, 1 f.).

6 Die wichtigsten Quellen für das 2. vorchr. Jahrhundert sind das erste und zweite Makkabäerbuch; vgl. dazu E. Bickermann, Der Gott der Makkabäer (1937). Für die Folgezeit die beiden Geschichtswerke des Josephus, Antiquitates Judaicae und De Bello Judaico.

7 Der zuerst Dan 9, 27; 12, 11 für die Entweihung des Tempels durch Antiochus verwendete Ausdruck »Greuel der Verwüstung« (vgl. 1. Makk 1, 57; 6, 7) ist wohl auch im späteren Judentum auf die 40 n. Chr. drohende Aufstellung einer Statue Caligulas im Tempel gedeutet worden. Mk 13, 14 (vgl. 2. Thess 2, 3 f.) begegnet er als Umschreibung des Antichristen.

8 Vgl. C. Watzinger, Denkmäler Palästinas II (1935) 31 ff. – Auch die ehrwürdigen Gedächtnisstätten israelitischer Geschichte ließ Herodes schmücken und ausbauen.

9 Die Frage, ob das Synedrium Kapitalprozesse durchführen konnte, ist umstritten. H. Lietzmann, Der Prozeß Jesu, jetzt in: Kleine Schriften hrsg. v. K. Aland II (1958) 251 ff., auch 264 ff., 269 ff., hat sie im Gegensatz zu anderen bejaht, J. Blinzler in seiner Monographie Der Prozeß Jesu (^{2}1955) 115 ff. verneint, doch ist dessen Auffassung von P. Winter, On the Trial of Jesus (^{2}1974) mit guten Gründen angefochten.

10 Diese Steuer ist eine besondere, für den kaiserlichen Fiskus erhobene Kopfsteuer (s. S. 107). Die erste Erhebung dieses »Census« geschah im Jahre 6 n. Chr. durch den syrischen Legaten P. Sulpicius Quirinius.

11 Ps 89, 10 ff.; 104, 6 ff,; Jes 51, 9 f. Das Drachenkampfmotiv begegnet nicht nur in Aussagen über die Schöpfung, sondern dient auch zur Beschreibung geschichtlicher Ereignisse wie der Vernichtung der Ägypter und der Rettung Israels am Roten Meer, vor allem auch für die Schilderung eschatologischer Ereignisse. Vgl. H. Gunkel in R.G.G.^{2}, Bd. IV 381 ff.

12 Vgl. zum Folgenden W. Bousset / H. Greßmann, Religion des Judentums, 259 ff.; P. Volz, Eschatologie, 173 ff.

13 Die Spannung zwischen jüdischem Glauben und platonischem Denken zeigt sich sehr deutlich in dem Versuch einer Synthese beider in der Theologie des Philo von Alexandrien (1. Jahrh. n. Chr.).

14 M. Dibelius, Jesus, 34.

15 Die wichtigsten erhaltenen Texte in deutscher Übersetzung bei E. Kautzsch, Die Apokryphen und Pseudepigraphen des Alten Testaments, Bd. 2 (1900; Neudruck 1962) 177 ff.

16 Über Pharisäer und Sadduzäer vgl. J. Wellhausen, Pharisäer und Sadduzäer (1874 = 1964); P. Billerbeck IV 334-352; R. Meyer, Sadduzäer,

Th.W.z.N.T. VII 35-54; ders. Pharisäer, ebd. IX, 11-36; J. Jeremias, a.a.O. 279-303; E. Lohse, Umwelt, 51-58.

17 R. Bultmann, Urchristentum, 63ff.; W. Schrage, Synagoge, ThW VII 806ff.

18 Ihr Name leitet sich von dem salomonischen Hohenpriester Saddok her, dem Ahnherrn der Priesterlichen Geschlechter.

19 Über die »Ältesten« und den »Hohen Rat« vgl. G. Bornkamm, Presbyteros, ThW VI 659; E. Lohse, Synedrion, ebd. VII 858ff.

20 Vgl. M. Hengel, Die Zeloten (1961); Y. Yadin, Masada, Der letzte Kampf um die Festung des Herodes (1967).

21 R. Eisler, Jesous basileus ou basileusas I.II (1929/30); S. G. F. Brandon, Jesus and the Zealots (1967); J. Carmichael, Leben und Tod des Jesus von Nazareth (1965); O. Cullmann, Jesus und die Revolutionären seiner Zeit (1970); M. Hengel, War Jesus Revolutionär? (1970).

22 Genauer gesagt: *ihr* Pentateuch; er weicht vom jüdischen nicht unerheblich ab.

23 Die Literatur ist uferlos. Zur ersten Orientierung: F. M. Cross, Die antike Bibliothek von Qumran und die moderne biblische Wissenschaft (1967). – E. Lohse, Die Texte aus Qumran. Hebräisch und deutsch (^{2}1971). Grundlegend für Berührungen und Differenzen zwischen Qumran und Jesusüberlieferung: H. Braun, Spätjüdisch-häretischer und frühchristlicher Radikalismus I. II (1957); ders., Qumran und das NT I. II (1966).

23a Das fragwürdigste Machwerk dieser Art ist J. Lehmann, Jesus-Report. Protokoll einer Verfälschung (1970).

24 Vgl. C. H. Kraeling, John the Baptist (1951); J. Becker, Johannes der Täufer und Jesus von Nazareth (1972).

25 So wohl richtig A. Schlatter, Der Evangelist Matthäus (1929) 80f.; möglicherweise enthält die Verbindung von Geist- und Feuertaufe einen Hinweis auf die christliche Taufe. Ist nur die Ankündigung der Feuertaufe in der Überlieferung der Spruchquelle ursprünglich und das Motiv der Geisttaufe in Mt und Lk erst aus Mk übernommen, so hat schon das Wort vom Feuer »den Gedanken des Gerichtes und der Rettung enthalten«. Vgl. R. Bultmann, Gesch. d. syn. Trad. 261ff.

26 Auch Josephus nennt ihn so (Antiqu. 18, 116).

27 Die notwendige Verbindung von Waschung und Bekehrung ist ausdrücklich auch in der neugefundenen Sektenregel betont 1 Q S III 1.4f.; V 10.13f.).

28 Billerbeck I, 102ff.; J. Jeremias, Die Kindertaufe in den ersten vier Jahrhunderten (1958) 29ff.

29 Über diese Taufsekten vgl. J. Thomas, Le mouvement baptiste en Palestine et Syrie (1935).

30 N. A. Dahl, The Origin of Baptism, Norsk teologisk tidsskrift 56 (1955) 36ff. vermutet, daß bei den Essenern wie bei Johannes unabhängig voneinander die kultische Vorschrift für die Reinigung des Priesters vor dem Gottesdienst im Tempel abgewandelt nachwirke.

31 Vgl. Lk 5, 33; 11, 1; Apg 19, 3. Über die Widerspiegelung der Rivalität zwischen der Anhängerschaft Jesu und des Täufers in der synoptischen Tradition vgl. R. Bultmann, Gesch. d. syn. Trad. 22; 177ff.; 261f.; im Joh-Ev: ders., Das Evangelium des Joh (1941) 4 Anm. 7; 29ff.; 57ff. u. ö.

32 Die Tatsache, daß Johannes erst in einer späten Schicht der mandäischen Literatur auftaucht und ihr Taufritus von dem der syrischen Kirche abhängig ist (H. Lietzmann, Ein Beitrag zur Mandäerfrage, jetzt in Kleine Schriften hrsg. v. K. Aland I, 1958, 124ff.), ist kein Gegenbeweis gegen

die Herkunft der Mandäer aus den jüdischen Taufbewegungen des Jordantales. Vgl. H. Schlier, Zur Mandäerfrage, Th.R.N.F. 5 (1933) 1ff.; 69ff.; J. Saeve-Soederbergh, Studies in the Coptic Manichaean Psalmbook (1949); K. Rudolph, Die Mandäer I: Das Mandäerproblem (1960).

33 Vgl. auch Joh 1, 6-8; 3, 28ff.

34 Schon die Spruchquelle hat, wie Mt und Lk zeigen, eine ganze Sammlung von Sprüchen unter dem Thema »Jesus und der Täufer« zusammengestellt. W. G. Kümmel, Jesu Antwort an Johannes den Täufer (1974).

35 Man achte darauf, wie der Evangelist die Tempora des Jesajawortes gegen Septuaginta aus dem Futur in die Zeitform erfüllten Geschehens abwandelt.

Kapitel III: Jesus von Nazareth

1 Vgl. M. Dibelius, Jungfrauensohn und Krippenkind, Botschaft und Geschichte (Ges. Aufsätze) I (1953) 1ff.

2 Daß Jesus Arier gewesen sei, hat zuerst H. St. Chamberlain, Die Grundlagen des neunzehnten Jahrhunderts (1900) 210ff. behauptet. Diese Theorie hat nicht nur im Deutschland des Dritten Reiches vereinzelt Schule gemacht. Hier erübrigt sich eine Widerlegung. – Schwieriger ist die Frage der davidischen Abstammung Jesu (und seiner von Mt und Lk berichteten Geburt in Bethlehem). Sie steht zwar den synoptischen Evangelien, auch einigen altchristlichen Glaubensformeln (Röm 1, 3; 2. Ti 2, 8 u. ö.) fest (jedoch nicht dem Joh-Ev; vgl. 7, 41 f.). Doch liegt trotz des Alters der Überlieferung der Verdacht nahe, daß sie aus einer dogmatischen Messiasvorstellung erwachsen ist. Die beiden voneinander abweichenden Stammbäume (Mt 1, 1ff.; Lk 3, 23ff.) sind Produkte christlicher Schriftgelehrsamkeit. Ihrer ursprünglichen Konzeption nach sind sie mit der Jungfrauengeburt schwerlich zu vereinen, so alt auch die Versuche eines solchen Ausgleiches sein mögen (vgl. schon Mt 1, 16; dazu die Kommentare). – Daß Jesus dem israelitischen Bevölkerungsteil zugehört, beweisen auch die Stätten, an denen Jesus in Galiläa wirkt. Vgl. dazu A. Alt in Kl. Schriften II (1953) 436ff.

3 Der älteste Text von Mk 6, 3 dürfte gelautet haben: »Ist das nicht der Sohn des Zimmermanns und der Maria usw.«. Er ist zwar dürftiger bezeugt als der andere: »Ist dies nicht der Zimmermann, der Sohn der Maria«, doch wird bei diesem mit einer dogmatischen Korrektur im Sinne der Jungfrauengeburt zu rechnen sein. Vgl. E. Klostermann, Markus 55.

4 Erst dogmatische Reflexionen haben um der dauernden Jungfrauenschaft Marias willen diese Brüder zu Halbbrüdern oder Vettern Jesu gemacht. Die Auffassung stützt sich auf die Tatsache, daß im Hebräischen und Aramäischen ein eigener terminus für den weiteren Verwandtschaftsgrad fehlt und gelegentlich »Bruder« für ihn verwendet werden kann (z. B. 1. Mos 13, 8). Adelphoi sei also ungenaue Übersetzung. Doch ist diese Annahme durch nichts gerechtfertigt. Adelphoi heißt im N.T. niemals »Vettern« (griechisch anepsioi Kol 4, 10). Auch nennt Lk 2, 7 Jesus den »erstgeborenen« Sohn Marias. Vgl. Th. Zahn, Brüder und Vettern Jesu, Forschungen VI (1900) 225ff.; A. Meyer – W. Bauer in: E. Hennecke – W. Schneemelcher, Neutestamentliche Apokryphen I (^{3}1959) 312ff.

5 Besonders im Joh-Ev; vgl. 1, 40ff.; 47ff.; 2, 24f.; 4, 17ff.

6 Bei Markus liegt über der Erzählung das Dunkel der Ungewißheit (»Herr,

bin ich's?«). Nur bei Mt (26,20ff.) und Joh (13,21ff.) wird der Verräter offen bezeichnet.

7 Vgl. J. Schniewind, Markus 55.

Kapitel IV: Der Anbruch der Herrschaft Gottes

Aus neuerer Literatur vgl. K. Galling / H. Conzelmann, Reich Gottes (Judentum und NT), R.G.G.³ V 912-918; R. Schnackenburg, Gottes Herrschaft und Reich Gottes (1959), und besonders G. Klein, »Reich Gottes« als biblischer Zentralbegriff, Ev.Th. 30 (1970) 642-670; H.W. Kuhn, Enderwartung und gegenwärtiges Heil (1966) 189-204; E. Grässer, Die Naherwartung Jesu (1973).

1 »Glauben an das Evangelium« (im Sinne von Heilsbotschaft von Jesus Christus) ist späterer Missionsterminus. Vgl. E. Klostermann, Exkurs zu Mk 1,1; R. Bultmann, Theologie des NT (⁵1965) 89ff.

2 βασιλεία τοῦ θεοῦ und βασιλεία τῶν οὐρανῶν bedeuten dasselbe. Wir geben den Begriff basileia unterschiedslos mit »Herrschaft« oder »Reich« wieder. Sicher ist »Herrschaft« oder »Königtum« sachgemäßer, denn beides bringt zum Ausdruck, daß die βασιλεία nicht durch ihre Bürger (»Reichsgenossen«), sondern durch Willen und Herrschaft ihres Königs konstituiert ist (so entspricht es auch allein orientalischen Vorstellungen), auch nicht nach Analogie eines umgrenzten Landes vorgestellt werden darf. Nur darum kann vom (zeitlichen) »Nahesein« und »Kommen« der βασιλεία geredet und das Wort geradezu synonym mit Gott gebraucht werden. Aber das schließt die räumliche Vorstellung nicht aus, denn Herrschaft Gottes heißt zugleich die neue Welt Gottes. Darum die Wendungen vom »Eingehen ins Himmelreich«, von den »Schlüsseln des Himmelreiches«, vom »Zu-Tische-liegen«, »Essen und Trinken im Himmelreich«. Belege bei Billerbeck I 173ff.; K. G. Kuhn, Th.W.z.N.T. I 570ff.

3 Vgl. zum Folgenden G. Klein, a.a.O. 649-654.

4 So mit Recht R. Bultmann, Theologie 4.

5 Die Deutung des Spruches ist umstritten, weil ἐντός ebenso »innerhalb, zwischen, im Bereich von« wie »inwendig in« heißen kann. Luthers Übersetzung »das Reich Gottes ist inwendig in euch« ist sicher unrichtig, a) weil Jesu Antwort nicht das »Kommen« der Gottesherrschaft, sondern das Beobachten ihres Eintreffens und ihr Aufsuchen an einem bestimmten Ort zurückweist, b) weil die basileia in seiner Predigt niemals die Beschaffenheit des inneren Menschen meint und c) das so verstandene Wort für die angeredeten Pharisäer am schlechtesten passen würde. Umstritten ist auch die Frage: redet der Spruch von der Gottesherrschaft als einer zukünftigen oder gegenwärtigen Größe? Aus dem präsentischen Tempus des griechischen ἐστιν läßt sich schon darum kein Beweis führen, weil im Aramäischen die Kopula fehlt. J. Jeremias, Neutest. Theologie I (1970) 104, deutet unter Hinweis auf den folgenden Kontext 17,23f. eschatologisch und paraphrasiert: »... wird (plötzlich) in eurer Mitte sein«; ähnlich schon R. Bultmann, Gesch. d. syn. Trad. 128: »... mit einem Schlage«. Zwar ist die Möglichkeit dieser Exegese zuzugeben. Doch bleibt befremdlich, daß das betonte »plötzlich« nicht ausgesprochen ist. Wieder anders versteht A. Rüstow, Z.N.W. 51 (1960) 197-224 das präpositional gebrauchte ἐντός auf Grund zahlreicher profangriechischer Belege im Sinne von »in der Hand von«,

»zur Verfügung«: »Denn siehe, das Reich Gottes steht in eurer Hand« (d. h. an euch ist es, Buße zu tun, sich seiner würdig zu erweisen, um, wenn es kommt, darin aufgenommen zu werden). Aber dieser gedankliche Umschlag vom »Kommen« des Reiches Gottes in ein Hineinkommen in dasselbe ist im Text durch nichts angezeigt. Aus allen diesen Gründen bleibt die Übersetzung: »das Reich Gottes ist *unter euch*« die wahrscheinlichste, dies freilich nicht im Sinne einer definitiven Aussage über Zeit und Ort zu verstehen, sondern im Hinblick auf den in Jesu Worten und Taten sich bereits ankündigenden Anbruch der Gottesherrschaft.

6 So versteht das Wort mit Recht M. Dibelius, Jesus, 59f. Der Matthäus-Text allegorisiert das dreitägige Verweilen Jonas' im Bauch des Walfisches auf die Zeit zwischen Tod und Auferweckung Jesu (12, 40f.).

7 Aus neuerer Literatur: A. Jülicher, Die Gleichnisreden Jesu I II, [2]1910 (nach wie vor bahnbrechend); R. Bultmann, Gesch. d. synopt. Trad. 179-222; C. H. Dodd, The Parables of the Kingdom ([10]1950); J. Jeremias, Die Gleichnisse Jesu ([7]1965); E. Linnemann, Gleichnisse Jesu ([5]1969); D. O. Via, The Parables (1970); G. Eichholz, Gleichnisse der Evangelien (1971).

8 Vgl. H. Greeven, Wer unter euch ...?, Wort und Dienst (Jahrb. der Theol. Schule Bethel 1952) 86ff.

9 Mit diesem Mißverständnis hat Jülicher ein für alle Mal aufgeräumt.

10 J. Jeremias, Gleichnisse, 8ff., übersetzt das γίνεσθαι ἐν παραβολαῖς »rätselvoll sein«, aber diese Übersetzung ist schwerlich möglich. Beide Vershälften reden von einem Zuteilwerden (vgl. Joh 1, 17). Außerdem ist der Sinn von παραβολαί schon durch Mk 4, 10 festgelegt und kann nur die Lehrform der Gleichnisse meinen, die freilich hier einer auch sonst geläufigen Bedeutungsmöglichkeit des hebräischen »Maschal« entsprechend als Rätselrede verstanden sind. Auch darf dem Wort nicht, wie Jeremias versucht, der finale Sinn der Verstockung genommen werden.

11 C. H. Dodd, J. Jeremias.

12 Dazu N. A. Dahl, The Parables of Growth (Stud. Theol. 1951, 132ff.).

13 Der Sinn des Gottesreiches in Jesu Botschaft wurde verhängnisvoll mißverstanden von der Theologie des 19. Jahrhunderts, die in Abhängigkeit von Kants Lehre vom höchsten Gut und zugleich im Einklang mit dem Fortschrittsglauben ihrer Zeit das Reich Gottes als höchstes sittliches Ideal bezeichnete, dessen Verwirklichung Aufgabe des Menschen sei. So etwa A. Ritschl, Unterricht in der christlichen Religion ([2]1881), § 5 unter ausdrücklichem Hinweis auf die Gleichnisreden Mk 4. Sie »deuten unter der Frucht immer ein Product der Menschen an, welches aus deren Selbstthätigkeit (!) hervorgeht, die durch die göttliche Saat, d. h. den Antrieb des göttlichen Offenbarungswortes hervorgerufen wird«. Folgerichtig wurde bei solcher Auffassung aus der christlichen Lehre ein Kulturprogramm und das Christentum selbst, wie es zuvor schon Rich. Rothe vertreten hatte, zu einer geschichtlichen Größe, die schrittweise sich in einer vom Glauben durchseelten, vernünftigen Weltkultur im Organismus der Staaten auflösen sollte. Die Säkularisierung der Idee des Reiches Gottes war damit auch von seiten der Theologie eingeleitet und freigegeben. War das Christentum nunmehr nur noch ein Aufbaufaktor christlich-abendländischer Kultur, wie es ja faktisch bis heute in weitesten Kreisen der »christlichen« Gesellschaft angesehen wird, so war damit der Augenblick abzusehen, wo man gleichsam die historischen Taue nach rückwärts kappen und der christlichen Reminiszenzen

sich entledigen konnte. Die so zäh umkämpfte Grenze zwischen bürgerlich-christlichem Fortschrittsglauben und einer säkularisierten, politischen Heilslehre, die den Ballast religiöser Tradition entschlossen abwirft und die Idee des Gottesreiches durch das Ideal der klassenlosen Gesellschaft ersetzt, ist dann im Grunde nur noch eine Fiktion. Die Weiche ist gestellt, wenn man das Reich Gottes zu einem »Product der Menschen macht, welches aus deren Selbstthätigkeit hervorgeht«. – Die erste durchschlagende Kritik des Reich-Gottes-Verständnisses der Ritschlschen Theologie gab Joh. Weiß, Die Predigt Jesu vom Reiche Gottes (1892; ²1900).

14 Auch hier ist die Deutung des Gleichnisses (Mt 13,36ff.) sekundäre Bildung. Das beweist 1. die Allegorisierung aller einzelnen Züge, 2. der typisch matthäische Vorstellungs- und Wortschatz, 3. die Preisgabe der eigentlichen Pointe des Gleichnisses, nämlich der Mahnung zur Geduld. Vgl. die sorgfältige Analyse bei J. Jeremias, Die Gleichnisse Jesu, 69ff.

15 Zahlreiche griechische und jüdische Belege bei F. Hauck und G. Bertram, μακάριος, Th.W.z.N.T. IV 365ff.; vgl. z.B. die Makarismen-Sammlung Sir 25,7-10.

16 In Mt 5,3-12 ist die sicher aus der Spruchquelle (Q) stammende, in abweichender Fassung auch Lk 6,20-23 überlieferte Reihe von 4 Seligpreisungen zu einer Neunerreihe ausgeweitet (ihre beiden letzten Glieder sind jedoch Varianten), mit interpretierenden Zusätzen versehen und bis v. 10 in der 3. Pers. Plur. abgefaßt. Sie charakterisieren nicht nur die Notsituation der Angeredeten, sondern umschreiben das christliche Leben. H. Windisch, Der Sinn der Bergpredigt (²1957) 9, nennt sie darum »Einlaßbedingungen« für das Gottesreich, M. Dibelius, Jesus 87f.: »christliche Tugendtafel«. Wichtigste neuere Monographie: J. Dupont, Les Béatitudes I-III (²1958-1973).

17 Mt 5,3 »arm in (ihrem) Geist« ist sinngemäße Wiedergabe des hebr. ani bzw. anaw (d.h. zugleich demütig).

18 Arm/elend und demütig/fromm sind zwar nicht ohne weiteres gleichbedeutend, sind es aber weitgehend geworden, weil Gott für den Unterdrückten und Notleidenden eintritt und dieser auf seine Hilfe vertraut (z.B. Ps 69,33f.; 86,1f.; Jer 29,19; 66,2); der Gegenbegriff ist in diesen Fällen nicht reich, sondern hochmütig, gottlos. Die Annäherung beider Bedeutungen wurde fraglos dadurch befördert, daß im Zuge sozialer und wirtschaftlicher Umschichtungen in den letzten vorchristlichen Jahrhunderten am Reichtum der Makel der Gottlosigkeit haftete und Armut das Los der Gesetzestreuen war. Zum biblischen Begriff der Armut vgl. W. Trilling in: Handbuch theologischer Grundbegriffe I (1962) 101-105.

19 PsSal 10,6; 15,1.

20 Die passivischen Wendungen umschreiben den Gottesnamen.

21 Vgl. J. Jeremias, Der Gedanke des »Heiligen Restes« im Spätjudentum und in der Verkündigung Jesu, in: ABBA, Studien z. ntl. Theologie und Zeitgeschichte (1966) 121-132.

22 Erst viel später setzt sich unter Widerständen der Gedanke der Weltmission in der Urkirche durch. Vgl. G. Bornkamm, Christus und die Welt in der urchristlichen Botschaft, in: Das Ende des Gesetzes, Ges. Aufs. I (²1958) 157ff., vgl. auch die wichtige Studie von J. Jeremias, Jesu Verheißung für die Völker (²1959).

23 S. o. S. 15ff.

24 προάγουσιν hat exklusive, nicht temporale Bedeutung. Vgl. J. Jeremias, Gleichnisse, 108 Anm. 6.

25 Vgl. Billerbeck IV 1154ff.

26 So hat erst die spätere Gemeinde das Bild vom (himmlischen) Bräutigam auf Jesus angewandt, vgl. J. Jeremias, Th.W.z.N.T. IV 1094ff. Auch zeigt Mt 22, 1ff. gegenüber Lk 14, 16ff., wie hier allegorisch aus dem Gastmahl das Hochzeitsmahl des Messias geworden ist, das Gott für seinen Sohn bereitet.

27 Das Gleichnis vom verlorenen Schaf steht bei Matth. in anderem Zusammenhang (18, 12ff.).

28 Vgl. J. Behm, μετανοέω, μετάνοια, Th.W.z.N.T. IV 972ff.; E. Sjöberg, Gott und die Sünder im palästinischen Judentum (1938) 125ff.; H. Braun, »Umkehr« in spätjüdisch-häretischer und frühchristlicher Sicht, Z.Th.K. 50 (1953) 243ff.

29 Joma VIII, 9; vgl. auch Aboth R.N. 40.

30 Vgl. J. Jeremias, Gleichnisse, 176ff.

31 Etwa 40 Millionen gegen 80 DM.

32 Wahrscheinlich stand das Blutbad an den Galiläern im Zusammenhang mit dem Vorgehen des Prokurators gegen Zeloten.

33 So nach Lk 18, 6 zu verstehen.

34 Schon Lukas ist wie mancher nach ihm mit dem Gleichnis nicht fertiggeworden und hat den Herrn v. 8 auf den Herrn im Gleichnis, nicht auf Jesus gedeutet, um dann erst mit v. 9 Jesu eigene Worte einsetzen zu lassen. Im folgenden fügt er stichwortartig ad vocem Häuser/Hütten, rechte Nutzung des Mammon, Treue im Kleinen und Großen, im Unrechten und Wahren, im fremden und eigenen Gut allegorisierend eine Reihe von Einzellogien an, die ursprünglich mit dem Gleichnis nichts zu tun haben. Zur Analyse des Gleichnisses J. Jeremias, Gleichnisse, 34ff., 149f.

35 Fraglos hat Jesus mit dem in Bälde hereinbrechenden Weltende gerechnet (W. G. Kümmel, Verheißung und Erfüllung, 13ff., 47ff.). Erst die spätere Gemeinde mußte mit der Erfahrung der Parusie-Verzögerung fertigwerden. Dies geschah freilich, ohne daß sie in ihrer Erwartung irre wurde. Sie hat darum die Mahnung Jesu zu Klugheit und Bereitschaft nicht vergessen, wie das schwerlich auf Jesus selbst zurückgehende, allegorisierende Gleichnis von den 10 Jungfrauen (Mt 25, 1ff.) zeigt. Situation und Einzelzüge geben nicht eine reguläre irdische Hochzeit wieder, sondern spiegeln die Erfahrung der verzögerten Parusie in der nachösterlichen Gemeinde: das Ausbleiben des Bräutigams, sein Kommen in der Nacht, seine Einholung durch die klugen Jungfrauen, aber auch die Abweisung der törichten – alles das sind allegorische Züge. Aus der Themafrage: wer wird in das Himmelreich eingehen? erklärt sich auch die Nichterwähnung der Braut im Gleichnis. Anders als in den Sprüchen und Gleichnissen, wo Klugsein bedeutet, mit der baldigen Ankunft des Herrn zu rechnen, erweist sich hier die Klugheit der einen darin, daß sie sich auf eine längere Wartezeit eingerichtet haben, während die törichten der Illusion erlegen sind, sein Kommen stünde unmittelbar bevor, und darum sich nicht mit einem ausreichenden Ölvorrat versorgt haben. Vgl. G. Bornkamm, Die Verzögerung der Parusie, in: Geschichte und Glaube. Erster Teil (Ges. Aufs. III, 1968), 49-55; anders J. Jeremias, Gleichnisse 43ff. – Am stärksten hat Lukas in die evangelische Überlieferung eingegriffen und den Gedanken der »Nähe« der Parusie an nicht wenigen Stellen getilgt. Vgl. H. Conzelmann, Die Mitte der Zeit ([3]1960) 87ff.; zum ganzen Thema E. Grässer, Das Pro-

blem der Parusieverzögerung in den synoptischen Evangelien und in der Apostelgeschichte (1957).

36 Die Übertragung des Jesus-Wortes auf die spätere Gemeinde ist hier ganz deutlich: Herr-Herr ist nicht mehr nur höfliche Anrede (wie Rabbi), sondern Bekenntnis und Anrede des Weltrichters. Auch sind die hier in einer Weltgerichtsszene vor den Herrn Tretenden christliche Charismatiker.

37 Zur Überlieferungsgeschichte vgl. R. Bultmann, Gesch. d. syn. Trad., 124f.

38 W. Bousset, Jesu Predigt im Gegensatz zum Judentum (1892), 63.

39 Vgl. P. Feine, Theologie des Neuen Testaments ([9]1953) 73.

40 Vgl. H. Conzelmann, Gegenwart und Zukunft in der synoptischen Tradition, Z.Th.K. 54 (1957) 277ff.

41 P. Wernle, Jesus (1916), 237f.

42 J. Weiß, Die Predigt Jesu vom Reiche Gottes ([2]1900) 100f. Weitere Literatur bei W. G. Kümmel, Verheißung und Erfüllung, 133ff.

43 C. H. Dodd, The Parables of the Kingdom ([10]1950).

44 H. D. Wendland, Die Eschatologie des Reiches Gottes bei Jesus (1931), 45f.

45 Verheißung und Erfüllung, 81ff.

46 Vgl. H. Conzelmann, Geschichte und Eschaton nach Mk 13, in: Theologie als Schriftauslegung (Ges. Aufs. 1974) 62-73; R. Pesch, Naherwartungen, Tradition und Redaktion in Mk 13 (1968).

47 Vgl. M. Dibelius, Jesus, 58ff.

Kapitel V: Der Wille Gottes

Zu Abschnitt 1-3 vgl. aus der neuesten Literatur bes. H. Braun, Spätjüdisch-häretischer und frühchristlicher Radikalismus. Jesus von Nazareth und die essenische Qumransekte I/II (1957).

1 Belege bei Billerbeck zu den Parallelen der Jesusüberlieferung.

2 Trotz v. 20 ist die polemische Spitze in Mt 5,17-19 nicht gegen die Schriftgelehrten und Pharisäer gerichtet. Diese trifft in Jesu Sprüchen zwar wiederholt der Vorwurf der Verfälschung des Gesetzes durch Menschenüberlieferung (15,2ff.), der Außerachtlassung der Hauptsache im Gesetz (23,21) und der Diskrepanz zwischen ihrem Lehren und Tun, m. a. W. der Heuchelei (23,3.13ff. u. a.), aber niemals der Tadel, sie nähmen es mit dem Buchstaben des Gesetzes nicht genau. Gemeint sind vielmehr Lehrer innerhalb der christlichen Gemeinde. Auch drückt das Wort von Jota und Häkchen nach jüdischer Art die Inspiration der Mosetora bis ins letzte Tüpfelchen aus, was Jesu sonstiger Lehre und schon den nachfolgenden Antithesen (Mt 5,21-48) widerspricht. Mit Recht wird darum in der neueren Forschung die Herkunft des Spruches aus der gesetzesstrengen palästinensischen Gemeinde angenommen. Vgl. G. Bornkamm, Wandlungen im Alt- und Neutestamentlichen Gesetzesverständnis, in: Geschichte und Glaube. Zweiter Teil (Ges. Aufs. IV, 1971) bes. 73-80.

3 Vgl. E. Käsemann, Exegetische Versuche und Besinnungen II (1964) 118; H. v. Campenhausen, Die Entstehung der Christlichen Bibel (1968) 10f.

4 Daß dieses sicher authentische Logion auch im frühen Judenchristentum anstößig erschien, ist aus der Tatsache zu entnehmen, daß es in der Parallelüberlieferung bei Matthäus und Lukas ausgelassen ist.

5 Im Talmud ist der Rabbinenspruch Auslegung von 2. Mos 31, 13: »Beobachtet den Sabbat, denn er ist heilig für euch« (d. h. euch zugute); vgl. Billerbeck II, 5.

6 Im sog. Jubiläenbuch (jüd. Schrift des 1. vorchr. Jhdts.) 2, 18ff. wird das Sabbatgebot ausdrücklich damit eingeschärft, daß Gott selbst ihn mit den Engeln im Himmel gehalten hat.

7 Vgl. die Reinigungsgesetze 3. Mos 11-15 und die Riten des großen Versöhnungsfestes 3. Mos 16.

8 Mk 1, 41; Mt 10, 8; 11, 5; Lk 4, 27; 17, 14ff.

8a Vgl. E. Käsemann, Das Problem des historischen Jesus, in: Exegetische Versuche und Besinnungen I (1960) 207: »Wer bestreitet, daß die Unreinheit von außen auf den Menschen eindringt, trifft die Voraussetzungen und den Wortlaut der Thora und die Autorität des Moses selbst. Er trifft darüber hinaus die Voraussetzungen des gesamten antiken Kultwesens mit seiner Opfer- und Sühnepraxis. Anders gesprochen: Er hebt die für die gesamte Antike grundlegende Unterscheidung zwischen dem Temenos, dem heiligen Bezirk, und der Profanität auf und kann sich deshalb den Sündern zugesellen.«

9 Vergleicht man die neutestamentlichen Stellen über die Ehescheidung miteinander, so sieht man, daß auch die urchristliche Gemeinde diesen rigorosen Standpunkt Jesu in extremen Fällen preisgab. Das zeigt Matthäus für die judenchristliche Gemeinde, Paulus für die hellenistische. Der letztere gibt die Scheidung einer Mischehe zwischen einem christlichen und einem heidnischen Eheteil frei, doch nur, wenn der heidnische sie verlangt (1. Kor 7, 10ff.). An dem uneingeschränkten Gebot des Herrn läßt er jedoch keinen Zweifel (v. 10). Er zeigt damit, daß der eigentliche Gotteswille nicht abgemildert werden darf, so wenig Paulus im extremen, konkreten Fall seine Durchführung fordert. Vgl. G. Bornkamm, Ehescheidung und Wiederverheiratung im Neuen Testament, in: Die Mischehe, Handbuch für die evangelische Seelsorge (1959) 50ff. – Übrigens haben Markus und Paulus Jesu Worte aus jüdischen Rechtsverhältnissen in griechisch-römische übersetzt. Hier ist nicht nur der Mann, sondern auch die Frau zur Scheidung berechtigt.

10 Das berühmteste Beispiel ist die hübsche, von den beiden rabbinischen Schulhäuptern Schammai und Hillel berichtete Szene (Billerbeck I 460): »Einmal kam ein Heide zu Schammai; er sprach zu ihm: Nimm mich als Proselyten auf, unter der Bedingung, daß du mich die ganze Tora lehrst, während ich auf *einem* Bein stehe. Er stieß ihn mit einem Baummaß, das er in der Hand hatte, fort. Er ging zu Hillel; dieser nahm ihn als Proselyten auf. Er sprach zu ihm: Was dir unlieb ist, tue keinem anderen; das ist die ganze Tora, und das übrige ist Erklärung, geh und lerne!« Wie in Mt 7, 12 wird also auch hier die ganze Tora in der sog. Goldenen Regel zusammengefaßt. Vgl. dazu A. Dihle, Die Goldene Regel. Eine Einführung in die Geschichte der antiken und frühchristlichen Vulgärethik (1962); G. Bornkamm, Das Doppelgebot der Liebe, in: Neutest. Studien für R. Bultmann ([2]1957) 85-93 = Ges. Aufs. III (1968) 37-45; Wandlungen im alt- und neutest. Gesetzesverständnis, in: Ges. Aufs. IV (1971) 94ff.; Chr. Burchard, Das doppelte Liebesgebot in der frühen christl. Überlieferung, in: Der Ruf Jesu und die Antwort der Gemeinde, Festschr. f. J. Jeremias (1970) 39-62. Näheres zum Doppelgebot s. u. S. 97ff.

11 Auch das »Erfüllen« bezieht sich nicht auf den stellvertretenden Gehorsam Christi, sondern auf Jesu Lehre, die den Willen Gottes in Gesetz

und Propheten voll zur Geltung bringt. Nur so hat 5, 19 in diesem Zusammenhang Sinn. Paulinische Gedanken (wie Röm 8, 3ff.) dürfen nicht ohne weiteres in das Matthäus-Evangelium eingetragen werden.

12 Der Ausleger muß und kann hier wie oft nur in eigener, reflektierender Sprache reden, mit bloßem Rezitieren des Schriftwortes ist es nicht getan. Gewiß spricht der Text selbst von solcher Reflexion nicht, aber er nötigt zu ihr schon durch das Miteinander von Seligpreisungen und Forderungen. – Die These der »verborgenen Eschatologie« der Bergpredigt richtet sich speziell gegen die Auffassung von J. Weiß und A. Schweitzer, die die Ethik der Bergpredigt als eine »Interimsethik« (Schweitzer), d. h. als verschärfte Ausnahmegesetze für die letzte Zeit bis zu dem dicht bevorstehenden Weltende verstehen wollten.

13 Vgl. zum Folgenden M. Dibelius, Die Bergpredigt, in: Botschaft und Geschichte I (1953) 79-174; P. Noll, Jesus und das Gesetz. Rechtliche Analyse der Normenkritik in der Lehre Jesu (1968).

14 Der Text ist nach Matthäus wiedergegeben. Jeder der ersten drei Evangelisten hat die Perikope *interpretierend* überliefert. Dadurch ergeben sich nicht unerhebliche Differenzen. Vgl. Chr. Burchard, Das doppelte Liebesgebot, 39-62.

15 Die folgenden Gedanken zu Lk 10, 30-37 sind weitergeführt in meinem Beitrag »Der bedrängend Nahe«, in: Der barmherzige Samariter, hrsg. von W. Jens (1973) 65-74.

16 S. Kierkegaard, Leben und Walten der Liebe (übersetzt von Chr. Schrempf) 85.

17 A. a. O., 19f.

18 An dieser Stelle läßt Matthäus Jesus zur Erläuterung das Gleichnis vom Schalksknecht (s. S. 76f.) erzählen. Wie sehr seine Komposition zugleich Auslegung ist, zeigt, daß er gerade dieses Gleichnis folgen und das Gleichnis vom verlorenen Schaf (bei Lukas anders eingeordnet, Kap. 15, 1ff.) an der Stelle vorangehen läßt, wo er die Frage der rechten Gemeindedisziplin behandelt!

19 U. v. Wilamowitz-Möllendorf, Platon I (1919) 384.

20 Vgl. A. Nygren, Eros und Agape (1930).

21 In dem Wort Mt 5, 25f. sind primitive Rechtsverhältnisse des Orients vorausgesetzt: die Gegner gehen miteinander zum Kadi. Es ist also nicht so wie bei uns, daß die Streitenden kein Wort mehr miteinander wechseln, bis sie sich erst eines Tages vor Gericht wiedersehen. – Das Wort Jesu ist ursprünglich ein Bildwort, rechtzeitig das letzte Ende, den Tag des Weltgerichts, zu bedenken (vgl. Lk 12, 58f.).

22 Zum Folgenden vgl. aus der neueren und neuesten Literatur vor allem M. Dibelius, Rom und die Christen im ersten Jahrhundert, Sitzungsberichte der Heidelb. Akad. 1941/42 = Botschaft und Geschichte II (1956) 177-228; W. Schrage, Die Christen und der Staat nach dem Neuen Testament (1971), bes. 29-49.

23 E. Stauffer, Christus und die Caesaren (^{5}1960).

24 Man erinnere sich lieber an die Verse von M. Claudius in seiner herrlichen Weihnachts-Cantilene: Vor Gott geht's göttlich her / Und nicht nach Stand und Würden. / Herodem läßt er leer, / Mit seinem ganzen Heer / Und Hirten auf dem Felde bei den Hürden / Erwählet er. – Für Herodes darf man getrost Augustus und Tiberius einsetzen.

25 Formulierung nach Hans von Campenhausen, Die Kirche und der Staat nach den Aussagen des Neuen Testaments, in: Die Autorität der Bibel heute (1951), 341.

26 Beispiel der Aufschrift einer dieser weit verbreiteten Münzen, die das

Bild des apotheosierten Kaisers zeigt: »Tiberius, Kaiser, des anbetungswürdigen Gottes anbetungswürdiger Sohn«; auf der Rückseite: »Hoherpriester«.

27 A.a.O., 121-149, bes. 146.

28 Vgl. A. Schweitzer, Die Mystik des Apostels Paulus (1930) 305; M. Dibelius, Rom und die Christen 178; H. D. Wendland, Ethik des Neuen Testaments, NTD, Erg.-Reihe 4 (1970) 26.

29 Diese Erklärung von Mk 12, 17 verdanke ich (brieflich) Prof. W. Eltester. Sie taucht, worauf er mich hinweist, neuerdings auch in englischer Literatur auf. Vgl. D. Cairns, The Image of God in Man, London (1953) 30; dort wird auch auf Dorothy Sayers, The Man born to be King, 225, und schon Tertullian, De Idololatria, 5 (I 47, 25) verwiesen. Ebenso danke ich Prof. G. Wehrung für den Hinweis auf den Sachsenspiegel, III. Buch, Art. 42 § 5: Eike von Repkow folgert aus dieser Deutung, daß Leibeigenschaft aus unrechter Gewalt kommt. Wie ich sehe, findet sich dieselbe Auslegung auch bei M. Claudius im zweiten Brief an Andres (Sämtl. Werke I, Teil 4, S. 417ff.): »... So große Ausleger des Moses mußten ja die Lehre von dem Ebenbilde verstehen und wo das hingehört, denn es war seine Hauptlehre ... Gott hatte den Menschen gemacht, ein Bild, das ihm gleich sei; der Kaiser hatte auch sein Bild machen lassen, und das war von Silber und stand auf der Zinsmünze ... Fühlst du nicht den feinen Sinn? Es war 'n Zipfel ihnen vom Rock abgeschnitten! 'n Pfeil aus ihrem eignen Zeughause ihnen gewiesen! aber nur gewiesen. Über das Ebenbild Gottes hatten die Eiferer für die Religion nichts zu fragen, wohl aber über das silberne Ebenbild des Kaisers.« (421 f.)

30 »Die eschatologische Verkündigung des kommenden Gottesreiches steht wie bei allen Worten so auch hier im Hintergrund« (M. Dibelius, a. a. O., Botschaft und Geschichte II 178).

31 Genausowenig wie sie sich auf das Wort des johanneischen Jesus vor Pilatus berufen darf: »Mein Reich ist nicht von dieser Welt« (Joh 18, 36). Gewiß, seine Königsherrschaft ist andern Ursprungs und anderer Art als irdische Gewalt, aber ist sie auch nicht *von* dieser Welt, so wird sie im Zeugnis der Wahrheit doch *in* dieser Welt aufgerichtet und geht auch den Übertreter der politischen Gewalt, ob er will oder nicht und wie immer er sich zu diesem Anruf der Wahrheit stellt, sehr erheblich, unter Umständen sehr lästig und unangenehm an. Auch Pilatus wird aus dem Gehege und Schutz des politischen Lebens und Handelns, das sich mit seinen eigenen Gesetzen begnügt, herausgerufen und gestellt. Weil er diesem Anruf sich entzieht, verfällt er alsbald der heillosen Versklavung an das Hin und Her, das Auf und Ab politischer Rücksichten und Erwägungen, Befürchtungen und Berechnungen. Er verfällt dem Verhängnis eines von der Wahrheit gelösten politischen Handelns. Nun irrt er umher, zwischen Angst und Vermessenheit, zwischen der Angst vor dem Toben der Juden und dem Kaiser, bei dem sie ihn denunzieren können, und der Vermessenheit, mit der er meint, *er* könne Jesus das Leben anbieten. Aber auch wo die Staatsgewalt wie im Fall des Pilatus sich dem Anruf der Wahrheit versagt, wird sie nach Darstellung der Evangelien für Jesus damit nicht grundsätzlich problematisch. Näheres über die weitere Geschichte des Problems in der Alten Kirche in der zitierten klassischen Abhandlung von M. Dibelius.

32 Übersetzung in M. P. Nilsson, Die Religion der Griechen (Religionsgesch. Lesebuch 4, 1927) 86ff.

33 Dissertationes I, 9, 6f.

34 Apg 13, 33; Hebr 1, 5; 5, 5; 7, 28 (vgl. Mk 1, 11).

35 Z. B. in dem Ballett von Prokofieff, Der verlorene Sohn. Typisch wird hier das Leben in der Fremde in Saus und Braus auf das lebhafteste geschildert. Dagegen ist die Szene der Heimkehr mit dem Reigen der hier auftretenden »Tugenden« öde und leblos.

36 Vgl. Mk 1, 15 und Mt 4, 17; Mk 9, 42 und Mt 18, 6; Lk 8, 13 und Mk 4, 17.

37 Das Wort Jesu: »Ich will kommen und ihn heilen« (Mt 8, 7) kann auch als erstaunte Frage verstanden werden: »Ich soll kommen und ihn heilen?« Je nachdem verändert sich danach auch der Sinn der Antwort des Hauptmanns. Entweder abwehrend: »Ich, der Heide, bin nicht wert, dich in mein Haus aufzunehmen.« Oder Jesu Befremden bestätigend: »Du hast recht, aber es bedarf dessen nicht.«

38 Zu den Naturwundern zählen: 1. die Stillung des Sturmes (Mk 4, 35 ff.), 2. der Seewandel (Mk 6, 45 ff.), 3. die Speisung der 5000 (bzw. 4000) in der Wüste (Mk 6, 31 ff.), 4. die Totenerweckungen (Mk 5, 21 ff.; Lk 7, 11 ff.; Joh 11, 1 ff.). Sieht man von Parallelen in der außerbiblischen, profanen Literatur ab, deren es nicht wenige gibt, so wird man hier vor allem alttestamentliche Analogien und Motive beachten müssen. Vgl. zu 1. Ps 65, 8: »der das Brausen der Meere stillt, das Brausen ihrer Wogen und den Aufruhr der Völker«; zu 2. Hiob 9, 8: »der einherschreitet auf den Höhen des Meeres« (vgl. 38, 16); zu 3. die Geschichte der Speisung Israels mit Manna in der Wüste (2. Mos 16, 4. 13-15; Ps 78, 24; 22, 27); zu 4. 1. Kg 17, 17 ff.; 2. Kg 4, 8. 17 ff. – Es ist nicht zufällig, daß gerade diese Wunder in der Überlieferung häufig als transparente Geschehnisse verstanden sind, die mehr erzählen als eine einmalige, mirakelhafte Episode. Das tritt besonders im Joh.-Ev. heraus: die Speisungsgeschichte ist dort der Rahmen für das Lebensbrot, das Jesus nicht nur *gibt*, sondern *ist* (6, 1 ff. 26 ff.). Es ist deutlich aber auch in der Art, wie Matthäus (8, 23 ff.) die Sturmstillungsgeschichte als ein Sinnbild der Nachfolge versteht (s. o. S. 134) und die Geschichte des Seewandels durch die Szene vom sinkenden Petrus bereichert (Mt 14. 28 ff.), ebenfalls ein Sinnbild des angefochtenen Glaubens. Einen transparenten Sinn hat wohl von Anfang an auch die Erzählung von Petri wunderbarem Fischzug (Lk 5, 1 ff.) und die vom Kana-Wunder (Joh 2, 1 ff.).

39 Von Jesu Glauben ist hier wie nirgends in den Evangelien die Rede (gegen Schniewind); vielmehr wird dem Bittenden »Glaube über alle menschlichen Möglichkeiten hinaus zugesprochen«. So versteht auch der Vater und schreckt zurück. Vgl. G. Theissen, Urchristliche Wundergeschichten (1974) 140.

40 Man darf das Wort also nicht ohne weiteres auf die »göttliche Speise« im Sinne von Joh 4, 34 deuten.

41 Man beachte, wie alle hier zitierten Schriftworte aus dem Umkreis des ersten Gebots stammen (5. Mos 6, 4 ff.).

42 Horaz, Carm. I, 2.

43 Belege bei F. Heiler, Das Gebet ([5]1923) 211.

44 Das braucht nicht mit J. Jeremias, Gleichnisse, 133 ff. bestritten zu werden.

45 Vgl. H. Greeven, Wer unter euch ...? (s. o. Anm. IV, 8).

46 Gleiches gilt etwa für die Einsetzungsworte beim Abendmahl.

47 Zum Folgenden vgl. K. G. Kuhn, Achtzehngebet und Vaterunser und der Reim (1950). Aus älterer Literatur G. Dalman, Worte Jesu, 283 ff.

48 Das vielverhandelte, nicht sicher zu erklärende Wort ἐπιούσιος in der

4. Bitte wird man am besten als Bezeichnung für eine bescheiden zugemessene Ration verstehen, also im Sinne der Lutherschen Übersetzung: unser täglich Brot.

49 Vgl. E. Lohmeyer, Das Vater-Unser (1946), 40.

50 J. A. Bengel, Gnomon zu Mt 6, 13.

51 Näheres zu diesem Abschnitt bei G. Bornkamm, Der Lohngedanke im Neuen Testament, in: Studien zu Antike und Urchristentum, Ges. Aufs. II ([3]1970) 69-92; W. Pesch, Der Lohngedanke in der Lehre Jesu, Münchener Theol. Studien I, 7 (1955).

52 Vgl. J. Jeremias, Gleichnisse, 163.

Kapitel VI: Jüngerschaft

Literatur: E. Schweizer, Erniedrigung und Erhöhung bei Jesus und seinen Nachfolgern ([2]1962) 7-21; E. Lohse, Artikel Nachfolge im NT, R.G.G.[3] IV, 1286-88; F. Hahn, Die Nachfolge Jesu in vorösterlicher Zeit, in: Die Anfänge der Kirche im Neuen Testament (1967) 7-36; M. Hengel, Nachfolge und Charisma (1968); G. Theißen, Wanderradikalismus, Z.Th.K. 70 (1973) 245-271; H. D. Betz, Nachfolge und Nachahmung Jesu Christi im NT (1967). – Zum Ganzen auch D. Bonhoeffer, Nachfolge (1937, [6]1958). Weiteres s. in Exkurs IV.

1 Zum Folgenden vgl. G. Kittel, ἀκολουθεῖν Th.W.z.N.T. I, 210ff.; K. H. Rengstorf, μαθητής, ebd. IV, 417ff.

2 Lk 5, 1 ff. ist die Berufung des Petrus in die vielleicht aus dem Menschenfischer-Wort herausgesponnene Legende vom wunderbaren Fischzug Petri verwoben. Der Fischzug ist dabei als symbolische Vorausdarstellung zu verstehen. Vgl. Bultmann, Geschichte d. syn. Trad. 232.

3 Vgl. A. Schlatter, Der Evangelist Matthäus (1929) 118f., 302; R. Bultmann, Gesch. d. syn. Trad. 26f.

4 Vgl. E. Schweizer, Erniedrigung und Erhöhung, 9.

5 πύργος kann Turm und Wirtschaftsgebäude heißen. Letzteres ist vielleicht Lk 14, 28 gemeint. Vgl. W. Bauer, Wörterbuch, 1330.

6 Von solchen, die um der Gottesherrschaft willen auch auf die Ehe verzichten, scheint das geheimnisvolle Wort Mt 19, 12 zu reden. Vgl. H. v. Campenhausen, Die Askese im Urchristentum, in: Tradition und Leben (1960) 114-156, bes. 136f.

7 Mk 9, 40 steht in Spannung zu der Q-Fassung des Wortes (Mt 12, 30). Lukas hat beide Formen des Spruches (Lk 9, 50; 11, 23). Fordert die negative Fassung (»Wer nicht mit mir ist, der ist wider mich; und wer nicht mit mir sammelt, der zerstreut«) die unbedingte Entschlossenheit für Jesus, so wehrt die positive dem Richtgeist der Jünger, die die Nachfolge Jesu zu ihrem Privileg gemacht haben.

8 Vgl. v. Campenhausen, a. a. O. (Anm. 6), 114ff.

9 Vgl. J. Schniewind zu Mk 1, 17.

10 Über die in den Listen Genannten vgl. H. Conzelmann, Geschichte des Urchristentums, NTD ErgR 15 (1969) 127ff.

11 Vgl. O. Cullmann, Petrus, Jünger – Apostel – Märtyrer (1952); ders., Th.W.z.N.T. VI, 99ff.

12 Er läßt z. B. das Scheltwort Jesu nach dem Petrusbekenntnis weg sowie die Notiz von der Jüngerflucht bei der Gefangennahme. Auch erscheint ihr Bild in der Gethsemane-Szene günstiger als in den anderen Evangelien. Vgl. noch Lk 22, 28.31f.

13 Vgl. G. Bornkamm, Die Sturmstillung im Matthäus-Evangelium, in: G. Bornkamm – G. Barth – H. J. Held, Überlieferung und Auslegung im Matthäusevangelium (1960) 48ff.

Kapitel VII: Jesu Weg nach Jerusalem. Leiden und Tod

Aus neuerer Literatur: E. Lohse, Die Geschichte des Leidens und Sterbens Jesu Christi (1964); H. Conzelmann, Historie und Theologie in den synoptischen Passionsberichten, in: Zur Bedeutung des Todes Jesu (1967) 35-53; W. Schrage, Das Verständnis des Todes Jesu Christi im Neuen Testament, in: Das Kreuz Jesu Christi als Grund des Heils (1967) 88-103; H. Schürmann, Jesu ureigener Tod (1974).

1 So H. Lietzmann, Geschichte der Alten Kirche I ([3]1953) 47.

2 Die Rekonstruktion des in eine Leidens- und Osterweissagung umgeformten Spruches ist umstritten. Ich folge J. Wellhausen, Lk, 75f.; H. Lietzmann, a. a. O. (s. Anm. 1) und M. Goguel, Das Leben Jesu, 223. – Vgl. auch R. Bultmann, Gesch. d. syn. Trad. 35.

3 Und zwar setzt dieses Summarium erst mit der Auslieferung Jesu an die Hohenpriester und Schriftgelehrten ein, nicht schon mit Einzug, Todesanschlag, Salbung in Bethanien, letztem Mahl und Gethsemane; vgl. R. Bultmann, Gesch. d. syn. Trad. 297ff.; J. Jeremias, Die Abendmahlsworte Jesu [3]1960) 87ff. Auch die johanneische Passionsgeschichte (18, 1ff.) geht erst von hier ab der synoptischen parallel. – Die Tendenz der Überlieferung, möglichst früh und oft Jesus von seinem Tod und seiner Auferstehung sprechen zu lassen, ist unverkennbar. Vgl. schon Mk 2, 19f.; Mt 12, 40 u. a. Nach Lk 4, 24 gehört das Thema seiner Verwerfung bereits zu Jesu erster Predigt in Nazareth. Vgl. auch Joh 2, 4: »Meine Stunde (d. h. die Todesstunde) ist noch nicht gekommen«; ferner 2, 18ff.; 3, 14ff. u. a.

3a Vgl. M. Dibelius, Jesus, 51.

4 Mt 26, 15; 27, 9f. Anders erzählt Apg 1, 18ff. das Ende des Judas.

5 Vgl. M. Dibelius, Formgeschichte, 184ff.; ders., Botschaft und Geschichte I (1953) 221ff.; Bultmann, Gesch. d. syn. Trad., 303ff. (daselbst ältere Literatur); K. H. Schelkle, Die Passion Jesu (1949) 81ff.

6 Hier steht sie programmatisch am Anfang der Geschichte Jesu.

7 Johannes hat die Zeichenforderung in die Perikope der Tempelreinigung selbst verwoben (2, 18ff.).

8 So stehen z. B. das Gleichnis vom Großen Abendmahl (Mt 22, 1ff.) schon Lk 14, 16ff.; das Gespräch über das höchste Gebot (Mk 12, 28ff.) schon Lk 10, 25ff., die Rede gegen die Pharisäer (Mk 12, 37ff.) schon Lk 11, 37ff., die Geschichte von der Salbung (Mk 14, 3ff.) schon Lk 7, 36ff.

9 Auf die mannigfaltigen Harmonisierungsversuche soll hier nicht eingegangen werden.

9a Die Stiftung des Herrenmahles ist nur in den synopt. Evangelien berichtet (Mk 14, 22-25; Mt 26, 26-29; Lk 22, 14-20); desgleichen von Paulus (1. Kor 11, 23-25), dagegen nicht von Johannes, der an dieser Stelle die Geschichte der Fußwaschung erzählt (13, 1-17). Von späterer Hand ist jedoch in die johanneische Erzählung von der Speisung der 5000 und Jesu Rede vom Lebensbrot eine eucharistische Rede eingefügt worden (vgl. bes. 6, 51b-58).

10 Der im Wortlaut nicht unwesentlich abweichende, das eschatologische

Wort gedoppelt den eigentlichen Stiftungsworten voranstellende Lukastext (22, 15-18) dürfte sekundär sein. Er historisiert, indem er Jesu Worte und Handlungen ausdrücklich dem Passarahmen unter Verwendung einer Leidensweissagung einfügt. Auch sonst gibt die Lukasfassung text- und überlieferungsgeschichtlich Fragen auf, die hier außer Betracht bleiben können.

11 »Die Vielen« hat im Hebräischen und Aramäischen inklusive Bedeutung. Vgl. J. Jeremias, Abendmahlsworte, 171ff.

12 Auch die in die Rede Jesu vom Lebensbrot eingefügten eucharistischen Worte Joh 6, 53ff. nennen die Mannaspeisung, nicht das Passa, von Johannes freilich anders als bei Paulus im ausdrücklichen Gegensatz zum Herrenmahl verstanden.

13 Lukas hat die Szene im Stil der Martyrienliteratur ausgestaltet. Vgl. M. Dibelius, Gethsemane, in: Botschaft und Geschichte I (1953) 258ff.

14 Nach Matthäus ist es Petrus, nach Lukas heilt Jesus den Verwundeten, Johannes gibt sogar den Namen des Knechtes an.

15 Bei Matthäus (26, 47ff.) ist die Szene weiter ausgestaltet (vgl. auch Joh 18, 1ff.).

16 Vgl. H. Conzelmann, Historie und Theologie, S. 47: »Sie ist szenisch gestaltete Lehre ... Markus gestaltet die Antwort Jesu so, daß im Widerspiel von Frage und Antwort die sachliche Identität der drei christologischen Titel Messias, Gottessohn und Menschensohn klar wird, also die Einheit von Werk und Weg Jesu, von Taten, Passion und künftiger Parusie.«

17 Die politisch-apologetische Tendenz ist am stärksten bei Lukas. Hier wird die Anklage der Juden ausdrücklich als Lüge gebrandmarkt (23, 2 greift auf 20, 20ff. zurück), die Juden sind die eigentlichen Aufrührer (23, 18f.). Pilatus dagegen erklärt das Messiasbekenntnis Jesu ausdrücklich nicht für ein politisches Verbrechen (23, 3f.) und stellt dreimal die Unschuld Jesu fest (23, 22). Auch verurteilt er Jesus nicht, sondern »überläßt« ihn dem Willen der Juden. *Diese* bringen Jesus ans Kreuz. Von da aus wird sich auch die Umwandlung der Verspottung Jesu durch römische Soldaten in eine entsprechende Szene am Hofe des Herodes erklären.

18 Mk 14, 71 ist nicht mit Luther zu übersetzen: »Er aber fing an, *sich* zu verfluchen und zu schwören«. Das griechische Verb ist Äquivalent für das hebräische hächärim, d. h. einen Bann über einen anderen sprechen. Das wird dadurch bestätigt, daß die Wendung »Ich kenne diesen Menschen nicht« eine aus der Synagoge bekannte Bannformel ist (Billerbeck I, 469). Vgl. dazu Mt 7, 23; 25, 12. Die schauerliche Steigerung bis zur dritten Verleugnung des Petrus besteht also nicht in einer *Selbst*verfluchung, sondern in einem Fluch über Jesus.

19 Daß der römische Prokurator dort in Jerusalem am heutigen Jaffator seinen Sitz hat, ist nach Josephus, Bellum Judaicum II, 14, 8 (§ 301) überwiegend wahrscheinlich. Die auch heute noch von anderen vertretene, volkstümlich gewordene Tradition, daß die Burg Antonia nördlich des Tempels der Ort der Verurteilung Jesu gewesen sei, läßt sich bis etwa 1200 zurückverfolgen. Nach ihr ist hier der Ausgangspunkt der Via dolorosa.

20 Dieses Wort fehlt in einigen alten Textzeugen.

21 Matthäus fügt noch ein besonderes kosmisch-apokalyptisches Wunder hinzu: das Aufspringen der Gräber und das Hervorgehen der Toten in die heilige Stadt. Zum Verständnis dieser Verse, die schon früh auf die Hadesfahrt Christi gedeutet wurden, vgl. H. Riesenfeld, The

Resurrection in Ezechiel XXXVII and in the Dura-Europos Paintings (1948) 35ff.

22 Bengel, Gnomon zu Röm 6, 3.

Kapitel VIII: Die Messiasfrage

Aus neuerer Literatur: F. Hahn, Christologische Hoheitstitel ([3]1966); H. E. Tödt, Der Menschensohn in der synoptischen Überlieferung (1959); Ph. Vielhauer, Aufsätze zum Neuen Testament (1965) 55-214; H. Conzelmann, Grundriß der Theologie des NT (1967) §§ 12-17. Speziell zu Markus: U. Luz, Das Geheimnismotiv und die markinische Christologie, Z.N.W. 56 (1965) 9-30. Zur Frage: Jesusüberlieferung und Christusbotschaft in den synoptischen Evangelien: G. Bornkamm, Bibel NT, 1971, 35-81 (Überblick).

1 Matthäus und Lukas haben den Spruch in anderer Gestalt; bei ihnen steht das Wort von der vergebbaren Lästerung des Menschensohnes und der unvergebbaren des heiligen Geistes (Mt 12, 31 f.; Lk 12, 10). Dieser Abänderung dürfte eine Textfassung zugrunde liegen, in der statt »Menschenkindern« die Einzahl »Menschenkind« stand. Dies ist dann als messianischer Titel Jesu mißverstanden worden und der Gedanke einer (vergebbaren) Lästerung des »Menschensohnes« angefügt (so auch J. Wellhausen, Matthäus, 63; Einleitung, 66f., und Bultmann, Gesch. d. syn. Trad. 138; anders H. E. Tödt, Der Menschensohn in der synoptischen Überlieferung, 1959, 282ff., der die Mk-Fassung als sekundär gegenüber Q ansieht). Der Sinn des Wortes hat sich dadurch erheblich gewandelt. Bei Markus ist von der Lästerung des Gottesgeistes die Rede, der sich *jetzt* in Jesu Taten mächtig erweist. Bei Matthäus und Lukas ist ein für die spätere Zeit charakteristischer christologischer Gedanke eingebracht: »Menschensohn« ist hier Jesus in seiner noch verhüllten, erniedrigten Messiasgestalt. Erst nach seiner Auferstehung und Erhöhung ist der Geist offenbar, gegenüber dem es keine vergebbare Lästerung mehr gibt. Der »Geist« also ist in beiden Fassungen des Spruches auf verschiedene Zeiten der Offenbarung bezogen. – Vgl. zu Mk 3, 28 f. parr. noch C. K. Barrett, The Holy Spirit and The Gospel Tradition (1947) 103ff., der die Lästerung des »Geistes« bei Mt, Lk auf die von getauften Gliedern der Kirche begangene Sünde des Abfalls bezieht im Unterschied zu der von Heiden *vor* der Taufe begangenen Lästerung des Menschensohnes.

2 Das hat W. Wrede, Das Messiasgeheimnis in den Evangelien (1901, [4]1969), eindeutig gezeigt. Vgl. auch M. Dibelius, Formgeschichte, 231 f.; Bultmann, Gesch. d. syn. Trad., 370ff.

3 Z. B. Mk 5, 43; 7, 36; 8, 26. Vgl. Wrede, a. a. O., 33ff.; Dibelius, Formgeschichte, 69f.

4 Dibelius, Formgeschichte, 232.

5 So Wrede, Bultmann.

6 Zu Mk 14, 53ff. vgl. S. 143f.; zu Mt 16, 17ff. vgl. S. 164f.

6a Ph. Vielhauer, Gottesreich und Menschensohn in der Verkündigung Jesu, in: Festschrift für G. Dehn (1957) 51ff., versucht den Nachweis zu führen, daß die Menschensohnworte ausnahmslos, auch die vom himmlischen Menschensohn, der späteren Gemeindetradition zugerechnet werden müssen, weil in der Überlieferung durchgängig Aussagen über Gottesreich und Menschensohn geschieden seien. Die Echtheit der Zukunftsaussagen bestreitet auch E. Schweizer, Der Menschensohn (Zur eschatologischen Erwartung Jesu), Z.N.W. 50 (1959) 185ff., allerdings nicht ohne weiteres die Worte der anderen Gruppen. Zur Auseinandersetzung mit Vielhauer vgl. Tödt, a.a.O., 298ff.

7 M. Dibelius, Jesus, 79f.; ähnlich E. Percy u.a.

8 So Dibelius, Jesus, 81, 85.

Kapitel IX: Jesus Christus

Aus der neueren, stark divergierenden Literatur: Zu 1.: H.v. Campenhausen, Der Ablauf der Osterereignisse und das leere Grab, S.H.B. 1952, in: Tradition und Leben (1960) 48-113; H. Graß, Ostergeschehen und Osterberichte ([4]1970); W. Marxsen, Die Auferstehung Jesu von Nazareth (1960); U. Wilckens, Auferstehung (1970). – Zu 2.: H. Strathmann, Die Stellung des Petrus in der Urkirche, Zeitschr. f. syst. Theol. 20 (1943) 223ff.; O. Cullmann, Petrus ([2]1960); W. G. Kümmel, Kirchenbegriff und Geschichtsbewußtsein in der Urgemeinde und bei Jesus (Studia Theologica 1943) 32ff.; A. Oepke, Der Herrenspruch über die Kirche Mt 16, 17-19 in der neueren Forschung, ebd. 1948/50, 110ff.; H. v. Campenhausen, Kirchliches Amt und geistliche Vollmacht (1953) 135ff.; A. Vögtle, Messiasbekenntnis und Petrusverheißung, in: Das Evangelium und die Evangelien (1971) 137-170. – Zu 3.: E. Stauffer, Die Theologie des NT ([3]1947) 212ff.; O. Cullmann, Die ersten christlichen Glaubensbekenntnisse ([2]1949); R. Bultmann, Theologie des NT 45ff.; 123ff.; W. G. Kümmel, Die Theologie des NT (1969) 93ff.; E. Schweizer, Erniedrigung und Erhöhung ([2]1962) 53ff.; H. Conzelmann, Was glaubte die frühe Christenheit? in: Theologie als Schriftauslegung, Ges. Aufs. (1974) 106-119; F. Hahn, Christologische Hoheitstitel ([3]1966); J. Gnilka, Jesus Christus nach frühen Zeugnissen des Glaubens (1970).

1 Mk 16; Mt 28; Lk 24; Joh 20/21.

2 Einige Forscher vermuten, daß Petri Fischzug (Lk 5, 1ff.), seine Einsetzung zum Hirten der Herde (Joh 21, 15ff.) und Fels der Kirche (Mt 16, 17ff.) noch die gemeindegründende erste Erscheinung des Auferstandenen vor ihm reflektieren und diese den verlorengegangenen Schluß des Mk-Ev gebildet habe.

3 Lk 14, 28 fehlt bei Lukas; Mk 16, 7 ist Lk 24, 6 abgeändert. Jerusalem hat in Geschichtsbild und Kirchenverständnis des luk Gesamtwerkes eine zentrale Stellung.

4 Diese z. B. von Dibelius und Bultmann vertretene Auffassung wird m. E. zu Unrecht von H. v. Campenhausen bestritten. Auch halte ich seinen Versuch, der Erzählung, der auch er »bis zu einem gewissen Grad« einen legendarischen Charakter zuschreibt, einen historischen Kern abzugewinnen, nicht für geglückt.

5 So im apokryphen Petrus-Ev Kap. 8f. Aber auch Matthäus führt die Grabeswächter als Zeugen ein (28, 11ff.).

6 Vgl. Joh 3, 14; 12, 32. 34; Apg 2, 33; 5, 30f.; Phil 2, 9; Hebr 1, 3-13; 8, 1 u. a. Vgl. Bultmann, Theol. 47f., 84.

7 Für vorösterlichen Ursprung von Mt 16, 17-19 treten ein (Auswahl): Oepke, Cullmann, J. Jeremias (NTl Theologie I 165f.); für nachösterlichen: Strathmann, Kümmel, Bultmann (in: Exegetica, 1967, 255ff.); H. v. Campenhausen, Kirchl. Amt, 140f.: »Daß die Kirchengründung auf Petrus im Munde Jesu undenkbar ist, sollte trotz der neueren Rettungsversuche nicht in Zweifel gezogen werden.«; A. Vögtle, a.a.O. 170: »... möglicherweise also erst als der Auferstandene.«

8 Die Verben haben gleichmäßig futurischen Sinn. Schwerlich darf man δώσω mit Jeremias (Th.W. II, 749) voluntativ fassen. Dagegen mit Recht W. G. Kümmel, Kirchenbegriff 52, Anm. 74.

9 Im Aramäischen steht im Vorder- und Nachsatz Kepha (Fels). Im Griechischen ist das Wortspiel πέτρος/πέτρα immerhin noch verständlich. Die Benennung Simons mit »Petros« erfolgt Mk 3, 16 bei der Berufung der Zwölf, Joh 1, 42 bei der ersten Begegnung, Mt 16, 18 beim Petrusbekenntnis. Da der Sinn des Beinamens auf den Mt 16, 18 ausgesprochenen Kirchengedanken abzielt, ist m. E. seine Benennung ein Wort des Auferstandenen.

10 Diese Tatsache wird z. B. von Oepke, Cullmann und J. Jeremias, die nur mit dem Gedanken des Gottesvolkes operieren, nicht zur Genüge beachtet.

11 Hierfür besonders die Studie von Strathmann. – In der Auslegung des Petrus-Ekklesia-Wortes sind sich römisch-katholische und evangelische Theologie heute viel näher gekommen als noch vor geraumer Zeit: Der »Fels« meint weder Christus – so schon Augustinus, ihm folgte Luther, – noch auch den Glauben des Petrus oder das Predigtamt, wie die Reformatoren verstanden, sondern Petrus selbst als Leiter der Kirche. In der Beurteilung der Echtheit des Spruches besteht noch weitgehende Differenz. Vgl. zu Jesu Wort an Petrus neuestens die interkonfessionelle amerikanische Arbeit: Peter in the New Testament, ed. by R. E. Brown, K. P. Donfried, J. Neumann (1973), 75-101. Differenzen bestehen ebenso in der Frage der Übertragung der Petrus-Vollmacht auf den Bischof von Rom (diese Deutung taucht erstmalig um 200 auf, wird aber erst vom Frühmittelalter an regelmäßig von den Päpsten für sich in Anspruch genommen). Vgl. Cullmann, Petrus, 176ff., 239ff.

12 Vgl. O. Cullmann, Glaubensbekenntnisse 13ff.

13 Die religionsgeschichtliche Herleitung des göttlichen Hoheitstitels Kyrios ist umstritten. Gewichtige Gründe sprechen dafür, daß er aus der religiösen Sprache und Vorstellungswelt der orientalisch-griechischen Antike stammt und durch hellenistische Gemeinden in die Christologie und liturgische Sprache der frühen Kirche Eingang gefunden hat. Vgl. H. Conzelmann, Grundriß der Theologie des NT 102f.

Exkurs I:

Einführung in die Geschichte und Vorgeschichte der synoptischen Evangelien

Unserer Darstellung liegen als Quellen die ersten drei Evangelien zugrunde, die in der Forschung den Namen »Synoptiker« tragen, weil sie in ihren Berichten so weitgehend miteinander parallel gehen und übereinstimmen, daß man ihre Texte zum besseren Vergleich in einer »Synopse« zusammenstellen kann (Synopsis = Zusammenschau). Johannes haben wir aus den früher genannten Gründen (S. 11f.) nicht als selbständige Quelle, sondern nur gelegentlich zur Erläuterung herangezogen. Zwar enthält auch das vierte Evangelium geschichtliche Nachrichten, deren Wert im einzelnen zu prüfen ist, doch sind hier Wort und Geschichte Jesu so stark in die Schau des auferstandenen und verherrlichten Herrn eingewoben, daß wir uns genötigt sahen, es nicht in der gleichen Weise wie die andern unserer Darstellung zugrunde zu legen. Auch zeitlich ist das Johannes-Evangelium das späteste, etwa um 100 entstanden, während Markus um 70 geschrieben sein muß und die beiden andern bald danach im Zeitraum etwa zwischen 75 und 95 n. Chr.

Die Anfänge der Jesus-Überlieferung liegen für uns weithin im dunkeln. Wer ihre Geschichte studieren will, ist darum zunächst an die Synoptiker gewiesen. Aber sie bieten die Möglichkeit, mit einiger Sicherheit auch hinter sie zurück zu ihren literarischen Quellen und weiterhin in den Zeitraum der mündlichen, vorliterarischen Überlieferung vorzudringen. Was zunächst die Quellenfrage der ersten drei Evangelien betrifft, so haben genaue Untersuchungen zu einem ersten wichtigen Ergebnis geführt, das heute mit Recht von den meisten Forschern anerkannt wird, der sogenannten Zwei-Quellen-Theorie. Diese besagt 1. daß Markus das älteste Evangelium ist und von den beiden andern – wenn auch in charakteristisch verschiedener Weise – in ihre Evangelien eingearbeitet wurde, und 2. daß Matthäus und Lukas außer Markus (im folgenden M) noch eine zweite gemeinsame Quelle benutzten, die man – vor allem in der deutschen Forschung – nach ihrem Inhalt die Reden-, Logien- oder Spruchquelle (Q) zu nennen pflegt. Mit dieser Hypothese erklärt sich in der Tat am besten, daß 1. fast das ganze Markus-Evangelium sich in den beiden anderen wiederfindet, 2. die Stoffanordnung bei ihnen, unbeschadet vieler Umgruppierungen im einzelnen, in den Grundzügen doch dieselbe ist wie bei M, und 3. sogar die sprachliche Formulierung soweit übereinstimmt, daß man berechtigt ist, die Priorität des zweiten Evangeliums und die literarische Abhängigkeit der beiden anderen von ihm zu behaupten. Im Unterschied zu M ist uns die Spruchquelle als literarisches Gebilde nicht erhalten und muß aus der Matthäus und Lukas gemeinsamen Überlieferung erschlossen werden. Nur mit der Annahme dieser zweiten Quelle lassen sich diese Übereinstimmungen befriedigend erklären, da beide Evangelien nichts von einer gegenseitigen Kenntnis und Benutzung verraten.

Über M und Q hinaus bieten Matthäus und Lukas noch wichtiges Sondergut (z. B. zahlreiche Gleichnisse in Mt 13; 20, 1ff.; 25, 31ff. – Lk 10, 29ff.; 15, 11ff.; 16, 1ff.; 19ff.; dazu die Vorgeschichten Mt 1/2, Lk 1/2 und die Ostergeschichten, außer der aus M stammenden Erzählung von der Auffindung des leeren Grabes). Vor allem englische Forscher haben auf Grund dieses weder in M noch in Q unterzubringenden matthäischen und lukanischen Sondergutes weitere Quellen angenommen und die Zwei-Quellen-Theorie zu einer Vier-Quellen-Hypothese erweitert (vgl. B. H. Streeter, The four Gospels 1924). Doch bleibt das eine Vermutung, gegen die schon der überlieferungsgeschichtlich sehr verschiedene Charakter dieses Sondergutes spricht. Noch weniger überzeugt der vor allem von W. R. Farmer, The Synoptic Problem (1964) unternommene Versuch, das Quellenproblem unter Wiederaufnahme einer schon im 18. Jhdt. vertretenen Theorie zu lösen, derzufolge M eine Kurzfassung des Mt hergestellt, aber auch Lk als Vorlage benutzt habe. Von anderen Argumenten abgesehen, scheitert diese Hypothese schon daran, daß sie sowohl die Auswahl der übernommenen Stücke wie die Auslassung der nicht aufgenommenen nicht zureichend zu erklären vermag. Entsprechende Einwände erheben sich gegen die These einer literarischen Benutzung des Mt-Ev durch Lukas. Vgl. zur Kritik W. G. Kümmel, Einleitung (^{17}1973) 21ff.

Freilich stellen auch die beiden Quellen M und Q vor Fragen, die sich durch die sogenannte Zwei-Quellen-Hypothese nicht exakt lösen lassen. 1. Auch der Markustext enthält einiges wenige Sondergut (z. B. 4, 26ff.). 2. An einigen Stellen folgt ihm nur einer der beiden Seitenreferenten; z. B. Mk 6, 17ff. = Mt 14, 3ff., auch fehlt bei Lukas der ganze Abschnitt Mk 6, 45 - 8, 26, andererseits bietet nur er einen Paralleltext zu Mk 9, 38ff.; 12, 41ff. 3. Einzelne Perikopen wie Mk 12, 28ff.; Mt 22, 34ff.; Lk 10, 25ff. differieren bei allen dreien recht erheblich. Doch reichen weder diese Beobachtungen zu, etwa einen »Urmarkus« zu rekonstruieren, noch können sie gar Anlaß sein, die Zweiquellentheorie überhaupt aufzugeben. Vielmehr zeigen sie, daß M vor und nach seiner Verarbeitung bei Mt und Lk in Einzelheiten noch Ergänzungen und Abwandlungen erfuhr und die literarische Benutzung dieser Quelle durch die Verfasser der beiden anderen Evangelien nicht an modernen wissenschaftlichen Maßstäben gemessen werden darf.

Schwerer zu beantworten sind die Fragen, vor die Q stellt. Sicher ist, daß diese Quelle im Unterschied zu M überwiegend Spruchgut enthielt. Aber auch einige Erzählungen gehören ihr zu (z. B. Mt 4, 1ff. = Lk 4, 1ff.; Mt 8, 5ff. = Lk 7, 1ff.). Ein in sich geschlossenes Evangelium kann Q jedoch nicht gewesen sein. Dazu hätte mindestens eine fortlaufende Passions- und Ostergeschichte gehört. Aber wir finden von ihr keinerlei Spuren. Auch die Spruchquelle ist nicht ohne eine gewisse, überwiegend thematisch bestimmte Ordnung zu denken, die den Gebrauch dieser Sammlung vor allem für Lehrzwecke innerhalb der Gemeinde ermöglichte. Doch war sie noch so wenig fest geformt, daß Matthäus und Lukas bei der Einordnung dieser Quelle in ihre Evangelien ein viel höheres Maß von Freiheit walten lassen konnten als gegenüber M (kurze Zusammenstellung der Q zuzurechnenden Stücke bei G. Bornkamm, R.G.G.³ II 737f.). Die zum Teil erheblichen Differenzen in der Wiedergabe der aus Q stammenden Überlieferung bei Matthäus und Lukas lassen darauf schließen, daß die Spruchsammlung in verschiedenen Fassungen den beiden Evangelisten vorgelegen hat (vgl. z. B. Mt 5, 3ff. und Lk 6, 20ff. [dazu Anm. IV, 16]; auch die verschiedenen Textformen des Vaterunsers Mt 6, 9ff.; Lk 11, 2ff.). Alles das zeigt, daß Q der mündlichen Tradition noch relativ nahesteht und auch ihrem weiterwirkenden Einfluß ausgesetzt blieb. Dieser ist auch für die Evangelien sonst immer wieder noch in Rechnung zu stellen. Das Alter von Q ist nicht mehr sicher zu bestimmen. So gewiß die Anfänge der Spruchsammlung in frühe Zeit zurückreichen, so deutlich sind auch Stücke darin enthalten, die ihre Formung erst spät erhielten. Da sich auch für Q im ganzen in Grundzügen eine einheitliche, von M freilich charakteristisch verschiedene Theologie und Redaktion nachweisen läßt, ist mit Sicherheit anzunehmen, daß auch diese Quelle schon vor Matthäus und Lukas schriftlich abgefaßt war.

Die schriftstellerische Eigenart von Matthäus und Lukas zeigt sich nicht zuletzt an der Verschiedenheit, mit der sie M, Q und ihr eigenes Sondergut zusammenarbeiten. Matthäus verfährt so, daß er das Spruchgut mit Vorliebe zu großen Redenkomplexen zusammenfügt (Bergpredigt Kap. 5-7, Aussendungsrede Kap. 10, Gleichnisse Kap. 13, Gemeinderegeln Kap. 18, Pharisäerrede Kap. 23, Wiederkunftsrede und eschatologische Gleichnisse Kap. 24/25), zumeist mit stereotypen Abschlußwendungen (7, 28; 11, 1; 13, 53 u. ö.). Dabei läßt er sich den Platz dieser »Reden« durch bestimmte Situationen des Markus-Rahmens geben. Lukas arbeitet anders. Auch er behält den Markus-Rahmen bei (doch vgl. die beiden großen Unterbrechungen Lk 6, 16ff. nach Mk 3, 19 und den sog. »Reisebericht« Lk 9, 50ff. nach Mk 9, 41), sonst aber bevorzugt er stärker biographische Angaben, um verstreut das Spruchgut einzufügen.

Die Frage der literarischen Quellen der Evangelien ist aber nur eine Station auf dem Weg zur Aufhellung der Anfänge der Jesus-Überlieferung. Erstmalig ist die sogenannte formgeschichtliche Forschung diesen Weg methodisch gegangen (M. Dibelius, R. Bultmann u.a.). Sie zeigte, daß sich aus dem Charakter der Evangelienüberlieferung noch mit einiger Deutlichkeit die Gesetze und Formen der vorliterarischen, mündlichen Tradition erkennen lassen. Besonders wichtig ist die Beobachtung, daß am Anfang der Überlieferung nicht der geschichtliche Zusammenhang, sondern die einzelne Perikope steht – das einzelne Gleichnis, der einzelne Spruch, die einzelne Geschichte, von den Evangelisten erst, oft sehr verschieden, szenisch umrahmt und nur mit bescheidenen redaktionellen Mitteln in einen Zusammenhang gebracht. Diese kleinen Einheiten der Tradition wollen für sich betrachtet werden. Sie unterscheiden sich deutlich nach verschiedenen Gattungen, die je nach ihrem Inhalt und ihrem Verwendungszweck im Leben der Gemeinde ihre festen Formen erhielten. Für diese Überlieferungsformen und -gesetze bietet vor allem die Lehrweise der Rabbinen, die apokalyptische Tradition, aber auch volkstümliche mündliche Überlieferung sonst reichliche Parallelen. Es bedarf zum Verständnis dieser allgemeinen Feststellung keiner gelehrten Kenntnisse. Jeder aufmerksame Leser kann in den Evangelien bestätigt finden, daß Gleichnisse, sprichwortartige Sentenzen, Lehr- und Streitgespräche, Wundergeschichten, kurze Anekdoten u.a. eine feste Form haben. Der in sich geschlossene Charakter jedes Einzelstückes und die typische Art der Berichte (s.o. S. 21f.) zeigt, wie wenig die Überlieferung dabei im eigentlichen Sinn historisch-chronistisch interessiert war. Die Fragen nach dem historisch Passierten und Gesagten muß darum auch der Historiker immer wieder zunächst zurückstellen. Um so wichtiger ist die Frage, in welchem Zusammenhang jedes Überlieferungsstück mit bestimmten Lebensinteressen und Lebensäußerungen der Gemeinde steht (Predigt, Unterweisung, Polemik, Apologetik, Bekenntnis, Kultus u. dgl.). Es kann kein Zweifel sein, daß die Evangelien-Überlieferung diesen höchst praktischen Lebensbezug hatte, aus ihm erwachsen und für ihn bestimmt. So muß die Frage nach dem »Sitz im Leben« für die Tradition gestellt werden; sie läßt sich in vielen Fällen überzeugend beantworten. Damit ist der Schritt getan in den Ursprungsbereich der Jesus-Überlieferung überhaupt.

Aus dieser Überlieferung haben erst die Evangelisten eine fortlaufende Geschichte Jesu im ganzen gemacht, erstmalig, so weit wir sehen, Markus. Aber auch bei ihm und seinen Nachfolgern dominiert nicht eigentlich ein historisches, sondern ein theologisches Interesse. Die Jesus-Überlieferung steht im Dienst des Glaubens, in dem sie freilich von Anfang an immer schon gestanden hatte. Die im einzelnen verschiedenartigen theologischen Grundgedanken der Evangelien herauszuarbeiten, ist eine Aufgabe, der sich die neueste redaktionsgeschichtliche Forschung darum immer stärker zugewandt hat. Auf diese Einzelfragen kann hier nicht eingegangen werden. Soviel ist jedoch deutlich, daß die Evangelien in sehr verschiedener Weise uns einen Einblick nicht nur in die Jesus-Überlieferung, sondern auch in ihre Aneignung und Auslegung in den verschiedensten Bereichen der judenchristlichen und heidenchristlichen Urkirche geben.

Unverkennbar ist, daß die einzelnen Evangelisten sich mit verschiedenem Erfolg in der Kirche durchsetzten, ohne daß dabei schon sofort an eine »Kanonisierung« zu denken ist (der biblische Kanon bildet sich erst in Etappen vom Ende des 2. Jahrhunderts ab). Für Markus beweisen das schon Matthäus und Lukas, aber Lukas kann in seinem Prolog (1, 1-4) schon von »vielen« Vorgängern reden, von denen wir – außer Markus –

nichts mehr wissen. Sehr bald ist Matthäus das führende Evangelium der Kirche geworden. Das ganz anders geartete Johannes-Evangelium ist ein charakteristisches Beispiel für die Weiterentwicklung, mindestens für einen völlig anders gearteten Typus der Evangelien-Literatur.

Neben unseren »kanonischen« Evangelien ging der Fluß der Evangelien-Bildung weiter. Zeugen dafür sind die zahlreichen »apokryphen« Evangelien, deren einige wir nur dem Namen nach, andere aus Bruchstücken kennen (Texte in deutscher Übersetzung mit Erläuterung bei E. Hennecke – W. Schneemelcher, Neutestamentliche Apokryphen I ³1959). Der historische Wert dieser durchgängig späteren Literatur ist jedoch gering. Sie bietet überwiegend eine legendär und tendenziös ausgewucherte Tradition. Desgleichen ist die sonst erhaltene Jesus-Überlieferung außerhalb unserer kanonischen Evangelien (bei Kirchenvätern, aus Papyri usw.) nicht anders zu beurteilen, zwar kirchen- und sektengeschichtlich wertvoll, auch lehrreich für die Geschichte der Überlieferung, aber nicht eigentlich für die Geschichte, die wir *in* der ältesten Überlieferung suchen und kennenlernen möchten. Auch die 1945/46 in Nag Hammadi (Ägypten) gefundenen zahlreichen koptischen Texte, die mit Recht sehr beachtet werden, haben dieses Urteil nicht in Frage gestellt. Unter diesen Texten ist das »Thomas-Evangelium« für uns am interessantesten. Es enthält 114 Logien (jedoch kein Erzählungsgut und vollends keine Passions- und Ostergeschichte) und bietet mancherlei interessante Parallelen zu synoptischen Herrenworten, die in vereinzelten Fällen relativ alt sein mögen; daneben finden sich freilich auch zahlreiche Logien, deren Inhalt die gnostischen Ideen des 2. Jahrhunderts widerspiegeln.

Aus der neueren Literatur zur Synoptischen Frage und Formgeschichte der Evangelien vgl. außer der in diesem Exkurs und früher (S. 171) genannten: J. Schniewind, Zur Synoptiker-Exegese, ThR, NF 2 (1930) 129ff.; J. Schmid, LThK III 1255ff.; ders., BZ, NF 5 (1961) 136ff. – Das *Thomasevangelium*, übersetzt von E. Haenchen, ist abgedruckt im Anhang zu K. Aland, Synopsis Quattuor Evangeliorum (⁷1971); dazu E. Haenchen, Die Botschaft des Thomas-Evangeliums (1961).

Exkurs II:
Zur Geschichte der Auslegung der Bergpredigt

Wir vergegenwärtigen uns hier einige der wichtigsten und wirksamsten Auslegungen, die die Bergpredigt in einer langen Geschichte und zumal in neuerer Zeit erfahren hat. Wer diese Geschichte verfolgt, sieht sich vor die Frage gestellt, ob nicht die geschichtlichen Stunden der Bergpredigt immer die waren, wo Menschen sich durch Jesu Forderung und Gebot in einer radikal-unmittelbaren Weise aufrufen ließen und die Bergpredigt im Einsatz persönlicher Entscheidung wort-wörtlich in ihrer Gegenwart zu verwirklichen suchten – in der Verweigerung des Eides, im Verzicht auf das Eigentum, im Nein zum Kriegsdienst. Waren dies nicht die geschichtlichen Augenblicke, in denen der Angriff auf diese Welt wirklich geschah und die brüchigen Fundamente ihrer vermeintlich geheiligten politischen, sozialen, moralischen und religiösen Traditionen erschüttert wurden; wo der Vulkan der Bergpredigt zum Ausbruch kam oder mindestens sein Feuerschein bedrohlich sichtbar wurde und so zutage kam, an welchen gefährlichen Hängen die Christenheit sich sicher eingerichtet hatte und die Herden ihrer Gläubigen sorglos weiden ließ?

In diesen Augenblicken richtete sich der Angriff immer zugleich auf eine Kirche, die mit ihren Sophismen und Theologismen die bestehende Welt und ihre »Ordnungen« sanktionierte und die Dynamis der Bergpredigt gleichsam unter sicheren Verschluß genommen hatte. Zu denken ist hier besonders an Tolstois Auslegung der Bergpredigt. (Vgl. M. Doerne, Tolstoi und Dostojewski, 1969, 66-82.) Wer sie genauer prüft, sieht freilich bald, daß sie Jesu Gebote auf den negativen Satz reduziert: Du sollst dem Übel nicht widerstehen, von dem aus Staat, Recht, Eigentum, Kultur Tolstoi nur als Versuche und Veranstaltungen der Gesellschaft erschienen, dem Bösen Widerstand zu leisten und so seine Herrschaft gerade zu bestätigen. Von dem positiven Sinn des Liebesgebotes Jesu kann darum bei Tolstoi nur bedingt die Rede sein, und die Bergpredigt wird ihm nicht zufällig zu einer »Metaphysik der moralischen Ökonomie«, in der es in Wahrheit nicht mehr eigentlich um das Verhältnis des Menschen zu Gott und zu seinem Bruder geht, sondern um eine Art Technik der Passivität, die den Menschen zu einem vernünftigen Dasein führen soll.

Tolstoi hat aus seinem mit Jesu Bergpredigt begründeten Protest gegen die bestehende Welt bekanntlich nicht die Folgerung der Revolution gezogen, sondern den Weg des Einsiedlers gewählt. Der Marxismus war für ihn nur der Versuch, eine bestehende Despotie durch eine andere zu ersetzen. Gleichwohl hat er den Boden des Kommunismus und Bolschewismus mit vorbereitet. Aus der Parole des Rückzuges von der Welt ist hier die Parole des Angriffs auf Staat und Gesellschaft geworden. Hat diese Bewegung der proletarisch-kommunistischen Revolution, im Unterschied etwa zu den Schwärmern der Reformationszeit, es auch radikal abgelehnt, sich religiös und unter Berufung auf die Bergpredigt zu begründen, so hat sie doch mindestens Jesu Bergpredigt dazu benutzt, der kapitalistisch-christlichen Gesellschaft den Spiegel vorzuhalten. »Straft nicht jeder Augenblick eures praktischen Lebens eure Theorie Lügen? Haltet ihr es für Unrecht, die Gerichte in Anspruch zu nehmen, wenn ihr übervorteilt werdet? Aber der Apostel schreibt, daß es Unrecht sei. Haltet ihr euren rechten Backen dar, wenn man euch auf den linken schlägt, oder macht ihr nicht einen Prozeß wegen Realinjurien anhängig? Aber das Evangelium verbietet es ... Handelt der größte Teil eurer Prozesse und der größte Teil der Zivilgesetze nicht vom Besitz? Aber es ist euch gesagt, daß eure Schätze nicht von dieser Welt sind« (K. Marx, MEGA I/1, S. 186).

Es fehlt denn bekanntlich auch nicht an Beispielen der Literatur des Sozialismus und speziell des religiösen Sozialismus (vgl. zuletzt L. Ragaz, Die Bergpredigt Jesu, 1945), in denen Jesus als der Revolutionär gegen Besitz, Gesellschaft und staatliches Regime und als Anwalt der Unterdrückten und Entrechteten, wenn auch nicht zum Führer, so doch zum Bundesgenossen im Kampf um eine neue Gesellschaftsordnung deklariert wurde. So haben ihn Kautsky und andere geschildert, und so haben bereits die Jakobiner der Französischen Revolution ihn als le bon sansculotte für sich in Anspruch genommen. Es ist leicht für uns, die oft genug grauenvolle und groteske Entstellung der Gestalt und Botschaft Jesu in allen solchen Äußerungen zu erkennen. Aber ist damit die beunruhigende Frage an die Christenheit abgetan, die sich immer wieder meisterlich darauf verstanden hat und versteht, gerade auch mit Hilfe ihrer Theologie sozusagen die Stoßrichtung der Forderung Jesu abzufangen, abzuleiten und darüber selbst in Ruhe zu bleiben? Man lese unter dieser Frage das überragende, eindrucksvolle Buch des Marxisten M. Machoveč, Jesus für Atheisten (1972).

Der christliche und theologische Kampf gegen Schwärmerei und Anarchie, zumal wo sie ihre revolutionären Programme und Träume unter die Fahne Christi stellten, ist ja freilich nicht nur Ausdruck einer fatalen Sekurität, sondern ein Gebot, zu dem uns eine durchaus legitime, uns immer wieder neu aufgegebene historische und theologische Besinnung verpflichtet. Es war für Fr. Naumann eine überaus schmerzhafte Erfahrung, als ihm auf seiner Palästinafahrt um die Jahrhundertwende die völlige Diskrepanz zwischen der geschichtlichen Umwelt Jesu und den politischen, sozialen und kulturellen Verhältnissen unseres technisierten Zeitalters aufging und damit die Unmöglichkeit, für die Lösung der uns aufgegebenen Fragen von Jesus direkte inhaltliche Weisungen erwarten zu wollen. (Vgl. Th. Heuss, Friedrich Naumann, ^{2}1949, 133ff.).

Etwa zur selben Zeit machten Joh. Weiß und Albert Schweitzer die große, für die Folgezeit der Theologie entscheidende Entdeckung, daß Jesu Gestalt und Botschaft nicht nur in den Rahmen einer anderen geschichtlichen Umwelt, sondern eines uns fremd gewordenen apokalyptischen Geschichtsbildes gehören. Auf diesem Grunde und in diesem Rahmen versuchten sie die Bergpredigt als das Gesetz des Ausnahmezustandes zu verstehen für eine Welt, die schon im Feuerschein des unter kosmischen Katastrophen hereinbrechenden Weltendes und des in Bälde anbrechenden Gottesreiches liegt. Das meinte das berühmt gewordene Wort Schweitzers von der »Interimsethik« Jesu (Das Messianitäts- und Leidensgeheimnis Jesu, 1901 = ^{3}1956, 18ff.), die ihren ursprünglichen Sinn mit der Tatsache verloren hat, daß das von Jesus und seinen Jüngern erwartete Weltende nicht gekommen ist.

Die Theologie hat sich auch mit dieser auf den ersten Blick so einleuchtenden Auslegung nicht zufrieden geben können. Denn es kann kein Zweifel sein, daß diese Deutung der Bergpredigt ihr gleichsam eine apokalyptische Temperatur zuspricht, die sie nicht hat. Es ist ja nicht wahr, daß sie den Brandgeruch der kosmischen Katastrophe an sich trägt, so sehr sie Botschaft von der kommenden Gottesherrschaft ist und zu der Gerechtigkeit ruft, ohne die keiner in das Reich eingehen wird. Oder besser und unbildlich gesagt: diese Deutung macht offenbar das apokalyptische Weltende zum Motiv der Forderungen Jesu, während sie doch einzig darin begründet sind, daß die Liebe zum Nächsten und zum Feind, Reinheit, Treue und Wahrhaftigkeit schlechthin der Wille Gottes sind. Der innere Zusammenhang zwischen der Forderung Jesu und seiner Botschaft von der kommenden Gottesherrschaft wird so in der apokalyptischen Deutung der Bergpredigt nicht wirklich deutlich.

So haben andere Erklärungen helfen sollen: die Meinung, Jesu Forderungen seien überhaupt mißverstanden, wenn man aus ihnen gesetzliche Weisungen für ein bestimmtes Tun macht. Die Bergpredigt ziele in Wahrheit auf eine neue Gesinnung. Schon recht, wird man antworten müssen, aber diese Antithese von Gesinnung und Tat ist ohne Frage ein bedenklicher Irrweg aus dem Gedränge, in das uns die Bergpredigt versetzt. Denn wenn eines an ihr deutlich ist, so doch dies, daß Jesus schon die Gesinnung für die Tat nimmt und beständig den Gehorsam bis in die konkrete Tat hinein gebietet. »Wer diese meine Worte hört und tut sie ... «!

Völlig anders lautet endlich die Lösung des Bergpredigtproblems, die seit der lutherischen Orthodoxie sich bis in unsere Zeit behauptet hat, die Meinung nämlich, daß die Bergpredigt überhaupt nicht unmittelbar auf den Gehorsam der Tat abziele, sondern uns den Spiegel der Sünde vorhalten wolle, um uns gerade so dem zuzuführen, der allein und stellvertretend für uns die von Gott geforderte Gerechtigkeit erfüllt hat. So, vom Evangelium und insbesondere von Paulus her, wolle die Bergpredigt verstanden werden: als Darstellung des einen Menschen Jesus Christus, der das Gesetz total erfüllt hat, und als Verheißung des neuen Menschen, der wir durch den Glauben an die von Christus geschenkte Gerechtigkeit sein werden (ähnlich Thurneysen, Die Bergpredigt, Theol. Existenz heute 46, 1936). Indessen allzu deutlich ist hier die Reflexion über die Lage, in die uns die Bergpredigt versetzt, mit der Auslegung der Worte selbst vermengt. Wo dieser Unterschied nicht beachtet wird, erliegt man mit Sicherheit der Gefahr, die Bergpredigt, um es drastisch zu sagen, im voraus dogmatisch zu verpacken.

Blickt man auf alle die genannten Auslegungsversuche der Bergpredigt in ihrer Mannigfaltigkeit zurück, so wird man bald einen sich durchhaltenden fatalen Zug in ihnen entdecken, der mindestens in ihrem Effekt immer wieder deutlich geworden ist. Sie alle zielen auf eine Beschränkung ihrer Gültigkeit; sie alle enthalten ein charakteristisches »Nur«. Jesu Forderung wird nur auf die Verhältnisse der Welt bezogen (die politischen Revolutionäre); sie gilt nur unter der historischen Voraussetzung eines noch nicht technisierten Zeitalters und eines apokalyptischen Geschichtsbildes; sie fordert nur eine neue Gesinnung; sie will verstanden werden nur als ein Spiegel der Sünde, nur als Beschreibung des neuen Menschen, der Jesus Christus allein ist. Dieses vielfältige Nur ist offenbar im höchsten Maße verdächtig. Es ist immer wieder zum Stoßkissen geworden, das die wirkliche Begegnung mit Jesu Wort erträglich und deshalb zur Illusion gemacht hat und im vorhinein in historischen oder theologischen Reflexionen auffing. – Luthers Verständnis der Bergpredigt ist mit solcher Kritik übrigens nicht getroffen. Nach ihm fordert das eine und gleiche Liebesgebot vom Christen ein unterschiedliches Handeln: für sich selbst in der Bereitschaft zu jedem Opfer und Rechtsverzicht, dagegen im Dienst am Nächsten und zum Schutz der Gemeinschaft in den von Gott wider das Böse gesetzten weltlichen Ordnungen. Nur ein Mißverständnis seiner »Zwei-Reiche-Lehre« konnte daraus eine Preisgabe der Welt an die eigene Gesetzlichkeit herleiten (vgl. Harald Diem, Luthers Lehre von den zwei Reichen, untersucht von seinem Verständnis der Bergpredigt aus, 1938; P. Althaus, Luther und die Bergpredigt, in: »Luther« H. 1/56 S. 1ff.; H. Bornkamm, Luthers Lehre von den zwei Reichen im Zusammenhang seiner Theologie, 1958).

Exkurs III:

Zur Frage der messianischen Hoheitsnamen in den Selbstaussagen Jesu

a) *Der Sohn:* Der absolut gebrauchte Hoheitsname »der Sohn« findet sich reichlich in den Selbstaussagen Jesu im Johannes-Evangelium, dagegen nur an zwei synoptischen Stellen: Mt 11, 27; Mk 13, 32. Das Offenbarungswort Mt 11, 27: »Alles ist mir von meinem Vater übergeben, und niemand kennt den Sohn als nur der Vater, und niemand kennt den Vater als nur der Sohn, und wem der Sohn ihn offenbaren will« redet, wie oft beobachtet ist, ganz im johanneischen Stil, dagegen völlig anders als die synoptischen Herrenworte sonst. Das zeigt außer dem Begriffspaar Vater/Sohn auch der reziproke Begriff »erkennen«. Mit E. Norden, Agnostos Theos (1913), 277ff., M. Dibelius, Formgeschichte, 279ff., Bultmann, Geschichte d. syn. Trad., 171f., und Th.W. I, 713f., E. Klostermann z. St., W. G. Kümmel, Verheißung und Erfüllung, 34f., u. a. ist der Spruch kaum als Wort des historischen

Jesus zu bezeichnen. – Denselben ungewöhnlichen Sprachgebrauch des Sohnes-Namens zeigt sonst nur noch Mk 13,32: »Aber über jenen Tag und die Stunde weiß niemand Bescheid, auch nicht die Engel im Himmel, auch nicht der Sohn, sondern nur der Vater.« An dem Wort ist zwar schon früh aus dogmatischen Gründen korrigiert worden (Lukas hat es ganz fortgelassen), weil man an dem Nichtwissen des Sohnes Anstoß nahm. Doch zeigt auch dieser Spruch mindestens in seiner überlieferten Gestalt, nämlich eben im Gebrauch des Sohnesnamens, die Spuren urgemeindlicher Christologie (vgl. Kümmel, Verheißung, 36; G. Harder, Theol. Viatorum 1952, 95f.). So wenig also der messianische Titel (Gottes-) Sohn schon in den Selbstaussagen des historischen Jesus beheimatet ist, so sehr erklärt sich seine Verwendung aus dem Credo der Gemeinde, in dem er – unter Verwendung von Ps 2,7 – seinen festen Platz hat.

b) *Der Gottesknecht.* Ebenso läßt sich auch kein sicherer Beweis dafür führen, daß Jesus sich selbst als Messias im Sinne der deuterojesajanischen Prophetie vom leidenden Gottesknecht (Jes 53) bezeichnet hätte. Mit Recht gehört dieses große, geheimnisvolle Kapitel zu den unveräußerlichen Passionstexten der Christenheit mit seiner Botschaft von dem Knecht Gottes ohne Gestalt und Schönheit, verachtet und verlassen von Menschen, der unsere Krankheiten und Schmerzen trug und um unserer Sünden willen von Gott zerschlagen ward und sein Leben zum Schuldopfer einsetzte, um die Vielen zu erlösen. Aber soviel der Text aussagt, das Geheimnis des Todes Jesu im Sinne einer stellvertretenden Sühne zu deuten, merkwürdigerweise taucht diese Deutung in der urchristlichen Überlieferung nicht sofort, sondern erst Apg 8,32f.; Röm 4,25; 1. Petr 2,22-25; Hebr 9,28 und in späteren Schriften auf. Selbst in der Passionsgeschichte begegnen, wie wir sahen, nur sehr vereinzelte Anklänge an Jes 53 (s.o. S. 138), um so reichlicher solche aus den Leidenspsalmen. Aus den überlieferten Jesusworten kann man als einziges den Spruch nennen: »Der Menschensohn ist nicht gekommen, daß er sich dienen lasse, sondern daß er diene und sein Leben als Lösegeld gebe für viele« (Mk 10,45). Doch ist das Wort mit vielen neueren Exegeten als ein in der hellenistisch-judenchristlichen Gemeinde entstandener kerygmatischer Spruch anzusehen, der aus einem Lk 22,27 in einfacherer Gestalt erhaltenen Logion christologisch weiter entwickelt zu sein scheint und die universale Heilsbedeutung von Jesu Sendung und Tod im Sinne von Jes 53,12 ausspricht. Vgl. E. Schweizer, Das Evangelium nach Markus NTD 1 (1967) 125; W. G. Kümmel, Theologie 79.94.104; E. Lohse, Entstehung des NT (1972) 70.

c) *Davidssohn:* Der Titel »Davidssohn« kommt in Jesu eigenen Worten nur Mk 12,35ff. vor. Hier fragt Jesus nach der Berechtigung der jüdischen Lehre, der Messias sei ein Sohn Davids, und hält ihr das Wort aus Ps 110 entgegen: »Der Herr sprach zu meinem Herrn: Setze dich zu meiner Rechten, bis ich deine Feinde unter deine Füße lege.« Die Szene schließt mit der Frage: »Er, David, nennt ihn Herr, woher ist er denn sein Sohn?« (Mk 12,35-37). Der Sinn dieser Stelle scheint zu sein, den Titel Davids-Sohn für den Messias überhaupt zu bestreiten, da ja David selbst auf ihn in dem Psalmwort den höheren Titel »der Herr« angewendet habe. Es fragt sich jedoch, ob dies Verständnis der Anschauungen der Evangelien und der Urgemeinde, für die die Davidssohnschaft des Messias außer Zweifel steht, angemessen ist. Wahrscheinlicher ist die Deutung, daß hier das *Verhältnis* von Davidssohnschaft und Herrsein des Messias die Pointe des Wortes bildet: was bedeutet es, daß der Herr Davids zugleich sein Sohn ist? Dann aber ist hier der Titel »Davids Sohn« schon nicht mehr im genuin jüdischen Sinn als Hoheitstitel für den Messias gebraucht, sondern sein späterer christlicher Sinn vorausgesetzt, wonach die Abkunft von David den Messias im Stande seiner Menschlichkeit und Niedrigkeit im Gegensatz zu seiner Erhöhung und Herrschaft bezeichnet (Röm 1,3; 2.Tim 2,8; Ignatius Eph 18,2; 20,2; Tr 9,1; Sm 1,1). Diese Umprägung und neue Verwendung des alten jüdischen Titels geht aber sicher auf theologische Reflexionen der späteren Christenheit zurück. Aus ihr wird auch dieses Überlieferungsstück stammen.

d) *Der Menschensohn.* Die in den synoptischen Evangelien überlieferten Herrenworte, in denen Jesus vom Menschensohn redet, sind in sich nicht einheitlich:

1. Eine erste Gruppe spricht von dem kommenden Menschensohn durchaus im Sinne apokalyptischer Erwartung (Mk 8,38; 13,26; 14,62; Mt 24, 27.37.39.44). Hier ist der Menschensohn der künftige, vom Himmel zur Erde kommende Richter und Retter. Plötzlich, wie der Blitz aufzuckt, aber ebenso unübersehbar wird er erscheinen. Für sein Kommen gilt es bereit zu sein. An allen diesen Stellen ist vom Menschensohn in der dritten Person die Rede. Von einer Identität Jesu und des Menschensohnes verlautet hier nichts, so gewiß sie für die glaubende Gemeinde außer Zweifel stand. Quellenmäßig gehören diese Texte fast ausnahmslos Markus und der Spruchquelle zu. Einzelne dieser Worte können Gemeindebildung sein. Doch wird man daran festhalten dürfen, daß Jesus in der apokalyptischen Sprache seiner Zeit vom kommenden Menschensohn-Weltrichter geredet hat. Das gilt vor allem für die Worte, in denen er von der Antwort des Weltrichters auf Bekenntnis oder Verleugnung der Jünger hier auf Erden spricht (Luk 12,8f.; Mk 8,38). (Genauere Begründung in meinem Aufsatz: Das Wort Jesu vom Bekennen, in: Geschichte und Glaube. Erster Teil, Ges. Aufs. III, 1968, 25-36, speziell 25f.).

2. Ganz anders redet eine zweite Gruppe von Sprüchen von dem bevorstehenden gottgesetzten Leiden, Sterben und Auferstehen des Menschensohnes (vor allem Mk 8,31; 9,31; 10,33f.). Im Gegensatz zur ersten Gruppe verlautet hier nichts von seiner Parusie (d.h. seiner Ankunft) und dem Gericht, das er halten wird. Um so mehr reden sie von dem irdischen Gericht der Menschen, dem der Menschensohn nach Gottes Willen ausgeliefert wird, ehe er aufersteht. Auch wenn man nicht bestreitet, daß Jesus mit seinem gewaltsamen Tode gerechnet hat, sind diese Leidens- und Auferstehungsweissagungen doch schwerlich als echte Jesusworte anzusprechen. Sie setzen die Passions- und Ostergeschichte bis ins Detail voraus. Der Unterschied beider Spruchgruppen ist deutlich. So wenig jene von Leiden und Auferstehen des Menschensohnes redet, so wenig diese von seinem Kommen. Auch quellenmäßig sind beide zu unterscheiden: die zweite gehört ausschließlich der Markus-Überlieferung, nicht der Spruchquelle an.

3. Zwischen den beiden erstgenannten Gruppen steht eine dritte, zahlenmäßig geringe Gruppe, die weder vom Kommen noch vom Leiden des Menschensohnes redet. Hierzu gehören die Worte von der Vollmacht des Menschensohnes, Sünden zu vergeben (Mk 2,10), von ihm als dem Herrn des Sabbats (Mk 2,28), vom Menschensohn, der als Schlemmer und Zecher, Freund und Zöllner und Sünder gescholten wird (Mt 11,19), aber auch heimatlos ist und nicht hat, wo er sein Haupt hinlege (Mt 8,20). Man hat vermutet, diese Worte seien erst nachträglich von der Tradition zu messianischen Selbstaussagen gemacht worden. Ursprünglich habe hier nicht der Titel »Menschensohn« gestanden, sondern »Menschenkind« (d.h. Mensch), das erst durch falsche Übersetzung seine Beziehung auf Jesus bekommen habe

(vgl. J. Wellhausen, Einleitung, 128ff.). Doch ist das schon für Mk 2,10,28 ganz unwahrscheinlich. Vielmehr werden wir es hier mit Gemeindesprüchen zu tun haben, die schon von dem Irdischen die Vollmacht des Erhöhten aussagen und mit ihr das Recht der Sündenvergebung und der Sabbatfreiheit begründen, das darnach auch seiner Gemeinde eignet (vgl. Mt 9,8!). Die auch in der Gemeinde geübte Vollmacht ist also kein allgemeines Menschenrecht. Auch für Mt 8,20 ist die Annahme eines Übersetzungsfehlers wenig überzeugend (so Bultmann, Gesch. d. syn. Tradition 27). Ihr zufolge soll das Wort ursprünglich ein allgemeiner Weisheitsspruch über das unstete Dasein des Menschen im Gegensatz zu der Geborgenheit der Tiere gewesen sein (vgl. z.B. Hiob 14,1), der erst auf Jesus als *den* Menschensohn übertragen sei. Indessen fehlen zureichende Parallelen für diese Annahme; auch erscheint mir der anzunehmende Entwicklungsprozeß bis zur Verwendung des Wortes an unserer Stelle (Mt 8,20; Lk 9,58) allzu kompliziert. Einfacher und wahrscheinlicher scheint mir, daß hier wie auch Mt 11,19 in ein Herrenwort der messianische Hoheitsname eingetragen ist, der ursprünglich in ihm noch nicht beheimatet war. Voraussetzung dafür war die in der Gemeinde vorbehaltlose Gleichsetzung von »Jesus« und »Menschensohn«, die sich ja auch sonst in der Überlieferung reichlich beobachten läßt und die Tatsache erklärt, daß nicht selten der eine Evangelist ein bloßes »Ich« setzt, an der der andere den Titel Menschensohn bietet (z.B. Mt 10,32f. gegen Lk 12,8f.; Mk 8,38), und umgekehrt der Titel an die Stelle eines bloßen »Ich« in einem Jesuswort treten konnte (z.B. Mt 16,13 gegen Mk 8,27).

Die meist vertretene Auffassung, Jesus selbst habe seinen messianischen Anspruch mit dem Menschensohn-Titel vertreten (so unter vielen anderen auch V. Taylor, The Names of Jesus, 1954, 25ff.), stellt auf alle Fälle vor schwer lösbare Fragen. Soll er wirklich absichtlich einen doppeldeutigen Geheimnamen verwendet haben, der als Messiastitel, aber ebenso gut auch völlig unmessianisch im Sinne von »der Mensch« verstanden werden konnte (so schon P. Fiebig, Der Menschensohn, 1901, 100)? Oder wollte er seine Zuhörer mit dieser Selbstbezeichnung zum »Nachdenken« anregen (E. Percy, Die Botschaft Jesu, 259)? Beides erscheint mir unvorstellbar und durch keinen Text zu belegen. Aber auch die Annahme, er habe sich selbst als den zum *künftigen* Menschensohn Bestimmten bezeichnet, überzeugt nicht. Nirgends finden sich Aussagen darüber, in welchem Verhältnis Jesu irdisches Dasein zu seiner Gestalt als himmlischem Weltrichter zu denken ist, und nie ist – auch in den Leidensweissagungen nicht – etwa von seiner Entrückung zum Himmel die Rede, der ein Vorstadium seines bloßen Designiertseins voranginge (diese Einwände erhebt mit Recht Bultmann, Theol. 29ff.). – Die beste Untersuchung der Menschensohnworte und ihrer Geschichte in allen Schichten der synoptischen Überlieferung bietet m.E. die umfassende Monographie von H. E. Tödt, Der Menschensohn in der synoptischen Überlieferung ([3]1969).
Aus den dargelegten Gründen halte ich es für wahrscheinlich, daß der historische Jesus auch den Hoheitsnamen »Menschensohn« noch nicht für sich gebraucht hat. Stellt man die Frage, warum der Titel denn gerade in Jesu Selbstaussagen so reichlich begegnet, so wird man nur antworten können, daß er vor allen anderen für die älteste palästinensische Gemeinde, der wir die Überlieferung der Herrenworte verdanken, das Eigentliche ihres Glaubens aussprach und unter die Autorität Jesu selbst gestellt werden sollte. Der starke gestaltende Einfluß von Glauben und Erwartung der Urgemeinde auf die Herrenwortüberlieferung scheint mir um so mehr vorstellbar, als es ja bei der Frage des Menschensohnes im spätjüdischen wie im ur-

christlichen Sinn sich um einen Namen und ein Thema eschatologischer Gewißheit und Erwartung handelte. An der Formung der Menschensohn-Worte werden darum, so darf man annehmen, die Propheten in der urchristlichen Gemeinde einen beträchtlichen Anteil gehabt haben, die das Wort des Gekreuzigten, Auferstandenen und Kommenden der Gemeinde verkündeten, so wie der Seher in der Offenbarung Johannes den schaut, der »einem Menschensohn ähnlich war« (1, 12ff.), und von ihm das Wort empfängt, das er den Gemeinden ausrichten soll.

Exkurs IV:

Die Zwölf (zu S. 132f.)

Die seit alters in der Kirche üblich gewordene Gleichsetzung der Jünger Jesu mit den zwölf Aposteln wird durch die älteste in den Evangelien verarbeitete Überlieferung nicht bestätigt; sie erweist sich bei genauerer Nachprüfung als eine nachträgliche Rückprojizierung nachösterlicher Anschauungen in die Geschichte des Irdischen. Zur Klärung der Frage liefert bereits die Wortstatistik der in allen vier Evangelien verwendeten Jüngerbezeichnungen einen lehrreichen Beitrag. Weitaus am häufigsten – 234mal (davon 156mal in den Synoptikern) – verwenden sie den Terminus »Jünger« (mathētēs); nur 40mal (davon 34 synopt. Stellen) heißen sie die »Zwölf« und gar bloß 9 (Synopt. 8)mal »Apostel«. Beschränken wir uns hier auf die Erwähnung der Zwölf im Markusevangelium, das den beiden anderen Synoptikern als literarische Quelle gedient hat, so ergibt sich, daß sie öfter bedeutungsgleich im Wechsel mit dem sonst vorherrschendem Begriff »die Jünger« genannt werden (z. B. 11, 11.14; 14, 17.32 neben 14, 12.14.16). Sind bei Markus sonst in der Regel mit Jüngern Jesu Anhänger in einem weiteren Sinne gemeint, so bei der Zurüstung und Feier des letzten Mahles eindeutig der begrenzte Kreis der Zwölf, wie auch die gerade in diesem Zusammenhang mehrmalige Bezeichnung von Judas Ischarioth als »einer aus den Zwölf« (Mk 14, 10. 20. 43) zeigt.

Ebenso werden sie ausdrücklich in der synoptischen Einsetzungs- und Aussendungsszene Mk 3, 13-19 (Mt 10, 1ff.; Lk 6, 12ff.) aus einer größeren Schar herausgehoben, hier mit einer von Simon genannt Petrus angeführten, im einzelnen differierenden Liste ihrer Namen verbunden. Im näheren oder weiteren Kontext dieser Stelle erhalten sie den Titel Apostel (Mt 10, 2; Lk 6, 13; Mk 6, 30), bei Markus und Matthäus jedoch nur hier, nur bei Lukas noch einige Male öfter. Aber dieser scheinbar eindeutige Text berechtigt historisch nicht ohne weiteres dazu, Jünger, Zwölf und zwölf Apostel zu identifizieren. Denn der Bericht gehört sichtlich zu den Erzählstücken, an denen sich unschwer die verarbeitende und gestaltende Hand der Evangelisten erkennen läßt. Auch erfahren wir aus der weiteren Überlieferung nur von Petrus, daß er als Missionar gewirkt hat, von keinem der in den Namenlisten Genannten sonst, von historisch wertlosen Legenden späterer Jahrhunderte abgesehen; sie bleiben bloße Namen ohne Gesicht und Geschichte (v. Campenhausen). Umgekehrt sind auch die synoptischen Sendungsreden, deren eine nur Matthäus der Berufung der Zwölf folgen läßt (10, 5-42), nicht auf einen exklusiven Zwölferkreis zugeschnitten, sondern Kompositionen von allgemeingültigen missionarischen Anweisungen. Aus diesem verworren anmutenden Befund ist immerhin zu ersehen, daß die Gleichsetzung der drei Jüngerbezeichnungen erst in einem allmählichen

Traditionsprozeß zustande gekommen ist, der ein bedeutsames Stück frühchristlicher Kirchengeschichte noch einigermaßen erkennen läßt.

Eine der wichtigsten Phasen dieses Prozesses dokumentiert eine Stelle in dem längst vor den Evangelien um die Mitte der Fünfzigerjahre verfaßten Ersten Korintherbrief (15, 5). Paulus nennt hier in einer geradezu protokollarischen Aufzählung unter den Zeugen, denen der auferstandene Herr erschienen ist, an zweiter Stelle nach Kephas (Petrus) und deutlich abgehoben von »allen Aposteln« (v. 7) die Zwölf. Er beruft sich dabei auf eine grundlegende Überlieferung, die er einst empfangen und auch den Korinthern in der Anfangszeit ihrer Gemeinde (49/50 n. Chr.) als Evangelium weitergegeben hat, zusammengefaßt in einer von ihm nicht geprägten, wenn auch hinter den Worten: »Er erschien dem Kephas, dann den Zwölf« durch weitere Zeugen von Paulus ergänzten Formel. Aus dieser im gesamten Corpus der Paulusbriefe einzigen Erwähnung der Zwölf ist mit Sicherheit zu ersehen, daß sie unmittelbar nach Ostern als Auferstehungszeugen einen in der Urgemeinde hoch angesehenen festen Kreis bildeten, der auch hernach in den von Paulus missionierten Gemeinden noch wohl bekannt war.

Nur enthält diese überlieferungsgeschichtlich älteste, wahrscheinlich auf die Jerusalemer Gemeinde zurückgehende Bezeugung der Zwölf keine direkte Aussage über die Einsetzung und die spezielle Funktion ihres Kreises. Negativ nur soviel, daß sie kein exklusiv legitimiertes Kollegium von Aposteln gewesen sein können. Was aber dann? Etwa eine im engeren oder weiteren Sinne kirchenleitende Instanz? Als solche und zwar als zwölf Apostel figurieren sie allerdings in dem gegen Ende des ersten Jahrhunderts entstandenen lukanischen Geschichtswerk (Evgl. und Apg.), weit über Jerusalem hinaus maßgebend für die Leitung der Gesamtkirche. Doch ist diese erst bei Lukas voll ausgebildete und konsequent durchgeführte Konzeption eine Konstruktion, die sich mit den Aussagen des Paulus nicht in Einklang bringen läßt. Für ihn und zu seiner Zeit – ein halbes Jahrhundert vor Lukas – war »Apostel« die Bezeichnung für *alle* die Heilsbotschaft verkündenden Missionare. Wie hätte er sonst für sich selbst Anerkennung als Apostel beanspruchen und einige seiner Mitarbeiter so benennen können (Röm 16, 7)? Ebensowenig aber haben wir Beweise für eine Führerstellung der Zwölf in der Frühzeit der Kirche. Auch hierfür liefert Paulus den Gegenbeweis. In einem ausführlichem Rückblick auf sein eigenes Wirken in dem beträchtlichen Zeitraum zwischen seiner Bekehrung und Berufung über den Apostelkonvent bis zu seinem Konflikt mit Kephas in Antiochia (ca. 32-48 n. Chr.) gibt er präzise Auskunft auch über sein Verhältnis zur Jerusalemer Urgemeinde und den von ihm berufenen Aposteln, aber nennt dabei unter den Führern der Gemeinde Kephas, den Herrenbruder Jakobus, den Zebedaiden Johannes als die geachteten »Säulen«, nirgends jedoch »die Zwölf« als leitende Instanz trotz ihrer 1 Kor 15, 5 eindeutig bezeugten bedeutsamen Rolle als Auferstehungszeugen.

Aufschlußreich für die ursprüngliche Bedeutung der Zwölf ist einzig und allein die ihrem Kreis fest anhaftende Symbolzahl, durch die sie als die dereinstigen Regenten und Richter der zwölf Stämme Israels und als Repräsentanten des endzeitlichen Gottesvolkes bezeichnet werden (Mt 19, 28; Lk 22, 28-30), in dieser Rolle jedoch »weniger eine Institution als eine Repräsentation ... des wahren Israel« (Bultmann, Theol. 62). Daß sie unter dem Namen der Zwölf bekannt blieben, erhellt daraus, daß Paulus bzw. die von ihm zitierte Überlieferung 1 Kor 15, 3ff. sie noch als geschlossene Gruppe unter den Auferstehungszeugen aufführt, ohne Rücksicht darauf, daß der

Verräter Judas vor Jesu Tod ausgeschieden und also sicher nicht an der Erscheinung des Auferweckten vor den Zwölf beteiligt war – ein Beweis, daß für die spätere Gemeinde allein die in der Symbolzahl ein für allemal ausgesprochene Bestimmung der Gruppe entscheidend war und blieb, nicht jedoch die numerische Vollständigkeit des Kreises. Noch der lukanische Bericht von der Nachwahl des Matthias zum Apostel (Apg 1,15-26) setzt die ausschlaggebende Bedeutung der Zwölfzahl voraus.
Im Gegensatz zu der neueren Anfechtung der Überlieferung ist m.E. die einzig nachweisbare repräsentative Funktion der Zwölf ein gewichtiges Argument für ihre Einsetzung schon in vorösterlicher Zeit durch Jesus selbst. Wären sie wirklich erst etwa von Petrus aufgrund seiner Auferstehungsvision gegründet worden (Conzelmann), so bliebe schwer vorstellbar, daß sie dann nicht ein mit besonderen Vollmachten ausgestattetes und mit der Leitung mindestens der Jerusalemer Urgemeinde, wenn nicht gar der Gesamtkirche betrautes exklusives Kollegium gewesen sein sollten. Wie gezeigt, hat man ihnen später tatsächlich eine solche Funktion zugedacht, doch wird diese Vorstellung durch die ältere Überlieferung widerlegt. Ebenso bleibt nach wie vor die für die nachösterliche Gemeinde anstößige Zugehörigkeit des Verräters zu den Zwölf das entscheidende Indiz für ihre Einsetzung durch den historischen Jesus, auch wenn man später mit dem Rätsel des Judas mit Hilfe eines Schriftbeweises fertig zu werden suchte (Mk 14,18,20; vgl. Ps 41,10).

Unbestritten bleibt bei alledem die starke Überlagerung der Evangelienüberlieferung, auch und gerade der Einsetzungs- und Aussendungsszene, durch nachösterliche Anschauungen. Ein historischer Kern ist ihr gleichwohl mit hoher Wahrscheinlichkeit zuzuerkennen. Dann aber wird man sich die Stufen des Traditionsprozesses etwa so vorstellen müssen:
1. Jesus selbst hat die Zwölf als einen engeren Kreis seiner Begleiter und Mitarbeiter um sich geschart und durch ihre Zahl seinen eschatologischen Verkündigungsruf an Israel sinnbildlich zum Ausdruck gebracht.
2. Diese Bedeutung ihres Kreises ist der Gemeinde nach Ostern in Erinnerung geblieben und bestätigte sich vollends dadurch, daß sie nach Kephas, aber mit ihm an der Spitze unter den ersten einer Erscheinung des Auferstandenen gewürdigt worden waren. Nach wie vor manifestierte sich in der symbolischen Zahl ihres Kreises Bestimmung und Wesen der Gemeinde (vgl. auch Offb 3,21), jedoch ohne ihrem speziellen Kreis einzigartige missionarische oder innergemeindliche Leitungsfunktionen zu übertragen.
3. Als späteste und letzte Phase des Prozesses ist schließlich die unhistorische Konzeption anzusehen, derzufolge die Zwölf als Garanten der gesamten Jesusüberlieferung und als maßgebende Instanz für die Leitung der Kirche und ihrer Weltmission galten.

Aus der neueren Literatur nenne ich zunächst Vertreter der Gegenthese (nachösterlicher Ursprung der Zwölf): R. Bultmann, Theol. des NT 40.62; Ph. Vielhauer, Gottesreich und Menschensohn in der Verkündigung Jesu (Festschr. G. Dehn, 1957, 62ff. = Aufs. z. NT, 1965, 68ff.); G. Klein, Die Zwölf Apostel (1961), 34ff.; H. Conzelmann, Geschichte des Urchristentums, NTD ErgR 5 (1969), 23f.; 27.127ff.; ders., Der erste Brief an die Korinther (1969), 303. – Die Einsetzung durch den historischen Jesus vertreten (u.a.): H. v. Campenhausen, Kirchliches Amt und geistliche Vollmacht (1953), 15ff.; E. Schweizer, Gemeinde und Gemeindeordnung im NT (1959), 22ff.; F. Hahn, Das Verständnis der Mission im NT (1963), 22ff.; B. Rigaux, Die »Zwölf« in Geschichte und Kerygma, in: Der historische Jesus und der sog. kerygmatische Christus (1960), 468-486.

Nachwort

Daß dieses Buch nicht ausgedient hat und eine neue Auflage nötig wurde, ist dem Autor nicht nur eine Freude, sondern hat ihm auch einige Verlegenheit bereitet, weil er es weder neu schreiben noch – nach nahezu 20 Jahren – unverändert lassen konnte. Ihm den Platz zu nehmen, den es gefunden und bisher behauptet hat, habe ich schon darum nicht für meine Sache gehalten, weil ich nach wie vor zu der hier gegebenen Darstellung Jesu von Nazareth stehe, unerachtet der Änderungen und Ergänzungen im einzelnen, die ich für angebracht hielt. Doch soll auf keinen Fall der Eindruck entstehen, die Zeit seit der Entstehung des Buches sei an ihm spurlos vorübergegangen. Ich nutze darum die Gelegenheit dieses Nachwortes dazu, auf kritische Einwände einzugehen, denen ich Förderung verdanke. Dabei kann ich mich im wesentlichen auf den gewichtigen Aufsatz des amerikanischen Theologen Prof. L. E. Keck »Bornkamm's Jesus of Nazareth Revisited« (Journ. of Rel. 49, 1969, 1-17) beschränken, weil in ihm früher erschienene Literatur umsichtig aufgearbeitet und eigene Kritik schärfer formuliert und sorgfältiger begründet ist als von anderen. Wie sehr es dem Verf. dabei nicht nur um die Aufhellung einiger noch bestehender Unklarheiten geht, sondern um die Richtung, in der weiter gefragt und gedacht werden müßte, beweist seine inzwischen erschienene gedankenreiche Monographie »A Future For The Historical Jesus« (1971).

1. Wer die weit über den deutschen Sprachraum hinaus in den zurückliegenden Jahren intensiv geführte Diskussion über den historischen Jesus und sein Verhältnis zur Christusbotschaft der nachösterlichen Gemeinde verfolgen konnte, wird sich nicht darüber wundern, daß vor allem die grundsätzlichen Ausführungen über »Glaube und Geschichte in den Evangelien« (Kap. 1) sehr schnell in das Feuer der Kritik geraten mußten. Dem noch vor der Hochflut der inzwischen unübersehbar angeschwollenen Literatur konzipierten Eingangskapitel fiel damit eine Rolle zu, die ihm nicht zugedacht war. Entsprechend seiner Zielsetzung, eine historische Darstellung Jesu von Nazareth zu geben, wollte dieses Buch – und will es auch heute noch – eine erste Schneise schlagen durch das dichte Geflecht von Jesuserzählung und Christusbotschaft in den Evangelien. Seine erklärte und nach Kräften durchgehaltene Absicht war, aus dem aufgezeigten Charakter der Quellen nicht die definitive Unmöglichkeit einer Jesusdarstellung, sondern gerade – selbstverständlich in den gewiesenen Grenzen – die ihr noch immer verbliebenen oder gar jetzt

erst eröffneten Möglichkeiten und damit einen Weg aus dem Dilemma zwischen einer unkritisch-traditionellen Betrachtungsweise und einer völligen historischen Skepsis aufzuzeigen. Verständlicherweise muß ein solcher Ausbruchsversuch sich daraufhin prüfen lassen, ob er nicht auch nur wieder um den Preis einer unzulässigen Verwischung der Grenzen zwischen objektiv feststellbarer Geschichte und subjektiver Deutung erkauft ist.

In diesem Sinn hatte bereits R. Bultmann zu meiner Darstellung kritisch angemerkt, sie stünde »in einem gewissen Zwielicht«, weil in ihr der Unterschied von historischer Feststellung und auch nach Bultmann notwendiger eigener Interpretation nicht zur Genüge klar reflektiert sei. Ungleich schärfer noch zielt die Kritik L. E. Kecks darauf, daß die Darstellung die eindeutige Alternative: historische Rekonstruktion oder Glaubensinterpretation vermeiden und sich zum Schaden der gestellten Aufgabe nicht festlegen wolle (S. 4ff.). Diese »Ambivalenz«, diese »Vermischung der Perspektiven« sei für die Darstellung allenthalben charakteristisch. Zwangsläufig überschreite darum ihr Autor seine Kompetenz als Historiker und verfalle in Aussagen über die »Unmittelbarkeit« der Gegenwart Gottes in Jesu Worten, Taten und Verhalten, über Jesu »Eigenart« im Vergleich zu anderen, seine »Vollmacht« u. ä., die nur vom Glauben her möglich sind. Die Historie werde damit »allzu direkt und unmittelbar zur Trägerin des Kerygma gemacht« (S. 9).

Antwort. In der Tat war und ist es die leitende Absicht der hier gegebenen Darstellung, die kerygmatischen Elemente der Überlieferung nicht nur auszusondern, sondern für das Bild des geschichtlichen Jesus auszuwerten, m. a. W. nach dem in seiner Predigt, seinem Wirken und Geschick vorgegebenen Sachgrund zu fragen, der die spätere Gemeinde veranlaßte, von dem einstigen Propheten aus Nazareth als Inbegriff des endzeitlichen Heilshandelns Gottes zu reden und damit allerdings die Berichte über das im Ablauf der Zeit damals und dort »Passierte« historiographisch so anfechtbar zu gestalten. Der bloße Rekurs auf die visionären Ostererfahrungen der ersten Jünger (G. Strecker) erklärt noch nicht die Tatsache, »daß die Auferweckung nicht von irgendeinem der zahlreichen Gekreuzigten jener Zeit ausgesagt wird, sondern von eben dem Menschen Jesus von Nazareth« (Fiedler/Oberlinner). Deutlich spricht das Interesse des urchristlichen Glaubens an diesem und keinem anderen aus dem Motiv des Wiedererkennens des Irdischen im Auferstandenen, das in den Osterlegenden eine so große Rolle spielt (z. B. Lk 24, 30f.).

Damit ist die Frage nach der sachlichen Konvergenz von Jesuserzählung und Christusbotschaft, die in der wechselseitigen Durch-

dringung und Offenheit beider füreinander in den Quellen sich bekundet, nicht nur erlaubt, sondern geboten. Mit Recht ist in diesem Zusammenhang schon von anderen die Bedeutung des an die Entscheidung gegenüber Jesus gebundenen eschatologischen Heute und Jetzt mit Nachdruck hervorgehoben worden, das nach allen menschlichen Erfahrungsmaßstäben durch Jesu Ende längst in die Vergangenheit abgesunken war, aber wider den Augenschein wenngleich in gewandelter Gestalt von den Jüngern als gültig proklamiert wurde.
Mit diesen den vorgegebenen Texten abgewonnenen Feststellungen bleiben wir durchaus in dem für jegliche historische Forschung offenliegenden Bereich, ohne in eine andere Erkenntnisdimension auszubrechen. Sowohl Jesu Gestalt und Geschichte, in welchem Maße auch immer historisch exakt zu konturieren, wie auch ihre in den Evangelien dokumentierte kerygmatische Deutung sind als solche aufweisbare Phänomene. Der Profanhistoriker sieht sich wie jeder andere auch mit der Tatsache konfrontiert, daß die nachösterlich geprägte Überlieferung wieder dem vorösterlichen Jesus das Wort gibt und läßt und die Hörenden bzw. Lesenden nicht anders als seine Zeitgenossen von einst in die Begegnung mit dem Irdischen zurückführt.
Was besagt dieser Rückbezug auf den in dieser Gestalt definitiv vergangenen Jesus? Daß auf diese Frage eine sehr andere Antwort gegeben werden konnte als die der urchristlichen Gemeinde, zeigen zur Genüge deutlich von Anfang an ihre Gegner, für die Jesu Kreuzigung die Annullierung seiner Geschichte bedeutete. Damit ist gesagt: Beweise für die Wahrheit des Glaubens vermag diese Rückfrage nach dem historischen Jesus gewiß nicht zu liefern. Es bleibt jedem unbenommen, ja mehr noch, es wird keinem abgenommen, in diesem Menschen Jesus eine Gestalt einer für uns vergangenen Zeit zu sehen, dessen Verkündigung sich so oder so religionsgeschichtlich einordnen und dessen Geschichte sich auch als tragische oder peinliche Episode oder auch als eine inzwischen der Vergangenheit anheimgefallene Sternstunde der Menschheit ansehen lassen, wie man ebenso in dem Glauben seiner Anhänger ein seltsam zeitgebundenes Gewebe von Erinnerung, Wunschträumen und Phantasie konstatieren kann. Mit der Ablehnung einer Beweisführung für den Glauben sind Tendenzen abgewehrt, von denen unterschwellig oder offenkundig die Diskussion über den historischen Jesus und den kerygmatischen Christus bis heute weithin geleitet ist. Sie treten wohl am handgreiflichsten zutage in der nicht aussterbenden, vielfach grobschlächtigen Literatur, deren Verfasser – natürlich unter Berufung auf die angeblich gesicherten Ergebnisse der neuesten Forschung – den im Neuen Testament bezeugten Glauben als Schwindel zu entlarven bemüht sind, weil sich sein Gegenstand nicht historisch beweisen und dingfest

machen lasse. (Abschreckendes Beispiel: J. Lehmann, Jesus-Report. Protokoll einer Verfälschung, 1970.) Nicht minder aber dort, wo man – seltsam paradoxe Bundesgenossenschaft! – biblizistisch von der Wissenschaft Beweise und Bestätigung für dogmatisch tabuisierte überkommene Anschauungen der Kirche fordert und nach diesem Maßstab ihre Ergebnisse zensiert. Ob man historische Beweise für den Glauben vorgängig oder im nachhinein fordert, macht prinzipiell keinen Unterschied.

Doch sehe ich dadurch in keiner Weise die im Eingang dieses Buches begründete Überzeugung in Frage gestellt, daß sich der in den Quellen jedem vorgegebene Sachverhalt nicht mit den bekannten pauschalen Kategorien der nachträglichen Übermalung und Verfremdung erledigen läßt, sondern die historiographisch so anfechtbare Darstellungsweise in den Evangelien für die Erfassung der Geschichte Jesu selbst wesentliches beiträgt. Dies und nichts anderes wollte der methodische Leitsatz, den Keck mit Recht als solchen hervorgehoben und kritisch geprüft hat, aussprechen, es gelte »im Kerygma der Evangelien die Geschichte, aber auch in dieser Geschichte das Kerygma zu suchen« (S. 18). Völlig fern lag mir dabei, unter der Hand und im Endeffekt aus der Zuordnung und wechselseitigen Durchdringung beider eine Gleichsetzung zu machen. Das hieße, die Historie überfrachten und den Glauben verfälschen. Hat die Darstellung hierin Unklarheit gelassen oder gar selbst dieses Mißverständnis hervorgerufen, so kann ich nur mit allem Nachdruck klarstellen, daß sie nicht darauf abzielte, durch eine Maximalisierung der Historie eine Minimalisierung des Glaubens zu erreichen, soll heißen: das geschichtliche Fundament des Glaubens so weit zu verbreitern, daß der Glaube grob gesagt nur noch einen aus Werturteilen gefügten Überbau bilden würde. Solcher Denkweise ist schon dadurch ein Riegel vorgeschoben, daß wie früher gezeigt, die kerygmatischen Elemente der Überlieferung bis in die Fundamente reichen.

Aus diesem Grund konnte die Darstellung freilich ebensowenig das Bild des geschichtlichen Jesus nur aus den jedem historisch-kritischen Zweifel entrückten, sozusagen geeichten Herrenworten und Einzelgeschehnissen zusammenstücken, sondern mußte bemüht sein, aus dem einzelnen das ganze und umgekehrt aus dem ganzen das einzelne zu gewinnen. Mit diesem »hermeneutischen Zirkel« ist natürlich immer die Gefahr verbunden, für ein vorgefaßtes Urteil nur eine Bestätigung zu suchen. Beispiele hierfür gibt es gerade auf dem hier in Frage stehenden Felde in Fülle. Gleichwohl ist dieser Zirkel in keinem Falle vermeidbar und nicht von vornherein ein Circulus vitiosus. Denn das einzelne und das ganze lassen sich nicht als fingierte Größen abtun und der Verstehensprozeß nicht als Trick, aus Imaginationen eine historische Wirklichkeit zu zaubern. Gilt das nach der einen Richtung, so gewiß nach der anderen, daß jede historische Aussage sich nach ihrer Verifizierbarkeit fragen lassen muß und je nach dem Grad ihrer Sicherheit und Unsicherheit, ihrer Wahrscheinlichkeit und Unwahrscheinlichkeit zu bemessen ist. Anderenfalls würde jenes Zirkelverfahren leicht dazu führen, nur dem Interpreten ein mehr oder weniger bequemes Prokrustesbett zu liefern und anderen den Weg zur Sache zu verbauen. Besteht über diese allgemein hermeneutischen Regeln Einigkeit, so wird man dem Ausleger nicht mehr das Recht absprechen, das in den Texten Gemeinte in interpretierender Paraphrase wiederzugeben und nicht nur das in der Sprache und Vorstellungsweise von einst Gesagte zu wiederholen. In der Tat würde er seine Kompetenz als Historiker überschreiten, wenn er darüber befinden wollte, ob und wo Gott selbst in Jesu Worten und Taten unmittelbar nahe oder schon gegenwärtig sei, und damit sich anmaßte, Jesu Vollmachtsanspruch zu rechtfertigen. Wohl aber kann er sich nicht verwehren lassen, darauf aufmerksam zu machen, wo und wie dieser eh und je umstrittene »Vollmachtsanspruch« sich in bestimmten aufweisbaren Zügen seiner Reich-Gottes-Botschaft, seinem Gesetzesverständnis, seinem Wirken und Verhalten abzeichnet und auch in der späteren Überlieferung seine Spuren hinterlassen hat.

2. Nach diesen methodischen Überlegungen kann ich mich zu den weiteren kritischen Anmerkungen von L. E. Keck kurz fassen, ohne ihre Bedeutung mindern zu wollen. Sie betreffen zunächst die von ihm beanstandete angebliche Verzerrung der jüdischen Gesetzesfrömmigkeit (S. 97) und Apokalyptik (S. 11 f.) und, notwendig damit verbunden, von Eschatologie und Ethik in der Predigt Jesu, nach Keck eine unvermeidliche Folge der schon im methodischen Ansatz der Darstellung erkennbaren »Vermischung der Perspektiven«. Das Gewicht dieser Frage liegt auf der Hand, nicht nur im Blick auf den historischen Sachverhalt selbst, sondern ebenso angesichts der außerordentlichen und – wer könnte das heute noch leugnen? – verhängnisvollen geschichtlichen Nachwirkungen einer Karikierung des Judentums auf sein Verhältnis zum Christentum bis zum heutigen Tag. Ich habe mir darum die Nachprüfung gerade dieser Passagen angelegen sein lassen. Mit Recht kritisiert Keck das nur allzu bekannte Verfahren, die Eigenart und Größe einer geschichtlichen Gestalt dadurch hervorzuheben, daß man sie möglichst kraß von ihren Zeitgenossen abhebt und diese herabsetzt. Ich leugne auch nicht, daß die Versuchung dazu in unserem Falle so alt ist wie die Jesusüberlieferung selbst. Doch ist sie damit nicht gerechtfertigt und dem Historiker die Pflicht abgenommen, gegen sie anzugehen.

Warum sind aber dann nicht die mancherlei Ergänzungen und veränderten Formulierungen in dieser neuen Auflage tiefgreifender ausgefallen und haben nicht zu einer von der Kritik sicherlich gewünschten radikalen Korrektur der Darstellung geführt? Es liegt mir fern, hierauf mit Pilatus zu antworten: »Was ich geschrieben habe, habe ich geschrieben.« Die Gründe waren vielmehr die folgenden: Absicht der Darstellung war (und ist), Jesu Verständnis des Gotteswillens deutlich zu machen, das sich in seiner *Kritik* an Kasuistik und »Menschenüberlieferung« und in den von ihm bis zum Vorwurf der Blasphemie proklamierten und demonstrierten Kriterien der besseren Gerechtigkeit ausspricht (Bergpredigt, Streitgespräche, Weherufe). Daß im Rahmen des traditionell jüdischen Verständnisses von Gott, Welt und Mensch die von den Worten Jesu her gegebene Charakteristik der Halaka (Weisung zu frommem Wandel) dem Selbstverständnis seiner Gegner widerspricht und als verzerrt und anstößig erscheinen mußte, leidet m. E. nicht den geringsten Zweifel. Wie weit die erwähnten Jesusworte im einzelnen authentisch sind, kann hier getrost außer Betracht bleiben. Aufs Ganze gesehen meine ich allerdings, daß sie die historische und nicht erst eine nachträglich konstruierte Situation der revolutionären Verkündigung, des Kampfes und Schicksals Jesu widerspiegeln. Unbestritten bleibt dabei die Frömmigkeit des Judentums und sein Glaube an die Tora als Heilsgabe und einziges Medium der Begegnung von Gott und Mensch, unbestritten auch Jesu eigenes Judesein.

3. Entsprechendes gilt auch für das Verhältnis der Reich-Gottes-Botschaft Jesu zur Apokalyptik. Auch hier wäre das in der jüdisch-apokalyptischen Enderwartung sich aussprechende Gottes- und Weltverständnis gröblich verfehlt, wollte man ihre Eigenart nur aus den freilich symptomatischen Merkmalen der Phantastik und der Spekulationen über das Wann der Endkatastrophe des alten und des Anbruches des neuen Äon ablesen und darüber das Leiden am Zustand der gegenwärtigen pervertierten Welt wie auch die unbeirrte Hoffnung auf einen neuen Himmel und eine neue Erde, in denen Gerechtigkeit wohnt, für nichts achten. Ohne diese Welterfahrung und Gottesgewißheit ist auch Jesu Reich-Gottes-Botschaft nicht zu verstehen. Dennoch nötigen die Texte zu der Frage: Was bedeutet es, daß in Jesu Verkündigung jene typischen Züge auffallend zurücktreten und er das Ausschauhalten nach den Anzeichen des kosmischen Umbruches verwirft, daß er als Weisheitslehrer redet und sein eigenes Wirken als Zeichen des jetzt schon anbrechenden Eschaton versteht? Alles das sind Fragen, die uns im Gange dieser Darstellung ausgiebig beschäftigt haben (s. o. S. 80ff.) und zu deren weiterer Klärung Keck selbst inzwischen in seiner genannten Monographie wesentlich beigetragen hat.

4. Der gewichtige methodische und inhaltliche Einspruch Kecks gegen die Verquickung historischer und theologischer Aussagen verdichtet sich noch einmal in seinen Bemerkungen zu der in diesem Buch erst am Ende behandelten Messiasfrage. Auch hier läuft seine Kritik darauf hinaus, den Versuch zu bestreiten, unter der Hand durch die Historie den Glauben legitimieren zu wollen. Da meine Darstellung offensichtlich dieser Meinung Vorschub geleistet hat, bin ich für diese Kritik dankbar. Mit der Schlußfrage des Aufsatzes ist der entscheidende Punkt in der Tat getroffen: »Wäre nicht beidem, der historischen Arbeit und der christlichen Verkündigung, besser gedient, wenn die Historie von dem Zwange befreit würde, die Last der Offenbarung so direkt zu tragen?« (S. 17). Ich stimme diesem Satz durchaus zu, aber folgere daraus nicht die Auseinanderreißung beider.
So kann ich als Grund für den nach Keck allzu schnellen Brückenschlag nur die mich damals wie heute leitende Absicht anführen, die aus den Texten zu erhebende sachliche Kongruenz des eschatologischen Heute und Jetzt in Jesu Verkündigung und Sendungsbewußtsein und der in völlig neuer Weise sich aussprechenden Deutung seiner Person und Geschichte als Gottes endzeitlicher Heilstat deutlich zu machen. Über beides kann der Historiker sich aus den Quellen unterrichten und mag das eine wie das andere als ein höchst seltsames Phänomen im Ablauf der an Seltsamkeiten ja nicht armen, freilich hier vielleicht besonders wirksam gewordenen Geschichte ansehen. Als Historiker wird er in dem ihm hier begegnenden Verständnis von Zeit und Geschichte im Höchstfalle nur eine Möglichkeit sehen. Alles aber liegt daran, daß auch der Glaube nicht nur konfessorisch redet, sondern sich verantwortet, und also nicht verdunkelt wird, daß auch er gute Gründe hat, gerade diesen Jesus von Nazareth als Christus und Herrn zu verkündigen und zu bekennen, und nicht eine mythische Gestalt an seine Stelle setzt.

Aus der neueren Literatur:

R. Bultmann, Das Verhältnis der urchristlichen Christusbotschaft zum historischen Jesus, Sitzungsber. d. Heidelberger Akad. d. Wissensch., phil.-hist. Kl. (1960), jetzt in Exegetica (1967) 445-469; G. Bornkamm, Geschichte und Glaube I, Ges. Aufs. III (1968) 9-24; L. E. Keck, Bornkamm's Jesus of Nazareth Revisited, Journal of Religion 49 (1969) 1-17; ders., A Future for the Historical Jesus, Nashville / New York (1971); G. Strecker, Die historische und theologische Problematik der Jesusfrage, Ev. Theol. 29 (1969) 453-476; H. Conzelmann, Das Selbstbewußtsein Jesu, in: Theologie als Schriftauslegung 1974, 30-41; P. Fiedler / L. Oberinner, Jesus von Nazareth. Ein Literaturbericht, in: Bibel und Leben (1972) 52-74. Hier und in den Anmerkungen dieses Buches zu Kap. I weitere Literatur.

Register (Auswahl)

Kursive Ziffern verweisen auf Anmerkungen und Exkurse

1. Namen

2. Sachen und Begriffe

3. Bibelstellen